山东大学亚太研究所、南亚研究中心、中日韩合作研究中心
国别与区域研究论文专辑
第三届《山东论坛》论文集　总主编　樊丽明

U0812408

东亚人文交流与法制合作

牛林杰　满洪杰　主编

山东大学出版社
SHANDONG UNIVERSITY PRESS
·济南·

图书在版编目(CIP)数据

东亚人文交流与法制合作 / 牛林杰, 满洪杰主编
. -- 济南 : 山东大学出版社, 2023.11
ISBN 978-7-5607-7772-6

Ⅰ. ①东… Ⅱ. ①牛… ②满… Ⅲ. ①中外关系—文化交流—研究—中国、东亚②司法—国际合作—研究报告—中国、东亚 Ⅳ. ①G125②G131.05③D926④D931.6

中国版本图书馆CIP数据核字(2022)第257749号

责任编辑 肖世伟
封面设计 王秋忆

东亚人文交流与法制合作

DONGYA RENWEN JIAOLIU YU FAZHI HEZUO

出版发行	山东大学出版社
社　　址	山东省济南市山大南路20号
邮政编码	250100
发行热线	(0531)88363008
经　　销	新华书店
印　　刷	济南新科印务有限公司
规　　格	787毫米×1092毫米　1/16 20印张　307千字
版　　次	2023年11月第1版
印　　次	2023年11月第1次印刷
定　　价	80.00元

版权所有 侵权必究

前　言

本书是第三届山东论坛之“东亚人文共同话语的形成与发展”和“东亚法制合作”两个分论坛部分会议成果的论文集。

山东论坛发起于2015年，是在山东省政府的指导与支持下由山东大学和韩国崔钟贤学术院联合主办的国际性高端学术论坛，论坛总部设在山东大学。该论坛依托齐鲁大地深厚的文化底蕴与独特的区位优势，立足山东大学百余年的学术积淀，以“聚焦东亚、交流互信、合作共赢”为宗旨，围绕“东亚命运共同体”主题，搭建政商学界交流互动的高端学术平台。首届和第二届山东论坛分别于2016年、2018年在济南、威海召开。第三届山东论坛于2021年10月9日至10日在青岛举行，论坛主题为“共享未来：百年大变局中的东亚”。论坛共设六个分论坛，分别是“东亚人文共同话语的形成与发展”“百年变局下的东亚区域经贸合作”“东亚法制合作”“东亚国家治理与区域协同治理”“国别区域视阈下的百年变局与东亚合作”“长寿和繁荣：积极老龄化”。

受疫情的影响，本届论坛采取线上线下相结合的方式举行。“东亚人文共同话语的形成与发展”分论坛由山东大学中日韩合作研究中心承办，设“东亚文学与跨境叙事”“东亚历史与民族书写”“东亚哲学与经典诠释”三个议题，邀请了延边大学前校长金柄珉教授、日本关西大学增田周子教授、韩国全南大学李腾渊教授、韩国梨花女子大学洪昔杓教授等中日韩三国知名人文学者20余人参会，并围绕会议主题发表论文或进行讨论。“东亚法制合作”分论坛由山东大学法学院承办，设“东亚竞争法的发展与营商环境建设”“东亚金融法制的协调与发展”“共同应对健康挑战的东亚医事法制”三个议题，邀请了世界医学法学大会副主席、澳大利亚格里菲斯大学医学院教授贝兰（Roy G.Beran）、上海交通大学孔祥俊教授、中国社会科学院法学研究所谢鸿飞研究员等国内外20余位学者参会并发表论文或参与研讨。会议期间，“东亚人文共同话语的形成与发展”和“东亚法制合作”两个分论坛共发表论文48篇（本书共收录18篇）。与会嘉宾学者的对话交流，有力地推动了东亚地区的人文交流与法制合作。

本书的出版得到了与会学者和山东大学出版社的大力支持，在此谨向相关学者和编辑表示衷心的感谢。由于书中的论文涉及汉语、英语、日语、韩国语等多个语种，难免存在错讹之处，敬请相关专家学者和广大读者批评指正。

牛林杰

2023年10月

目录

上编　东亚人文共同话语的形成与发展

下编　东亚法制合作

上编

东亚人文共同话语的形成与发展

跨界书写与共同主体性的建构

——以殖民地时期在华韩国流亡文学为中心

金柄珉[*]

殖民地时期韩国的流亡文学是指1910年朝鲜半岛沦为日本殖民地之后流亡中国、苏联、美国等国家的韩国文人创作的文学。其中，在华韩国流亡文学与其他国家的流亡文学相比，内容更加丰富、特色更加明显，特别是在华韩国流亡文学的主体性、民族主体性和共同主体性，显得更加鲜明和牢固。

考辨起来，主体性是在主体和客体的关系中形成和发展的，而交互主体的形成过程更是决定着群体主体性和共同主体性的建构。20世纪上半叶的中国，对于在华韩国流亡文人来说，既是抗日独立斗争的主战场，又是生活体验和文学创作的"场所"①。从1910年韩国亡国前后到1945年抗战胜利，数以百计的韩国爱国文人流亡中国，在投身民族独立运动的同时参加中国革命。在华韩国流亡文人既是独立运动家，又是文人志士，他们努力在中国创办中文报纸和杂志，多渠道发表作品和出版著述，与中国文人志士形成了广泛的交往与互动，为共同主体性建构做出了不可替代的贡献。

---

* 金柄珉，文学博士，延边大学前校长、山东大学外国语学院教授，博士生导师，主要研究方向为韩国文学、中韩文学关系等。

① 笔者所说的"场所"是指对作家赋予特殊体验与书写的"空间"及其意义。参见［美］段义孚:《空间与地方——经验的视角》，王志标译，中国人民大学出版社2017年版，第4页。

以生命自觉为根基，以自主、能动和创造为精神价值的人的主体性，堪称西方“近代哲学的基石”，[①] 对近代的社会发展产生了重要影响。探讨流亡文学中的以“人的生命自觉”为核心价值的主体性、民族主体性、共同主体性问题，具有非常重要的理论和实践意义，对于正确理解在华韩国流亡文学的思想艺术价值、深入阐释韩国流亡文学的性质和特征，乃至进一步推动中韩近、现代文学交流史和近代东亚学研究都具有重要的学术意义。

截至目前，国内外学界的研究仍然停留在个别作家及作品的阐释上，尚未深入到在华韩国流亡文学的主体性、民族主体性、共同主体性的建构问题。为考察在华韩国流亡文学的发展历程，深入分析其主体性与共同主体性的特征，本文主要关注以下三个问题：（1）厘清个体的生命自觉与主体性、民族主体性、共同主体性的关系，因为个体的生命自觉直接影响民族主体性和共同主体性的建构；（2）明辨中国语境与历史场域对在华韩国流亡文学主体性建构的影响，因为中国的语境和历史场域既影响在华韩国流亡志士主体性的建构，又作为韩国流亡文学之共同主体——“我们”中的另一的“我”直接参与共同主体性的建构；（3）检视中韩抗日（文学）共同体的形成过程及其组织形态、文学活动、文学创作与交往实践的关系，因为只有通过交往实践才能形成交互主体与共同主体性。

一　流亡体验与民族－群体主体性建构

从历史上看，在华韩国流亡文人，既是行动主义的民族独立斗士，也是通过知识话语来颠覆日本帝国主义殖民话语的思想先锋。在华韩国流亡文学中展现的抗日－民族话语植根于近代民族主义思想，而近代韩国的民族主体性萌生于日本帝国主义侵略日益加剧的20世纪初，由启蒙思想家申采浩、朴殷植、申圭植等人所倡导。申采浩认为，民族的历史是“我”和“非我”的斗争，“我”是精神性的存在，而“非我”是躯体性的存在；把“我”分为“大我”和“小我”，“大我”指的就是以在历史上建立不朽功

① 参见［美］弗莱德·R. 多迈尔：《主体性的黄昏》，万俊人译，广西师范大学出版社2013年版。

勋的英雄如崔莹、李舜臣等为代表的民族英雄的精神，这是一种以生命的自觉为内涵的民族群体生命的自觉，即民族主体性。[①] 申采浩从民族主体性立场出发，号召反对日本帝国主义的全民族的斗争，坚信“民族性是殖民主义赠送给殖民地的最伟大的礼物，是持久的意识形态的基石”[②]。在建构主体性、民族主体性的历史进程中，革命先驱、思想家的作用显得非常重要。申采浩通过梁启超的著述接受笛卡尔、康德等西方哲学家的主体性思想的影响[③]。这对于当时韩国本土的爱国启蒙文人和在华韩国流亡文人均产生了巨大的影响，成为抗日斗争中的一面思想旗帜。

韩国流亡文人来华伊始，即组织民族主义团体活动[④]，全身心地投入光复祖国的抗日独立斗争，期望通过文学书写来实现建构民族主体性的目的。在流亡文学的创作中语言文字也十分重要，因为要在中国进行独立运动，建构知识话语，必定需要用中文对话和书写。在华韩国流亡文人努力以中文书写融入主流社会，促进跨界互动与对话。老一代流亡文人要经历从古代汉字到现代白话文书写的转换过程，年轻一代则通过中国新式教育体系学习白话文。中华人民共和国成立以前，在华的诸多外国侨民群体中较为少见像韩国流亡文人那样积极学习白话文并用汉语书写文学作品的例子。这些创作不仅包括诗歌、散文、小说、戏剧等文学体裁，还有政治、经济、外交等方面的政论，充分显示了中国文化的辐射性与包容性以及中韩文化的相通与相融。

在华韩国流亡文学主体性书写植根于民族主义文学观，竭力主张文学是“国民之魂”，是“国民之罗针盘”，[⑤] 强调文学应该“成为饥民之粮，

① 参见丹斋申采浩先生记念事业会编:《丹斋申采浩全集》(下)，萤雪出版社 1972 年版，第 84~85 页。

② 彼得·蔡尔兹、帕特里·沃利厄姆斯:《后殖民主义理论》，金文焕译，首尔文艺出版社 2004 年版。

③ 申采浩在《我与非我的关系》《朝鲜革命宣言》《20 世纪新国民》等文章中多次提到卢梭、康德、伏尔泰、达尔文、斯宾诺莎、克鲁鲍特金等西方近代思想家。1903 年，梁启超的《饮冰室文集》传到韩国，产生极大影响，被韩国思想界认为“爱国圣书”。

④ 主要的独立团体有“同济社”“普和团”“新韩青年团”“国民会议”“朝鲜义烈团”“朝鲜革命家同盟”。

⑤ 参见丹斋申采浩先生记念事业会编:《丹斋申采浩全集》(下)，萤雪出版社 1972 年版，第 17 页。

病者之药，成为自己文学的独立国”[①]；号召诗人要成为关注时代的“民族诗人”[②]。反映主体性与民族主体性的流亡作品主要有申圭植的长篇散文《韩国魂》（1913）、朴殷植的人物传记《安重根》（1912）、申采浩的散文集《丹儿杂感录》《朝鲜的志士》[③]以及中篇小说《梦天》（1916）、金山的小说《奇怪的武器》（1932）、柳子明的小说《朝鲜革命逸事》（1938）、赵素昂的人物传记《遗芳集》（1932）、沈薰的小说《东方的爱人》（1930）、金光的人物传记《尹奉吉传》（1933）、李宁斋的义烈传记《华丽正义》（1930）、李斗山的《最近韩国志士传》（1935）等。总括而言，这些作品具有如下主题。

首先，通过抗日话语的建构，颠覆殖民话语，深刻揭露日本帝国主义的亚细亚主义的侵略扩张实质，主张民族自觉和自强。申圭植写道：“欲维持东亚永久和平，则自扫除强权主义始，欲扫除强权主义，则需自吾韩国独立始。”[④]日本帝国主义的亚细亚主义是强权主义，要扫除强权必须实现民族自省和自觉直至自强，同时他也深刻分析了亡国的历史原因和现实原因：“哀莫大于心死，我国之亡，以人心死也。”[⑤]申圭植所说的“人心死”指的是申采浩所说的“小我”，即个体生命自觉的丧失或者异化；所说的“大韩之魂”与申采浩所说的民族之“大我”精神相一致，是指以生命自觉为基本内涵的民族主体性。民族主体性是整体群体性，是民族群体同客体关系中的整体性质，所以民族主体性建构需要民族群体成员的生命的自觉以及为民族群体利益共同奋斗的强烈意志。申圭植曾经指出：“我人苟抱民族主义，以光复祖国为心，实力进行，不避艰险，若而人者，不问籍贯，不问教派，不问老少，不问男女，不问远近，不问亲疏，有名也，无名也，团体也，单独也，稳健也，激进也，秘密也，露饰也，工业，商业，

---

① 申采浩：《朝鲜古代文字的变迁和十个大发展》，丹斋申采浩先生记念事业会编：《丹斋申采浩全集》（中），萤雪出版社 1972 年版，第 17 页。

② 参见李斗山：《活跃在火线上的朝鲜义勇队》，《朝鲜义勇队通讯》第 15 期，1939 年。

③ 申采浩 20 世纪 20 年代前期在北京创作的遗稿，参见金柄珉编：《申采浩文学遗稿选集》，延边大学出版社 1994 年版。

④（汕庐主人）申圭植：《韩国魂》，《震坛》第 1 期，1920 年 10 月 10 日。

⑤（汕庐主人）申圭植：《韩国魂》，《震坛》第 1 期，1920 年 10 月 10 日。

农业，士也，皆我人之同志也。”[①] 作家号召全民族奋起抗日，“雪耻则洗之以血”[②]，共同抗击日本帝国主义。

值得注意的是，1919 年 3 月 1 日韩国爆发了举世闻名的全民族抗日运动即“三一运动”。“三一运动”的兴起集中反映韩民族的民族觉醒，给予日本帝国主义以沉重打击，而当时中国的革命先驱和知识精英对于这一运动给予高度评价，充分肯定了韩民族的民族主体性。陈独秀曾经指出：“我们希望朝鲜人的自由思想，从此继续发展。我们相信朝鲜民族独立自治的光荣，不久就可以发现。”[③] 傅斯年也指出：“朝鲜人的这种精神，就是朝鲜人最后胜利的预告。”[④] 这种对于韩国独立运动及其民族主体性的高度认同，直接影响中韩交互主体和共同主体性的建构。

其次，通过对抗日民族英雄斗争的书写，弘扬民族精神和爱国主义。1909 年，安重根在哈尔滨火车站刺死日本前首相伊藤博文，震惊世界。朴殷植的《安重根》（1914）出版后在中国引起强烈反响。传记中的安重根为击毙伊藤博文，临危不惧，被捕后也不失英雄本色，在临刑前慷慨陈词：“余为大韩独立而死，为东洋和平而死，死何恨焉？但遗憾者，未见国家之结果耳。诸君深思之，我大韩独立而后，东洋可保平和，日本亦免将来之危机矣。”[⑤] 在传记中，安重根不是前近代社会中具有忠君爱国思想的英雄人物，更不是为了自身利益复仇的刺客，而是近代意义上为国家和民族做出殊死抉择的民族英雄。尤为要者，通过安重根的形象，读者不仅能够看到一个民族群体生命的自觉，而且看到民族群体主体性建构进程中英雄人物所起到的关键性作用。在华韩国流亡者乃至有良心的普通韩国民众都以自己民族有了安重根而感到自豪。曾几何时，安重根作为韩民族乃至东亚

---

① 申圭植：《震旦》（震旦周报社，1920 年），申圭植：《申圭植诗文集》，金东勋、李先汉等编译，民族出版社 1998 年版，第 180 页。

② 申圭植：《震旦》（震旦周报社，1920 年），申圭植：《申圭植诗文集》，金东勋、李先汉等编译，民族出版社 1998 年版，第 173 页。

③ 只眼（陈独秀）：《朝鲜独立运动之感想》，《每周评论》第 14 期，1919 年 3 月 23 日。

④ 孟真（傅斯年）：《朝鲜独立运动中之新教训》，《新潮》第 1 卷第 4 号，1917 年 4 月 1 日。

⑤ 《安重根》创作于 1912 年，同年收录于上海大同编辑局出版的“东西洋伟人丛史”，在中国广泛传播，引起社会各界的强烈反响。1914 年，上海大同编辑局收录中国文人志士和诗文再版。

各民族抗日斗争精神的“符号”，激励着成千上万的抗日爱国者。朴殷值《安重根》不仅影响了当时的中国读者，还引发了中国近现代文学中的“安重根书写”现象，出现了一批以安重根为题材的诗歌、小说、戏剧等，成为中国近现代文学的一道风景线。①

最后，对抗日民族独立斗争的书写，表现了建构民族群体主体性的曲折性、艰巨性、复杂性。申采浩在北京创作的中篇小说《梦天》，通过书写独立斗争的艰难与曲折、抗日独立运动队伍的分裂与组合以及矢志不渝的主人公形象，展现了“整合个体主体性”的必要性与迫切性。② 这部作品的特别之处在于作者署名为“韩怒”，而小说主人公也叫“韩怒”，连同主人公在内，文中出现六个“韩怒”。主人公“韩怒”既是作者的自我形象，又是韩国独立运动家的“记忆表象”。在面对凶恶的敌人、生活的艰难、金钱的诱惑以及美女的奸计时，五个“韩怒”互相埋怨、互相嫉妒，最后经不起考验而离开斗争队伍，唯独第一个“韩怒”也就是主人公固守阵地，勇往直前，终于到达目的地——祖国。作者通过主人公“韩怒”的形象表现了不屈不挠的抗日斗争精神以及继承民族历史文化的坚强信念和坚定意志，同时也对在敌人和困难面前或者屈服或者妥协或者挑起内部纷争的软弱的民族主义者进行了猛烈的抨击和辛辣的讽刺。在《梦天》中，作者形象地揭示了个体的群体自觉的不确定性和脆弱性，这也恰恰表现出民族群体内部缺乏整合个体主体性的历史局限性。而正是为了克服这一局限性，从民族主义阵营中逐渐蜕变出无政府主义者群体，随着时代发展，又出现了无产阶级思想引领下的抗日武装队伍。

事实上，在华韩国人的民族－群体主体性呈现着较明显的历史局限性，

---

① 海沤的小说《爱国鸳鸯记》(《民权素》第 6 集，1915 年 5 月 15 日)、双影的小说《亡国英雄之遗书》(《礼拜六》第 90 期，1916 年 2 月 19 日)、杨南邨的《安重根》(1917)、叶天倪的《安重根传》(1919)、资弼的小说《安重根外传》(《小说新报》第 5 年第 1 期，1919 年 1 月)、郑沅的《安重根》(1920) 等作品或多或少都受到朴殷植《安重根》的影响。

② 申采浩于 1911 年流亡中国，大部分时间在北京参加抗日运动并从事文学创作和历史研究，曾与李石增、李大钊有过交往。其主要作品有小说《梦天》《龙与龙的对激战》《一耳僧》《百岁老人的美人谈》，散文《朝鲜的志士》《丹儿杂感录》等，还有杂文、诗歌等作品。参见金柄珉:《申采浩文学遗稿选集》，延边大学出版社 1994 年版。

具体而言，一是民族主体性的建构还不能全面巩固，个别成员缺乏主体性或主体性不够明确；二是面对日本帝国主义强权，抗日流亡群体还没有形成明确的斗争目标和方略，在群体内部和外部经常发生分歧和冲突；三是要实现民族独立斗争目标，迫切需要中国革命志士大力支持。总之，彼时这一群体的个人生命自觉还没能充分发展为群体的自觉，共同目标和利益下的交互主体性也没有得到巩固和发展。这就更加迫切地需要进一步形塑民族－群体主体性，以群体身份参加中国革命，加强与中国志士的交往与合作，建构中韩志士的交互主体与共同主体性。

二 辛亥革命、大革命时期中韩交互主体与共同主体性的探索

辛亥革命对在华韩国流亡志士的中国认知与近代觉醒有着直接的影响。曹成焕谈到辛亥革命胜利时说："共和国体的成立是以四个月的流血斗争所取得的伟大的成功。这是在东西古今历史上中华所创造的伟大的成功，亚洲历史为之发扬光大。"① 辛亥革命之后，中韩志士的交流与合作进入新的历史阶段，韩国流亡志士主动投入中国革命，中国的革命先驱也关注韩国与韩国人的命运，支持其民族独立运动。中韩志士在东亚和平的旗帜下成为交互主体，积极建构共同主体性。

（一）肇启交往实践，探索共同主体性建构

首先，组织社团，积极探索共同发展目标。人的世界是一个交往的世界，主体在交往中表现出来的主体间性就是交互主体性。从这个意义上讲，交互主体性的发展程度与主体间交往实践及其发展基本一致，所以交往实践本身就是形成交互主体性、探索共同主体性的基本途径。辛亥革命时期，中韩志士形成交互主体，积极探索共同主体性，这是与中韩志士意识、革命志向、文人气质等方面的接近和相当有密切关联。从 1911 年流亡中国伊

① 曹成焕：《写给安昌浩的信》，岛山安昌浩记念事业会编：《岛山安昌浩全集 2》（书函 2），首尔东洋印刷株式会社 2000 年版。

始，申圭植便加入同盟会，参加辛亥革命并于 1912 年同朴殷植、申采浩等一起与辛亥革命党人组织新亚同济社。① 1916 年，黄介民组织中韩志士成立新亚同盟党（大同党）并于 1917 年 12 月 18 日在上海成立新亚同盟党本部，申圭植、赵素昂、张德秀、申献民等 40 多名韩国流亡志士参与新亚同盟党活动，从此在华韩国独立运动得到了辛亥革命党人鼎力相助。② 1912 年，孙中山先生在上海会见申圭植，③ 1921 年秋在广州再次接见他，确定了国民党支持韩国上海临时政府的方略。④ 又如，黄介民 ⑤ 在新亚同盟党的"新亚计划"中明确提出"以中韩人士的联络为第一步"⑥。中韩志士的密切交往与合作推动了交互主体的形成与共同主体性的建构，关于这一点我们可以通过中国近代革命先驱黄介民与申圭植之间的诗歌唱和中得到印证。1917 年 12 月 28 日在上海召开新亚同盟党大会，会议决定"永定上海为本部"⑦，并在会上制定新亚同盟党的各项制度和活动方略，会后中韩人

① 新亚同济社是 1912 年中韩志士在上海共同成立的中韩革命互助秘密团体。据陈其美的侄子陈果夫回忆，"叔与朝鲜人某某等组织以秘密结社，名同济社，专为谋韩国独立。叔为此结社之监督，在物资、精神上提供诸多援助"。参见莫永明、范然:《陈英士纪年》，南京大学出版社 1991 年版，第 202 页。韩方主要人士包括申圭植、朴殷植、曹成焕、申采浩等，中方主要人士有陈其美、宋教仁、廖仲恺、胡汉民等，申圭植和陈其美是主要负责人。

② 1916 年，在日本东京由中韩人士共同组建，由黄介民出任主席；1917 年 12 月 18 日成立的上海本部由黄介民和和韩方的张德秀出任主任主盟，申圭植和中方的易象出任上海本部主持。1919 年 1 月 30 日，同盟党改名为大同党，以"民族平等、国家平等、人类平等"为党旨，推进"新亚计划"并以中韩人士联络为第一步。大同党成员有 200 多人，其中韩国人士达 45 人。参见金柄珉:《黄介民与韩国流亡志士的思想文化交流》,《近代流亡文人的文学研究》，太学社 2021 年版。

③ 由胡汉民介绍拜见孙中山先生。参见申圭植:《拜谒孙中山记》,《民权报》1912 年 4 月 18 日。

④ 孙中山先生表示承认韩国上海临时政府并在军事人才培养等方面给予支持。参见闵弼镐:《中韩外交史话》，上海：东方出版公司，1940 年。

⑤ 黄介民（1883~1956），历任新亚同盟党主席、主盟（1916），中华工业协会总务科长（1920），江西省水利局局长（1926），中华人民共和国成立后先后任江西省监察厅副厅长、江西省政协常委。主要论著有回忆录《三十七年游戏梦》（1920）、《黄介民遗稿选集》（内刊，2011）等。

⑥ 中国社会科学院近代史研究所近代史资料编辑部:《近代史资料》总 122 号，中国社会科学出版社 2010 年版，第 152 页。

⑦ 中国社会科学院近代史研究所近代史资料编辑部:《近代史资料》总 122 号，中国社会科学出版社 2010 年版，第 160 页。

士通过诗歌和唱增进友谊、坚定斗争目标。黄介民诗云："四海会风云，同是椎秦者。相期各努力，定国平天下。"[①] 申圭植则当场和诗一首："风云会一堂，同气相求者。明血格神人，妙香满天下。"[②] 从诗歌中可以窥见中韩志士同患难、共命运的交互主体关系。当时，黄介民为了支持韩国流亡者的独立运动，甚至搬进韩国流亡者集聚的"宝康里"居住。[③] 此外，申圭植于 1914 年参加南社的活动，参与五次雅集，以诗明志向，表明了流亡者的痛心和对中国未来的极大关注，借此也同柳亚子、易象、狄鹰、周斌等中国知识精英结下深厚的友谊，使得南社同人更加关注韩国独立与中韩合作，为中韩现代文学互动与交流奠定了基础。这在《南社丛刻》第 17 集所录申圭植的《乙卯九月九日纪事》《南社十三次雅集示亚子》《追悼故友徐血儿君》《辛亥赠血儿旧作》等诗篇中留下了深刻的印记。[④]

其次，加强文坛活动，融入主流社会。一是韩国流亡文人来华伊始就参加中国媒体活动并得到中国志士的高度认同。比如，朴殷植先后担任《救国日报》编辑（1918）、《道路月刊》（1922）和《五九杂志》（1923）的名誉撰述，参与创办《四民报》（1921）并在《四民报》上发表《民族生存权》（1921 年 12 月 17 日）、《民众运动之时代》（1922 年 2 月 12 日）等 37 篇文章，涉及"民族""民众"等问题，其内容"关注时政热点，关心中国命运，批判日本帝国主义侵略，推动了抗日独立运动的发展。"[⑤] 又如，申圭植曾出资帮助经营《民权报》并担任《民权报》经理，参与报刊的发行。申采浩在北京期间经常向《中华报》投稿，深受读者欢迎，报社经常约稿。这些活动客观上为韩国流亡志士创办中文刊物创造了条件、积

① 中国社会科学院近代史研究所近代史资料编辑部：《近代史资料》总 122 号，中国社会科学出版社 2010 年版，第 160 页。

② 申圭植：《震旦》（震旦周报社，1920 年），申圭植：《申圭植诗文集》，金东勋、李先汉等编译，民族出版社 1998 年版。

③ 参见中国社会科学院近代史研究所近代史资料编辑部：《近代史资料》总 122 号，中国社会科学出版社 2010 年版，第 175 页。

④ 参见刘霞：《申圭植的中国体验与文学创作研究》，山东大学博士学位论文，2020，第 175~190 页。

⑤ 汤振：《白岩朴殷植的文坛互动与文学创作研究》，山东大学博士学位论文，2020，第 18 页。

蓄了力量。二是在创办中文刊物过程中得到中方人士鼎力相助。比如，朴殷植参与创办《香港杂志》(1914)、《新韩青年》(1918)、《独立新闻》(1921)并出任主编，创办刊物过程中得到中国人士之助。又如申采浩在北京创办《天鼓》时，李石曾帮助其解决办刊经费并代为邀请中方人士积极投稿，以提高杂志的影响。再如，申圭植来华之初，陈其美就建议其创办刊物、出版图书，以此宣传韩国的独立运动，而其创办的《震坛》杂志，在资金紧缺时候曾得到中国人士的帮助，① 还曾收到孙中山、陈独秀等和社会各界的70多条贺词，一时间声势大振。② 三是流亡文人通过创办杂志努力实现共同话语的建构。韩国流亡文人关注中国时局发展，呼吁中韩志士联合斗争，共同抵抗日本帝国主义的侵略行径。韩国流亡文人先后发表了颇有分量的文章，如朴殷植的《呜呼两旧国之末运》《新青年创刊辞》《我们也与中国各界的运动保持一致》、申圭植的《韩国魂》《民族自觉与韩国独立》《今后我们的责任》、申采浩的《韩汉两族宜加亲结》《朝鲜独立与东洋平和》等。这些号召中韩志士在相知相亲的基础上为了反帝救国和寻求真理的共同事业而相助和提携的观点，得到了中国有识之士的高度赞赏。③ 不仅如此，很多中国知名人士还在韩国志士主办的刊物上发表文章，仅《震坛》撰稿者就有徐谦、黄介民、姚作宾、景梅九、周霁光、林景树、易象等，通过诗歌或政论批判日本对韩国的侵略，歌颂韩国流亡志士的民族精神，提倡中韩志士亲密合作，客观上促进了中韩共同话语的建构。

最后，通过图书出版活动，进一步扩大韩国独立斗争的影响，推进中韩合作。韩国流亡文人出版的图书主要有朴殷植的《安重根》《韩国独立运

---

① 中国革命家杨庶民堪和贵州实业家吴鼎昌分别援助了500块大洋。参见申圭植:《闵弼浩传记》，金俊烨编:《石麟闵弼镐传记》，罗南出版社1995年版，第145页。

② 中方人士高度评价《震坛》的办刊意义，陈独秀的题词为“东亚之光”，无锡培之学校的祝词为“中韩之魂”，《救国日报》的祝词为“扶持人道，打击强权”。这些题词和祝词使办刊者颇受鼓舞与鞭策。在《震坛》发刊前后，中国进步刊物《民国日报》等多次作广告和宣传。参见《震坛创刊之缘由》，《民国日报》1920年10月21日。

③ 参见景梅九:《为韩国近事正告国人》，《震坛》第4期，1920年10月31日；姚作宾:《是我们的事》，《震坛》第1期，1920年10月10日。

动之血史》《韩国痛史》、赵素昂的《金相玉传》《遗芳集》、金光的《尹丰吉传》、李宁斋的义烈传记《华丽正义》、李斗山[①]的《最近韩国志士小传》等。正如前文所述，朴殷植出版人物传记《安重根》之际，辛亥革命党人主动为其写序、跋和祝词，深表赞誉，出版社还将其列入“东洋伟人丛史”，礼遇之隆，可见一斑。又如，赵素昂的人物传记《金相玉》出版时由黄介民亲自题字和写序，并出资印刷5000册在国内发行；赵素昂的另一本人物传记《遗芳集》出版时，又由黄介民等30多名中方人士为书题词，写序、跋以及贺诗，给予热情支持和高度评价。这样的例子可以说不胜枚举。

韩国流亡志士通过一系列的交往实践得到了中国志士的高度认可，结下深厚的友谊，成为革命同志。比如，1922年申圭植在上海逝世，黄介民称他为“韩中患难友”，彼此“大有同病相怜之戚”。上海社会各界人士致送挽联百余幅，可见申圭植在中国人心目中的地位。又如，朴殷植于1925年在上海逝世，中国各界人士沉痛悼念。黄介民在《祭朴殷植文》一文中写道：“呜呼朴公，志望相同，中道而逝，能无心恫。”以此铭记他与朴殷植的志同道合和桴鼓相应。概而言之，在华韩国流亡者群体中的领袖人物，以自己的民族主体性思想和交往实践为建构韩国流亡文人的交互主体与共同主体性奠定了基石。

（二）辛亥革命、大革命书写与共同主体性建构

申圭植的文本在探索中韩共同主体性建构方面具有代表性的价值和意义。申圭植在上海发表了不少与辛亥革命有关的诗歌和散文，诗歌作品有《祝孙中山总统》《赠孙中山》《赠黄克强》《挽黄克强》《寄徐血儿》《悼故友徐血儿》《赠宋渔夫》《寄南社》《南社十一次雅集示亚子》《英士我兄灵

---

① 李斗山（1898~？），原名李贤寿，别名有黄信国、庄一峰、李延浩等，1919年流亡中国，历任《韩声》主编（1932）、《朝鲜义勇队通讯》编辑室主任（1939）、《东方战友》社长（1939）。他通过这些刊物揭露日本帝国主义的侵略罪行，歌颂中韩合作抗日以及在抗战中所表现的爱国精神和革命英雄主义，热情呼吁建立世界被压迫民族的国际联盟，主要作品有《最近韩国义士传》（1936）、《朝鲜的真相》（1939）、回忆录《忆》（10篇系列散文，1939）以及70多篇散文、诗歌、评论等。

右》等；散文作品有《韩国魂》《碧浪湖畔恨人谈》《英士陈先生诔并序》《今后我们的责任》《民族自决与韩国独立》等。在这些作品中，作家热情歌颂了辛亥革命的伟大胜利，高度赞扬辛亥革命党人孙中山、黄兴、陈其美等人的丰功伟绩，抒发了对中国人士的深情厚谊，也表达了中韩合作实现东亚和平的迫切愿望。辛亥革命的胜利为韩国流亡志士构建交互主体和共同主体性提供了时代语境与历史场域。申圭植从辛亥革命胜利中发现了中国的近代价值，同时也发现了自我和他者共同的理念和价值。申圭植在拜见孙中山时说："中韩两国的革命同样重要，中国革命的成功之日，即韩国独立解放之时……中国的统一有望，东亚的曙光已经开启。"[①]他认为中国的民主革命和韩国的独立斗争是紧密联系在一起的，并试图从中国革命的胜利中寻找实现韩国独立的路径和方略。韩国流亡志士对辛亥革命的认知，成为韩国流亡志士与辛亥革命党人形成交互主体的前提，而正因为彼此有了共同的理念、目标并且相互信任，中韩志士才能够共同组织新亚同济社、新亚同盟党等，携手推动中国的民主革命和韩国的独立运动。应该说，申圭植、朴殷植、申采浩等作为韩国民族主义团体的代表人物，直接影响了来华韩国流亡志士的中国认知，进而积极探索中韩志士的交互主体与共同主体性建构。

国共合作的大革命时期也成为中韩志士建构交互主体和共同主体性的重要阶段。彼时 1000 多名韩国热血青年聚集广州，200 多人进入黄埔军校并参加北伐战争。值得注意的是，韩国志士金奎光[②]、金山[③]在广

① 闵弼浩:《韩中外交史话》，东方出版公司 1940 年版，第 195 页。

② 金奎光（1899~1969），原名金星淑，早期共产党员，创办《革命》（主编，1923）、《革命行动》（主编，1926）、《朝鲜民族战线》（主编，1937），在广州与著名进步女性革命家杜君慧结成伉俪，一起参加抗日运动，曾在广州大学就读，参加广州起义，历任朝鲜民主同盟代表、朝鲜民族战线同盟常任理事、朝鲜义勇队指导委员等，在抗日宣传方面做出杰出贡献，代表作品有《朝鲜民族反日革命总力量问题》（1938）、《公演"朝鲜的女儿"的革命意义》（1939）等诸多政论和散文。

③ 金山，本名张志乐（1905~1937），1919 年流亡中国，1923 年加入共产主义青年团，创办《革命》（1923）、《革命行动》（1926）等，参加广州起义，历任中共北平委员会组织部长、抗日军政大学教师。主要作品有诗歌《东较场的人性》（1927）、《吊韩海》（1930），小说《奇怪的武器》（1930）等。

州创办刊物《革命行动》，积极宣传革命思想，支持国共合作，在政治思想上与中国共产党基本趋于一致。① 韩国流亡志士参加中国革命无疑是为了得到中国对韩国独立斗争的支持。他们认为自己既是韩国民族独立斗争的主体，又是大革命时期中国革命的主体。中国的革命先驱也欢迎韩国热血青年投入中国革命，启用他们中的优秀分子在黄埔军校任职或在军内任指挥员，但是中韩志士之间刚刚形成的交互主体与共同主体性因蒋介石于1927年发动的“四一二”反革命政变而遭遇挫折。韩国流亡志士纷纷脱离国民革命军，参加南昌起义和广州起义，同共产党人并肩作战，和衷共济，仅在广州起义中牺牲的韩国流亡志士就有150多人。此时，交互主体与共同主体性的内涵发生了历史性变化。大革命时期韩国流亡志士对时局的认知及其历史选择在韩国流亡文人柳子明、金山等流亡文人的作品中体现得淋漓尽致。金山是早期中国共产党员，在“四一二”反革命政变后参加了广州起义，在诗歌《东较场的人性》中，他站在中国共产党的立场上，揭露和批判蒋介石及国民党右派对共产党和革命群众的血腥镇压。② 柳子明在广州目睹蒋介石反动集团对共产党和人民群众的血腥镇压后义愤填膺地写下了散文《赤色的悲痛》(《朝鲜日报》1927年4月26日)、《离开广州有感》(《朝鲜日报》1927年6月3~14日)等。借由国民党屠杀共产党人的细节描写，柳子明以实录般的冷静完成了深刻的批判。

总之，辛亥革命和大革命时期韩国流亡文学中的共同主体性尽管表现出交互主体与共同主体性的建构过程，但这一时期的交互主体性未能发展至完满层面，共同主体性尚不牢固。共同面对的客体，即主体与主体面对的“中介物”不甚明确，没达到共同面对大他者（日帝帝国主义)– 客体的自由联合，彼此没有形成共同主体性所要体现的“既是手段，又是目的”的共情与互塑，因此尚需在形成交互主体的基础上逐步筑牢中韩共同主体性。

---

① 参见李元揆:《金山评传》，实践文学社2006年版，第208~209页。

② 参见李元揆:《金山评传》，实践文学社2006年版，第618页。

三 抗战时期交互主体与共同主体性建构

(一)深度交往实践与共同主体的建构

在华韩国流亡文人的个体主体性、民族－群体主体性不断巩固发展是中韩交互主体与共同主体性建构的前提。人的世界是人与人交往的世界,主体在交往中必然表现出主体间性,主体间性就是交互主体性(intersubjectivity)。交互主体性不仅包含主体性含义,而且也包含交互的基本特征,即相互认知与相互影响。交互主体中的不同主体在共同面临客体挑战时就形成共同主体,共同主体所形成的辩证统一的主体性就是共同主体性。从这个意义上讲,"共同主体性是主体性和交互主体性的统一"①。在共同主体性的观念下主体是复合的,而且与其他主体共同奋斗。在华韩国流亡志士的交互主体和共同主体性的建构随着中国的全面抗战有了实质性的发展,通过广泛的交往实践实现了中韩文学艺术的交互主体与共同主体性的新发展。

首先,在华韩国流亡志士作为共同主体参加中国的抗日战争。在华韩国流亡志士的多个群体共同面临客体——日本帝国主义,随着客体的压力不断增加,不但内部需要建构交互主体与共同主体性,而且更需要与外部主体即与中国抗战主体建构交互主体与共同主体性。1937 年 7 月开始的中国全面抗战给在华韩国流亡志士带来极大的希望。他们普遍认为中国抗战与韩国的独立斗争密不可分,打败日本侵略者,不但对于中国解放而且对于韩国独立也具有重大意义,所以在华韩国的流亡志士群体都要积极联合起来,作为中国抗战的"主体"参加抗日战争。1937 年 12 月,在华韩国流亡志士的多个组织在南京共同建立具有统一战线性质的朝鲜民族战线联盟,该联盟的成立得到了中国方面的大力支持。② 朝鲜民族战线联盟成

① 郭湛:《主体性哲学——人的存在及其意义(修订版)》,中国人民大学出版社 2011 年版,第 214 页。

② 柳湜在《朝鲜民族战线万岁》中高度评价朝鲜民族战线联盟的成立,主张"我们要最大的力量给与他们援助,完全以平等兄弟的情睦结成远东被侵略民族共同战线以群力打击远东人民大众的共同的仇敌"。参见柳湜:《朝鲜民族战线万岁》,《全民周刊》第 1 卷第 3 号,1937 年 12 月 25 日,第 3 页;另载《朝鲜民族战线》创刊号,1938 年 4 月,第 2 页。

立后提出建立抗日武装队伍的方案，1938 年 10 月在武汉根据国民政府军事委员会的决定建立了朝鲜义勇队，1939 年 10 月在重庆成立了韩国青年战地工作队，1940 年韩国上海临时政府在重庆建立了韩国光复军。在国统区的韩国抗日武装队伍都奔赴抗日前线，协助中国抗战队伍做对敌宣传、民众教育和情报工作。需要说明的是，为建立韩国人的武装队伍，中方进行了卓有成效的军事培训工作。比如，1937 年中央军官学校星子分校举办了韩国青年“特设班”，共培训 102 人；为了更好地支持他们参加中国抗战，还举办了中国汉族学员的“特设班”，培训 22 人，除政治军事教育外，还有韩国语教育，便于他们进入韩国抗日武装队伍开展工作。1939 年，西安国民政府第十战区为韩国青年举办了“韩国青年训练班”，进行专门的军事培训。1942 年 5 月，北上的朝鲜义勇队接受八路军的领导和改编，成为“朝鲜义勇军”，八路军总部还为他们创办了“华北朝鲜革命军政学校”，对他们进行政治军事教育，这些义勇军将士后来在太行山参加了反“扫荡”战斗。不仅如此，1934 年 3 月开始活跃在东北的多个朝鲜人抗日游击队先后改编为东北人民革命军（1934）和东北抗日联军（1936），在雪地和密林进行艰苦卓绝的抗日斗争。不可否认的是，韩国流亡志士内部曾经有过一些分歧，他们在理念、目标等方面也存在一定的差异，但是在“抗日救国，全面抗战”的旗帜下都能够求同存异，以大局为重，加强内部统一和团结，在中国的抗日战场上同中国抗战勇士并肩战斗，患难与共。他们既是韩国的民族解放先锋队，又是中国抗战的一支“国际纵队”。①

来华韩国流亡抗日文人柳子明、金元凤、金奎光、李斗山等纷纷发表文章，号召中韩合作、共同对敌，取得抗战的最后胜利。金奎光指出：“中国的抗日战争正在猛烈进行的时候，同样遭受日本帝国主义的掠夺和压迫的中韩两民族，建立抗日战斗联盟是非常重要而且必要的事情。正因为如此，自从抗战以来，许多中韩人士都很深切地注意这个问题，同时热烈地期望着这个被压迫民族的联合战线，能够早日实现出来……联合战线决不

① 参见萧三:《纪念抗战中在中国死难的朝鲜同志》,《解放日报》1942 年 9 月 20 日。

是什么空洞的作为政治号召的东西，而是要实践、要斗争的战斗联盟。”[①]作者明确指出建立中韩联合战线的必要性和迫切性，同时也指出这种合作的性质和内涵，那就是战斗联盟。实际上抗战以来中国早已提出建立中韩联合战线，朱焕章、沈钧儒、胡愈之、柳湜、范长江等众多中国知识精英在韩国人创办的刊物上发表文章呼吁中韩合作抗日，高度评价在华韩国流亡志士在中国抗战中所作出的贡献，为中韩合作营造前所未有的政治、军事、文化氛围。[②]如果说在辛亥革命、北伐战争和南昌起义、广州起义以及长征的时候韩国流亡志士是以个人的身份参加中国革命的话，那么在中国全面抗战时期他们就是以群体的身份参加的，所以更有利于把群体的生命自觉整合为一定的共同主体性，由此呈现出韩国的抗日武装队伍与中国的抗日队伍成为交互主体，共筑共同主体性的崭新局面。

其次，在华韩国流亡文人创办多种中文刊物，广泛宣传中韩合作抗日。抗战时期，韩国流亡文人先后创办《朝鲜民族战线》（1938 年 12 月）、《朝鲜义勇队通讯》（1939 年 1 月）、《韩国青年》（1940 年 5 月）、《东方战友》（1939 年 1 月）、《光复》（1940）、《韩民》（1940）等中文刊物。在办刊过程中得到了中方人士在人力物力以及稿源、发行等方面的大力支持。以《朝鲜义勇队通讯》为例，编辑部有若干中方人士负责翻译、编辑、组稿和撰写政论、报告文学等工作。朝鲜义勇队成立一周年时出版的报告文学丛刊《活跃在火线上的朝鲜义勇队》和《战场上的朝鲜义勇队》，就是由当时在朝鲜义勇队本部工作的中方人员刘金庸和王继贤负责翻译和编辑的。又如，《东方战友》的社长是韩国流亡文人李斗山，编辑是中方人士陈情、王孝渊[③]等。在在华韩国流亡文人创办的刊物上，沈钧儒、胡愈之、

① 金奎光：《朝鲜民族反日革命总力量问题》，《朝鲜民族战线》第 5~6 期，1938 年 12 月。

② 在《中国共产党抗日救国十大纲领》（1937 年 8 月 25 日）第 5 条“抗日外交政策”中明确提出联合我国台湾地区及朝鲜、日本国内工农人民反对日本帝国主义。另见朱焕章：《伟大的友情》，《朝鲜义勇队通讯》第 38 期，1940 年 11 月；沈钧儒：《东方各弱小民族联合起来》，《朝鲜义勇队通讯》第 40 期，1941 年 10 月；胡愈之：《第二次帝国主义世界大战与全世界被压迫民族解放运动》，《朝鲜义勇队通讯》第 28 期，1939 年 11 月；范长江：《日本对朝鲜的苦闷》，《改进》第 2 卷第 1 期，1939 年 10 月 1 日；等等。

③ 陈情，创办伊始任编辑，兼任广西学生军政治指导员，参见《东方战友》第 8 期，1939 年 5 月 1 日；而王孝渊尚难考证。

穆木天、胡明树、范长江、黄药眠等进步人士和作家发表有关中韩合作抗日、中国与世界关系等政论以及诗歌、散文、报告文学作品[①]。中方人士在封面设计、宣传版画和插图[②]等也给予具体的支持。不仅如此，各界知名人士经常对杂志给予题词鼓励，在办刊经费方面也给予支持[③]，还帮助发行和组稿以及广告，等等。[④]从某种意义上讲，在华韩国流亡文人创办的刊物是中韩文人合作的产物，如果没有中方社会各界的相助，单靠韩国流亡文人办好刊物是不可能的。这些都足以说明中韩文人之间已经形成交互主体，共同面对特定的客体——日本帝国主义，成为抗日的共同主体，其所具有的主体性奠定了共同主体性的基石。

（二）共同书写与共同主体性建构

抗战时期，中韩文人都十分关注以抗日前线的英雄事迹来建构知识话语，即抗日话语、民族话语以及革命话语并且塑造英雄形象来鼓舞前线的战士。中韩文人关于同一主题的共同书写大都发表在流亡文人创办的刊物上。

首先，报告文学方面的代表性作品是刘金墉编译的《火线上的朝鲜义勇队》（1939 年 3 月）和王继贤编译的《战场上的朝鲜义勇队》（1939 年 3 月）。作品集主要是朝鲜义勇队战地宣传员写的报告文学，通过这些作品能够了解到朝鲜义勇队战士在对敌宣传、民众教育、救护伤员等方面表现出的大无畏的革命英雄主义和国际主义精神以及中韩抗日战士用鲜血凝成的战斗友谊。此外，也有 100 多篇中韩抗日文人撰写的报告文

---

① 在《朝鲜义勇队通讯》发表文章的文人共 113 人，其中中国文人 50 多人；在《东方战友》发表文章的文人共 165 人，其中中国文人 110 多人。

② 《朝鲜义勇队通讯》中的版画多数是中方的易群、建庵的作品；《韩国青年》的封面设计由中方的沙清泉负责，版画、插图由中方范里负责；《东方战友》的版画由中方的力夫负责。

③ 《东方战友》1939 年 4 月 1 日第 6 期第 19 页“本社重要启示”中有以下内容：“广西航业联合营业社，自三月份起按月捐助国币一百元，特此鸣谢。”

④ 《东方战友》办刊过程中，也得到《救亡日报》《国民日报》的广告宣传，中国各地各界人士也帮助约稿、投稿以及发行刊物。参见《信箱》，《东方战友》第 6 期，1939 年 4 月 1 日。

学作品[①]，这些报告文学作品对于还原抗战历史、弘扬抗战精神具有重要的文本价值。

其次，诗歌作品方面，中国诗人的作品主要有力扬的《朝鲜义勇队》、穆木天的《赠朝鲜李斗山同志》《献给朝鲜的战友们》、沈芷静的《我们永远地携起手——献给朝鲜义勇军的同志们》、雷石榆的《朋友，您去吧——赠别朝鲜义勇队吴民声同志》、艾青的《悼词——为朝鲜独立同盟追悼殉难的朝鲜烈士们而作》《赠给朝鲜的战友们》等；韩国流亡文人的作品主要有李斗山的《你是义勇的战士》《1940 年进行曲》《放歌》《我是一匹马》、文靖珍[②]的《悼四将士》、文明哲的《中国儿女》、金维的《杨子江》、张重光的《8.29》、若曦的《我要回金刚山》等。这些作品的突出特点，一是歌颂中韩携手共同打败日本侵略者的时代精神以及实现韩国独立的坚定信念；二是赞美在华韩国抗日斗士为中国抗战的胜利而奋不顾身、英勇献身的崇高精神。通过这些诗歌也能够窥见中韩诗人为了共同的目标——抗战的胜利形成交互主体，共筑文学共同体真实的时代精神和历史场域。

下面通过对中韩两国诗人创作同一主题诗歌的比较来探讨文心互通、目标相同的文学共同体共同主体性的建构及其内涵。首先，热情歌颂中韩合作抗日的伟大时代精神，表达抗战必胜的信念。穆木天和李斗山都是具有代表性的抗战文人，彼此有深入的交往。前者的生平无须赘述，有必要说明的是，李斗山是抗战时期在华韩国流亡文人中的代表性作家和诗人。他的抗战文艺思想对于了解在华韩国流亡文人的抗日文学具有重要的价值。李斗山始终站在进步的抗战文艺立场，强调文学创作要为“巩固民族革命的抗战文艺阵线”服务，“警惕为艺术而艺术倾向”，其创作突出体现了中韩两国文人的情感对话与共同主体性的建构与发展。李斗山在《一九四零

① 中方的作品有刘金墉的《良辰美景过佳客》《一群小斗士的集会》《江南火线上》、王继贤的《新同志在前线》《朝鲜义勇队在桂林》、萧三的《几个小故事》、陈元仲的《中韩联合战线与朝鲜义勇队》、王亚平的《战斗在前线及敌后的朝鲜义勇队》等；韩国人士的作品有朴孝三的《第一区队在前方》、文正一的《活跃在平汉路上的第三区队》、张重光的《夜袭》、李斗山的《活跃在火线上的朝鲜义勇队》、尹世胄的《和平村通信》等。

② 文靖珍，朝鲜义勇队队员，国立中央大学毕业，曾创作歌剧《阿里郎》，由朝鲜义勇队在桂林演出。

年进行曲》中吟唱道：

> 自从卢沟桥畔炮一声 / 不愿意做奴隶的人们 / 中、韩的弟兄们 / 扛着枪，大踏步，前进进！ / 爬过一岭，二岭，三岭 / 如今 / 站在四个年头的岭上 / 高揭“解放”旌旗，大鼓战鼓 / 仍然高唱着庄严的进行曲呀。①

诗人歌颂中韩抗日战士高举“抗日救国，全面抗战”的旗帜在抗日战场上并肩战斗、高歌猛进的壮举，并接着呼吁：

> 我们要完好的朝鲜 / 我们要整个的中国 /…… / 我们要东亚的和平 // 我们的家屋、土地、田园 / 应该收回，做我们的所有 / 从这四个年头的岭上 / 更要疾风似的 / 齐奔冲进。// 看啊 / 那“希望峰”招展着我们呢 / 高唱吧，这一九四零年的行进曲 / 高唱到玄海滩那边 / 高唱到海南岛那边 / 高唱到大同世界那边吧！②

在诗歌中“我们”就是“我的复数”，就是共同主体的共同存在，即萨特所说的“共在”③，具体说来，中韩抗日战士联合在一起的“共在”，诗人通过“我们”的战斗、“我们”的目标、“我们”的胜利，表达了将把抗日战争坚持到底、解放全中国、实现民族独立的强烈愿望，充分展现了中韩抗日战士为了一个共同的目标共同奋进的共同主体性精神。

李斗山在抗日战争烽火连天的年代用如椽大笔，通过诗歌、散文以及报告文学歌颂中韩合作抗战的伟大时代精神，为抗战文学的健康发展做出了贡献。与此同时，他亲自以汉语、英语、日语、韩国语做抗战广播演说，

---

① 李斗山：《一九四零年进行曲》，《东方战友》第 13 期，1940 年 1 月 15 日。

② 李斗山：《一九四零年进行曲》，《东方战友》第 13 期，1940 年 1 月 15 日。

③ 萨特在谈到主体性与共同主体性时说道：“我们经常说‘我们’，这是千真万确的，存在本身和这种语法形式的应用必然归结为共在的实在经验。‘我们’能是主体，并且在这种形式下，‘我们’相当于‘我’的复数。”（萨特：《存在与虚无》，陈宣良等译，生活·读书·新知三联书店 1987 年版，第 531~532 页。）

而且与田汉、夏衍、穆木天等抗战文人有着深度交流，所以他在抗战文化城市——桂林具有很高的地位和很大的影响力。李斗山的诗歌《放歌》[①]曾与穆木天的《赠朝鲜战友李斗山先生》一起发表在《中国诗坛》上，而这很可能是由于穆木天的推荐。穆木天在诗中热情赞美抗日文人李斗山为中韩合作抗日做出的努力与奉献，对中朝抗日战士在雪地、在密林、在“同一个战线上艰苦地战斗”的献身精神深表敬意，并从“那里的雪地上的血迹”中见到了“新的光明”。诗人在作品中吟唱道：

在暴风雨中，/我听见了你的琴音激扬，/在黎明中，/我听见过你引吭高唱，/你怀着一颗火热的心，/你坚定着争取光明的意念，/朋友，/我好像看见，/鸭绿江的水在你心中动荡！

诗歌中充满诗人对抗日文人的敬重和期望，表达了抗战必胜的坚定信念，最后诗人号召中韩志士携起手来高歌猛进：

朋友，/我们要紧紧地握着手战斗呀：/在我们的岗位上，/东方各民族的战友们，/无言地或者是高歌地，/是要更热烈地握手的！[②]

诗歌中的“我们”与李斗山诗歌中的“我们”毫无二致，是一个战壕里的同志，是分不开手的“共体”。任何“共体”都由你与我组成，而分不开的“你与我”是因为有了明确的“合作抗日”的“手段”，更有“建设新社会”的明确“目的”，所以这种共体是战无不克、牢不可破的共同的主体性。

其次，通过以韩国抗战勇士为题材的诗歌歌颂中韩战士患难与共、视死如归的革命英雄主义精神。1941 年 11 月，在河北邢台地区反“扫荡”战斗中有 10 名朝鲜义勇队（军）战士牺牲。为悼念这些韩国烈士，朝鲜义勇队（军）在太行山（1941 年 11 月）、重庆（1942 年 4 月）举行了隆

① 李斗山：《放歌》，《中国诗坛》新第 6 期，1940 年 12 月 5 日。

② 穆木天：《赠朝鲜战友李斗山先生》，《东方战友》第 32 期，1940 年 11 月 15 日。

重的追悼会，中方高层高度赞扬中韩合作抗日的壮举以及朝鲜义勇队英雄们舍生忘死大无畏的英雄气概。八路军总司令朱德同志在悼念文章中指出："我们的十位朝鲜革命同志牺牲了。为了援助中国的民族解放战争，他们生前曾与我华北军民同心协力，共嗜艰辛，表现了崇高的国际主义精神……为自由而死的战士，他们的生命是永在的。他们的战斗精神，将永远活在争自由的中、韩人民心中。"[①] 八路军参谋长叶剑英同志也在悼词中说："朝鲜在华之革命同志，为了祖国的独立解放，奔走呼号，组织力量，参加抗战工作，而朝鲜义勇军，尤为其中坚。"[②] 在重庆举行的追悼会上，多位国共著名人士参加并送挽联。[③] 1942 年 4 月 1 日《朝鲜义勇队通讯》专设"朝鲜义勇队前线阵亡同志追悼专刊"，9 月 20 日的《新华日报》也专设"追悼朝鲜义勇军牺牲同志特刊"，除了朱德、叶剑英同志的悼词之外，还刊登了萧三的《纪念抗战中在中国死难的朝鲜同志们》、张云的《牺牲在中国》、重光的《朝鲜义勇军》《朝鲜义勇军牺牲同志略历》等。包括朝鲜义勇队（军）在内的韩国抗日武装队伍在中国战场上奋不顾身、视死如归的精神在中国军民中产生重大影响，赢得中国各界人士的高度评价。

值得注意的是，为纪念在邢台地区反"扫荡"战斗中英勇牺牲的朝鲜义勇队（军）烈士，韩国流亡文人文靖珍与中国著名现代诗人艾青都曾写下诗篇。这为我们观察中韩文人抗战书写的异同提供了难得的视角。文靖珍在《悼四将士》中写道：

> 我遥望，/ 荒凉的北战场，/ 向四位殉国的将士敬礼。/……/ 将士们，/ 你们是光荣的逝世了，/ 你们以胜利的微笑 / 向仇敌射发了最后的一粒子弹。/ 将士们 / 你们纵然永别我们而去 / 却将火样的燃烧的热情 / 献寄给为解放而工作的同志们。

---

① 朱德：《为自由而死　生命永存》，《解放日报》1942 年 9 月 20 日。

② 叶剑英：《悼朝鲜义勇军阵亡同志》，《解放日报》1942 年 9 月 20 日。

③ 朱德、彭德怀共同挽联："朝鲜义勇队陈亡同志千古——热血同流！"周恩来、董必武、邓颖超共同挽联："怎样追悼朝鲜民族四位战士，必须打到日本强盗一个敌人。"沈钧儒挽联："孙王崔朱四烈士共鉴：以身殉反侵略阵线，不愧为大朝鲜国民。"（《朝鲜义勇队通讯》第 42 期，1942 年 4 月。）

同时，诗人也满怀豪情歌颂他们在大江南北为抗战的胜利、为民族的独立赴汤蹈火舍生忘死的战斗气概：

记得——/一个秘密的夜里，/你们在上海暗杀敌之要人/我担负着向导的责任。/你们挥舞着狂热的拳头/竟向那罪魁猛击/那些零星的巡捕一见你们威风凛凛的姿势，/便不能不惊慌失色地躲在一边！//记得——/又一个酷热的夏天，/你们与某师敢死队/站在队伍的最前面/攻击锡山，/夺获战利品/胜利归来。//如今/以你们壮烈的牺牲，/换取了邢台光荣的胜利。/你们伟大的革命精神当永垂千古！/在你们的灵前/我们宣誓：/为完成你们的遗业，/踏上你们的血迹前进！①

与文靖珍近乎写实的写法不同，艾青则以歌颂朝鲜义勇队牺牲的勇士为切入点，延伸主题，通过崭新的诗歌意象揭示了兄弟般的朝鲜人民在日本帝国主义铁蹄下遭受的苦难，歌颂了整个朝鲜义勇队乃至所有在抗日战场上牺牲的韩国志士的英雄主义和国际主义精神。② 这实际上是一首在华韩国武装队伍的抗战赞歌，又因采用第一人称写法，诗歌格外情真意切：

阿里郎的歌声/从华南唱到华北，/我们的脚迹/踏遍中国的战场。//一起战斗的同志们死了，/有的死在上海的地下工作里，/有的死在后方的病院里，/而更多的却死在火线上——/死在和敌人的肉搏里，/死在临危不惧的反抗里。/更有的是/刺死了敌人之后退却至悬崖边，/打开了胸膛，让敌人刺死。/你们的勇敢牺牲，/已洗尽了祖国朝鲜的耻辱。③

---

① 文靖珍：《悼四将士》，《朝鲜义勇队通讯》第42期，1942年4月。

② 参见艾青：《悼词——献给反法西斯斗争中殉难的朝鲜烈士们》，《解放日报》1942年9月20日。

③ 艾青：《悼词——献给反法西斯斗争中殉难的朝鲜烈士们》，《解放日报》1942年9月20日。

接下来，诗人以亲切、真挚的笔触深情地悼念殉难的战士："亲爱的战友们 / 请安息吧！ / 在为自由而战斗的中国土地上 / 阳光与云影抚拂着你们的坟墓 //……我们将以你们的名字为旗帜 / 去为你们复仇 / 去歼灭敌人 / 去为祖国朝鲜争取解放。""以你们的名字为旗帜"去"争取解放"，这是最高的、永恒的纪念。然而，诗人对勇士的纪念并不止于此，不仅要继承遗志，坚持斗争，还要在解放祖国的那天永恒地纪念烈士："在祖国朝鲜的土地上 / 将竖起纪念塔——庄严的塔 / 胜利的塔 / 将象三角山一样高耸站在天空 / 让祖国的自由的子子孙孙 / 日日致敬与瞻仰。"[①] 艾青在诗歌中创造出对朝鲜抗战烈士的悼念、苦难、战斗、殉难、胜利、纪念等丰富的诗歌意象，表达了"你中有我，我中有你"的真挚情感。如果说文靖珍的诗歌比较直白、单调，情感世界只是"对号入座"，那么艾青的诗歌显现出自如驾驭情感表达的能力以及以"正位、移位、错位"的方式创造诗歌意象的高超技巧。显然，在诗人艾青的创作中，韩国抗日战士的形象得到更加丰满和美好，或许这正体现了中韩两国作家作为文学共同体在互补与互证中得到了发展和完善。

通过这两国作家对同一主题共同书写的考察，我们进一步印证了韩国流亡文学中所呈现的交互主体和共同主体性的正当性及其特质。在建构中韩交互主体性的时候，主体与主体之间的"中介"以及"均衡、平等"等原则必然起着作用，而这种中介无疑就是主体与主体共同面对的客体——日本帝国主义时共同的立场和态度，而主体和主体之间的"均衡、平等"原则强调的就是为了抗战的胜利要共同付出的代价，即并肩战斗而不惜为此流血牺牲。从这个意义上讲，中韩志士共同主体性的建构是以中韩志士面对"大他者"——日本帝国主义时共同的立场、态度、目标和共同的付出为基本前提条件的。抗战时期的韩国流亡文学所展现的交互主体性无疑属于完满的交互主体性，因而共同主体的形成及其共同主体性的建构也变得十分巩固和完善。

① 艾青：《悼词——献给反法西斯斗争中殉难的朝鲜烈士们》，《解放日报》1942 年 9 月 20 日。

（三）戏剧创作、共同演出活动与共同主体性的建构

在华韩国流亡文人十分重视戏剧的创作及其演出，主要动因有以下两点：一是戏剧艺术本身的功能，即戏剧能够直接面对大众进行抗日教育；二是当时中国文学中有关韩国抗日题材戏剧作品不断增多并在中国民众中产生积极影响。比如，以安重根、尹奉吉①等韩民族英雄及苦难与斗争②等为题材的作品不但起到激发中国人民大众抗日斗争意识的作用，而且对于宣传韩国的独立斗争也有重要作用。抗战时期在华韩国流亡文人创作并演出的戏剧作品主要有朝鲜义勇队的《图们江边》（1938）、《铁》（1938）、《亡命》（1939）、《反攻》（1939）、《朝鲜的女儿》（话剧，金昌满，1939）、歌剧《阿里郎》（文靖珍，1939）；韩国青年战地工作队的话剧《三江好》（1939）、《重逢》（1940）、《国境之夜》（1940）、《韩国一个勇士》（朴东云，1940）、歌剧《阿里郎》（韩悠韩③，1940）；东北韩人抗日游击队创作的话剧《血海之唱》（乌鸦，1938）和《战斗的密林》（乌鸦，1938）等。这些戏剧作品有的是反映殖民地韩国人民的苦难与民族觉醒，有的是反映在华韩国流亡志士的抗日斗争，有的是反映不堪忍受日本军队的暴行与欺压反戈一击参加抗日武装队伍的人物和事件，还有的是反映中韩军民合作抗日取得战绩的英雄事迹。这些戏剧作品除了韩悠韩、金昌满、文靖珍、朴东云等人的个人创作之外，大部分是抗日武装队伍的集体创作并且在中国军民中演出。这些戏剧的创作和演出体现着共同主体性的建构特征，标志着中韩文艺共同体的形成。

在交互主体的形成和共同主体性建构方面，朝鲜义勇队和韩国青年战地工作队的戏剧创作及其演出具有特殊的意义。1939 年 3 月在桂林演出

---

① 以安重根为题材的戏剧有《山河泪》（侯曜，1931）、《亡国恨》（朴园），以尹奉吉为题材的戏剧有《尹奉吉》（夏家祺，1933）、《尹奉吉》（陈适，1933）。

② 如《没有祖国的孩子》（徐韬、夏伯，1934）、《没有祖国的孩子》（舒群原作，破锣改编，1938）。

③ 韩悠韩（1910~1996），本名韩亨锡，8 岁随父母来到中国，上海新华艺术学院毕业，历任中央战时干部训练第四团教官，韩国青年战地工作队艺术组组长，光复军第二支队艺术组组长。主要作品有歌剧《阿里郎》、话剧《韩国一勇士》（与韩东云共编）、《韩国歌曲集》以及《国民军歌》《光复军歌》《鸭绿江进行曲》等多首歌曲。

的话剧《朝鲜的女儿》、歌剧《阿里郎》[①]和1940年5月在西安演出的歌剧《阿里郎》、话剧《国境之夜》《韩国一勇士》[②]等赢得两地社会各界人士和广大市民的高度评价。两地主要报刊专设栏目[③]报道戏剧的成功演出，各界人士纷纷撰文对演出予以高度评价。这些戏剧作品不仅反映了韩民族的民族觉醒和抗日精神，还在演出过程中呈现了以融合与创新为精神价值的中韩文艺界人士的“交往行动”[④]及其共同主体性的建构。

下面以话剧《朝鲜的女儿》和歌剧《阿里郎》为例，重点分析文艺共同体在中韩合作抗日以及中韩共同主体性建构方面的价值。两部戏剧作品及其演出具有以下特点。

一是通过韩民族的觉醒及其抗日斗争激发了中国民众的抗日热情，以达到中韩合作抗日的目的。《朝鲜的女儿》反映的是朝鲜一个小城发生的抗日斗争，即军民联合打击日本军队、警察及其走狗的一场战斗。这部作品在人物塑造方面比较成功，中国著名诗人力扬认为这部作品是“描写朝鲜儿女反对日本帝国主义英勇牺牲的历史剧”[⑤]。著名作家杨朔评论道：“蹂躏在日本兽蹄下的国度的人民到底是遇着怎样悲惨而流离的生活呀……我们应该恢复沦陷区的政权，恢复东北的政权，更应该帮助朝鲜恢复他们的独立政权。”[⑥]

《阿里郎》讲述的则是韩国农村青年男女为生活所迫离开父母，和广

---

① 1939年3月1日，朝鲜义勇队在桂林举办韩国“三一运动”22周年纪念大会，以本次纪念大会为契机，话剧《朝鲜的女儿》和歌剧《阿里郎》在桂林新华剧院连续演出三个晚上。

② 歌剧《阿里郎》和话剧《国境之夜》《韩国一勇士》是作为一组节目即《阿里郎》的剧目同时演出十多场。

③《救亡日报》于1939年3月3日专设《对于朝鲜义勇队公演的感言》栏目，刊登艾青、舒群、阳太阳、林林的感言；《广西日报》于1939年3月1日专设《朝鲜的女儿》公演特刊专栏，刊登杨朔、力扬、风文等人的文章；《西北文化日报》1940年5月专设《阿里郎》公演栏目，刊登建民、诚等人的观后感。

④ 参见［德］哈贝马斯：《交往行动理论·第一卷——行动的合理性与社会合理化》，洪佩郁、蔺菁译，重庆出版社1994年版。

⑤ 力扬：《热诚的希望——祝“朝鲜的女儿”的演出》，《广西日报》1939年3月1日，《朝鲜的女儿》公演特刊。

⑥ 杨朔：《读了“朝鲜的女儿”以后》，《广西日报》1939年3月1日，《朝鲜的女儿》公演特刊。

大移民一起越过家乡的阿里郎山岗，历经千辛万苦到中国参加韩国革命军，为消灭日本侵略者参加战斗，英勇善战，献出自己的青春岁月，几十年后，已变为老夫老妻的他们为了抗日斗争的最后胜利，在一场激烈的战斗中壮烈牺牲。牺牲后，他们家乡的阿里郎山岗上国旗迎风招展。作品以此暗示抗日斗士的流血牺牲必定迎来抗日斗争的伟大胜利。有关《阿里郎》，彼时一份韩国流亡者杂志曾评价道："'阿里郎'歌曲是代表着全韩国三千万群众一致的申诉苦痛的不朽的民歌。帝国主义的铁蹄一日不被摧毁，韩国民族一天看不到光明，这个悲惨的歌声将一日不断地传流在这个大地上，永不截灭。"①"它是韩国民族灭亡的丧钟，它更是韩国民族革命的冲锋号。"②而在中国评论者看来，"自从和平自由的阿里郎山被倭寇蹂躏后，许多韩国青年，不愿过暗无天日的亡国奴生活，成批的跨过鸭绿江，流浪到东北去。泣别，是多么凄惨怨哀的事啊！谁叫我们离开亲爱的故乡！谁叫我们抛弃了慈祥衰老的爹娘，去做异乡的流浪者！阿里郎山前，由四十年前一直到现在，就是接连不断的演着这样的惨剧"③。还有一位中国评论者写道："韩国革命志士，为争取祖国的自由而奋斗的精神，早为国人所钦敬。抗战以来，韩国青年更出生入死的分布在各个战场，这些事实，已经让中韩两国人民都深深地感到两国的命运是牢牢的结在一起的，因而相互间潜□□□约增长热烈的，战斗的友情，这种纯洁珍贵的友情，恐怕是这次西安市民关心这次演习的最重要的原因。"④比较中韩两国的评论，可见中国观众不仅充分理解了剧作的思想内涵，而且通过观剧确实与韩国流亡者产生共情，因而戏剧演出较好地达到了"以文化的力量发动广泛的革命运动，促进韩国的复兴"⑤的目的。

值得注意的是，韩国流亡文人在桂林和西安等地演出戏剧的直接目的

---

① 原文"永不截灭"中的"截灭"不见于现代字典，似应改为"永不熄灭"。

② 淡：《在生长中的幼苗》，《韩国青年》创刊号，1940 年 7 月 15 日。

③ 建民：《满怀兴奋看看着，〈阿里郎〉》，《韩国青年》创刊号，1940 年 7 月 15 日。

④ 松江：《阿里郎》，《韩国青年》创刊号，1940 年 7 月 15 日，《工商日报》《西京日报》转载。

⑤ 罗月焕：《我们的任务》，《韩国青年》创刊号，1940 年 7 月 15 日。

就是慰问前线的中国抗日战士并募集资金支援前线。[①] 当时桂林正在开展"伤兵战友"慰问活动，此次演出就是响应了这一号召。在桂林的中国各大机关团体的代表都观看了该剧的演出，观众中还有日本反战作家鹿地亘，当时"整个会场充满了中韩合作的空气"。《阿里郎》在西安实验剧场连演出十天，几乎场场爆满。《韩国青年》杂志对当时的募捐情况有着如下记录："本队为响应全市各界征募夏衣慰劳前方将士，特于五月二十日起假实验剧场，举行公演十天。所得票价，除一切应用之开支以外，仅余存四千元，募捐则如此区区，但是吾韩青年对于中国英勇抗战战士们的敬意，却是万分的至诚。"[②] 可见，演出初步达到了支援前线的目的，并且借此实现了更有成效的中韩合作。

二是这些韩国流亡话剧、歌剧在内容和形式上具有现代性。《朝鲜的女儿》主要接受了中国的现代话剧形式，在对话、剧情等方面呈现出现代话剧的特征。艾青高度评价其现实主义特色："应该赞美的，是《朝鲜的女儿》贯穿全剧的革命精神，而这种革命精神并不用那种陈腐的罗曼司来作为故事的骨干，反之，它却始终是在现实生活的紧接的压迫下的所出发的反抗，这种反抗是合理的。"[③] 阳太阳也高度肯定了《朝鲜的女儿》演员的演技，认为其恰如其分地刻画出了剧中人物的性格。[④] 这样的评价无疑出自现代话剧的艺术标准。而阳太阳的以下看法似乎更能使人体会到该剧的成功之处："金昌满（饰爷爷）……当他表演到被日本山口逼走，着人砍伐他庭园中的几代以来就生长在那里的那棵老树的时候，他那慌张、失望的情景使我想起契可夫的樱之园中的主人公被迫出走的悲哀，以及樱花树被伐倒下的沉重的声音来了。"[⑤] 阳太阳观看此剧能够联想到契诃夫的作品，这本身就足以说明该作品在现代话剧意义上的成功之处。

歌剧《阿里郎》的突出特点是将阿里郎传统民谣与抗日斗争巧妙的结

① 歌剧《阿里郎》的创作目的是"募集夏衣，慰问前方战士"，"表示韩国青年对中国英勇的抗战勇士的敬意和诚意"。参见《韩国青年》创刊号，1940 年 7 月 15 日。

② 《写在前面》，《韩国青年》创刊号，1940 年 7 月 15 日。

③ 艾青：《对于朝鲜义勇队公演的感言》，《救亡日报》1939 年 3 月 3 日。

④ 阳太阳：《感言》，《救亡日报》1939 年 3 月 3 日。

⑤ 参见阳太阳：《感言》，《救亡日报》1939 年 3 月 3 日。

合，以此表现了现代内容，而且在艺术形式上体现着中韩互动、东西交融的特点以及现代歌剧艺术形式的创新。众所周知，现代歌剧多以歌唱和音乐来交代和表达剧情。《阿里郎》中出现的阿里郎民谣，不仅象征着移民者离开家乡的苦难与悲哀，还象征着必须要越过苦难，进行战斗的抵抗与奋进，也象征着战争胜利后的喜悦与希望，这样的表现手法是对传统民谣与传说的现代创新，而且此剧的主题音乐和其他音乐高度协调，使所塑造的人物形象非常完美。曾有评论者高度肯定歌剧的剧情处理和音乐与布景的协调："这一次剧的演出，穿插紧张，剧情周密，处处都叫人满意，尤其是音乐与布景的陪衬，更是西安戏剧界近年来不可多见的。"[①] 还有一位评论者高度肯定了歌剧的现代性及其创新性价值。在他看来，《阿里郎》之所以在西安备受关注，其主要原因之一就是"'阿里郎'是个新形式的歌剧，在我们今天全国戏剧界正在高呼新兴歌剧的时候，这个形式的实验，是非常值得注意的"，而且"这个歌剧……富有东方情调……许多人都觉得这种形式，是值得探究的"。[②]《阿里郎》的编剧韩悠韩是著名的艺术家，身兼导演、音乐总指挥、主要演员数职于一身，该剧在艺术上的创新正与剧作家的跨界体验与融合创新密不可分。韩悠韩对韩国传统有着深刻的理解，又在中国接受了现代音乐教育，而且富有创作经验，这些因素促成了歌剧《阿里郎》创作和演出的成功，使其成为"一个非常值得说'伟大'的歌剧"[③]。

三是在戏剧演出过程中中方鼎力相助，体现了戏剧艺术的中韩互动融合，呈现文化混溶性的特色。从《朝鲜的女儿》看，该剧台词和音乐歌词均为汉语，男主角是朝鲜义勇队编导金昌满，女主角是金炜[④]，第五路军总政治部国防艺术社社员罗塘生、梁博爱、张达诸等都担任主要演员，而且当时正在桂林的艺术工作者李文剑、蔡红、阳太阳、舒群等都对该剧的上

① 建民：《满怀兴奋看着，〈阿里郎〉》，《韩国青年》创刊号，1940 年 7 月 15 日，《西北文化日报》转载。

② 松江：《阿里郎》，《韩国青年》创刊号，1940 年 7 月 15 日，《工商日报》《西京日报》转载。

③ 松江：《阿里郎》，《韩国青年》创刊号，1940 年 7 月 15 日。

④ 金炜是著名电影演员金焰的妹妹，朝鲜义勇队唯一的女队员。

演提供了很大的帮助。[①] 至于《阿里郎》，中方的支持更是多方面的。比如演员是中韩艺术家共同担任，男主角是韩悠韩，而女主角是中方青年艺术家沈承珩[②]，其他演员、大会职员、舞台工作人员、乐队人员、合唱队等大部分是西安艺术团体人员，如乐队总指挥是韩悠韩、指挥是傅德友和高兴闵；“伴奏的乐队，由本市数十位著名音乐家组成”[③]；钢琴、提琴、萨克斯风、吉他、二胡等乐器的演奏人员大都是中国艺术家，伴唱队是卫生总队歌咏队、银联歌咏队、联合歌咏队和青年歌咏队；舞台工作人员包括舞台监督、前台管理、装置、效果、灯光等都是中方人员，“造成西安音乐界的一个空前的大联合”[④]。剧作的演出台词是汉语，演出中也是把韩国语的《阿里郎》用英文进行拼音标注后演唱。整个演出过程呈现了中韩“艺术共同体”的智慧和力量以及艺术的跨界对话与融合创新，即韩民族的内容和现代中国艺术形式的有机结合，体现了文化混溶性所具有的艺术创新。总之，经过中韩艺术工作者的共同努力，《阿里郎》成为“抗战艺术的灵魂”[⑤]，为促进中韩携手抗战做出了卓越的贡献。

四　结语

在韩国流亡文学所反映的主体性、民族主体性、共同主体性建构过程中，以“大我精神”为核心价值的生命自觉是建构主体性、民族主体性的基本前提，而主体性、民族主体性与交互主体性的统一，有效推动共同主体性的建构。从历史发展看，在韩国流亡文学中的主体性、民族主体性、共同主体性的建构过程中，中国话语和历史场域始终是重要的变数，中国革命先驱对韩国流亡文人的认同与支持对主体性、民族主体性、共同主体性的建构起到了重要作用。在辛亥革命和大革命时期，韩国流亡志士与中

① 《写在前面》，《韩国青年》创刊号，1940 年 7 月 15 日。

② 沈承珩（1918~2002），著名画家、话剧演员，田荣女友；田荣，韩国籍青年，剧中饰牧童儿子，也是舞台监督。

③ 松江：《阿里郎》，《韩国青年》创刊号，1940 年 7 月 15 日。

④ 松江：《阿里郎》，《韩国青年》创刊号，1940 年 7 月 15 日。

⑤ 雁：《〈阿里郎〉观后感》，《韩国青年》创刊号，1940 年 7 月 15 日。

国近现代革命先驱成为交互主体，初步探索共同主体性建构，但这时存在交互主体所面对的客体——“大他者”不甚清晰的重要问题，同时由个体主体性的整合而成的共同主体性也面临着建构与解构、解构与重构的问题，实际上进入低谷期。在“抗日救国、全面抗战”的旗帜下，在华韩国流亡文人以共同主体参加中国的抗战，理念和理想、目标与奋斗的一致性使共同主体性建构有了实质性的发展，由此个体主体性得到充分整合并发展为民族主体性乃至共同主体性，进而民族 - 群体内部的局限性得以克服，共同体内部的个体生命自觉发展为生命创造。随之形成的中韩文学共同体促进了同一主题的共同书写和戏剧的共同演出，在华韩国流亡文学中的共同主体性呈现出前所未有的新局面。

总之，在华韩国流亡文人文学中的主体性、民族主体性、共同主体性建构过程体现着近现代中韩命运共同体的文化亲和性、互动交融性及共存发展性。韩国流亡文学所呈现的交互主体与共同主体性体现着富有现代性特质的 20 世纪东亚精神价值。不仅如此，在华韩国流亡文学的主体性、民族主体性与共同主体性的建构还决定了韩国流亡文学的反帝反封建性质，同时也奠定了其在韩国近代抗日文学乃至中韩近现代文学交流史上的重要地位。中韩文人志士共同建构的共同主体性必将为推动 21 世纪中韩人文交流、构建人类命运共同体提供宝贵的历史经验与文化启示。

一九五五年　火野葦平の中国訪問記
—瀋陽、撫順プリズンの戦犯管理所を中心として—

増田周子[*]

はじめに

火野葦平は、一九五五年四月六日から十日にかけて、インドのデリーで開催された「アジア諸国会議」に日本の文化問題代表として参加した。「アジア諸国会議」終了後、会議に参加した日本代表団の一部の二十八名は、一九四九年十月一日に成立した中華人民共和国、すなわち新中国を視察することになる。火野も二十八名の一人として新中国の視察に参加した。火野らはカルカッタ、ラングーン、バンコク経由で香港に入り一九五五年四月二十日に汽車で深圳から新中国に入国した。そして、二十一日より広東から新中国を視察していく。火野の新中国訪問については、拙稿「一九五五年　火野葦平「アジア諸国会議」参加後—インドから香港、広東へ—」[①]、「火野葦平の新中国視察記—広東から、漢口へ」[②]、「一九五五年火野葦平の新中国視察記　漢口から武昌、武漢へ」[③]で、四月二十六日までの視察の様相を記した。

＊　増田周子，日本关西大学教授。

①　関西大学『文学論集』2015 年 3 月。

②　関西大学『東西学術研究所』2016 年 5 月。

③　関西大学『文学論集』2021 年 3 月。

本稿表では、これまで記した新中国訪問記の続きのうち、瀋陽、撫順プリズンの戦犯管理所を中心に報告する。本論では、火野の撮影した写真や、見聞記『赤い国の旅人』、火野の自筆日記『新中国旅日記Ⅱ』などを用いる。火野が、新中国をどのようにとらえ、そして、戦争を振り返ったのか。火野の見解について考察していく。なお、使用した火野の自筆日記『新中国旅日記Ⅱ』は一部であるが、本稿で敢えて公開するものである。写真は、火野葦平資料館、『新中国旅日記Ⅱ』は北九州文学館に所蔵している。

一　火野の中国視察の工程—瀋陽から撫順に至るまで

火野ら二十八名は、一九五五年四月二十日に汽車で深圳から新中国に入国した。そして、二十一日より広東から新中国を視察していく。四月二十六日までは、広東、漢口、武昌、武漢、そして北京を訪問していった。特に、四月二十八日から五月十日までの北京視察は意義深いもので、ちょうど慶祝五一労動節の行事の視察も出来、賑やかな中国を味わった。建設ラッシュ、蠅撲滅運動など、新中国が発展していく一方で、胡風弾圧などの最中でもあり、火野らは、新中国の良い面と、マイナス面の両極を感じる。ただ、新中国は「見物したいところ、話を聞きたいこと、調べたいこと、会いたい人、なんでも遠慮なく。そして、意見を聞かせて下さい。われわれの新中国はまだ発足したばかり、欠点がたくさんあります。美点をほめていただくのも結構ですが、欠点を指摘していただくことをいっそう歓迎いたします。（後略）」① と通訳の案内人に言わせるなど、広く開かれ、外国人の意見を、率直に聞こうとしていた。そして、五月十一日、北京を出発し、十二日の午前十時七分に、瀋陽に着く。遼寧賓館に宿泊するために向かい、午後には東北工業展覧会そして、市

① 『赤い国の旅人』197 ～ 198 頁。

内見物を行い、夜招宴された。十三日は、鞍山製鋼所を視察した。こうして、十四日、午前、瀋陽市鉄西区工人村、完全小学校視察。午後、瀋建台区大青村農業生産合作社、瀋陽第一機床廠見学。夜、遼寧人民芸術劇院で、民族芸能大会見物をする。十五日、撫順炭鉱、原油工場を訪れる。撫順日本人戦犯管理所、撫順市養老院を視察。十六日、自由行動、市内見物。十七日、午前四時七分、瀋陽発。

以上のように、火野ら二十八名は、五月十二日から十七日まで、瀋陽、撫順に滞在し、視察を行った。

二　撫順日本人戦犯管理所

前章で記したように、火野ら一行の二十八名は、、五月十二日から十七日まで、瀋陽、撫順に滞在し、工場、小学校などを見学した。その中で特に重要なのが撫順日本人戦犯管理所の視察であった。本稿では、この撫順日本人戦犯管理所について詳しく説明していきたい。

まずは、撫順日本人戦犯管理所について、その概要を記す。撫順日本人戦犯管理所とは、遼寧省撫順市順城区にあった中華人民共和国による戦犯管理所（捕虜収容所）である。一九三六年、満州国が建設した撫順監獄跡に設置された。一九五〇年七月ハバロフスク捕虜収容所に監禁されていた日本人捕虜969 名が移管された。①安藤裕子によると、

> 敗戦後、シベリアには数多くの日本人捕虜が抑留され強制労働に従事していたが、その多くが引き揚げる中、中国に移管された969 名の捕虜がいた。彼らがどのように選抜されたのか明らかになってはいないが、軍人と「満州国」の官僚・憲兵・特務・警察・鉄道警護軍等が含まれており、階層も多岐に渡った。シベリアからの捕虜移管は、中ソ友好条約締結に際してスターリンが毛

---

① 彭厚訓編、撫順戦犯管理所編『日本戦犯再生の地』(2005 年 7 月、五州伝播出版社)。

沢東に提案したとされる。その狙いは、国際社会で中国共産党の認知と評価を高めることであり、毛沢東も賛意を表明した。日本人戦犯政策の総指揮をとったのは周恩来であり、政策は公安部の下で進められた。周恩 来は明治大学への留学経験もある知日派であり、戦時中から国民党や日本人の捕虜の取扱いにも熟知していた[安藤裕子「和解の記憶の欠落 —戦後日本における「認罪」の表象—」『アジア太平洋討究』No. 25、2015 年] →この引用二次下げにしてください。[①]

この日本人捕虜が 969 名に加え、太原戦犯管理所から 9 人、国内から受理した 4 人の合計 982 人の日本人戦犯が撫順戦犯管理所に監禁された。[②] 一九五〇年七月、撫順戦犯管理所と改称する。当時収監された日本人達は、以下のように認識していたという。

シベリアから移管された捕虜のほとんどは、自分たちが「戦犯」になったことを知って反感を抱いた。彼らにとって「戦犯」とはもっと偉い人たちであり、自分たちは上層部の命令に従うより他なかったという認識であった。彼らは世界各地で B.C 級戦犯が裁かれていることを知らなかったのである。[③]

日本人たちの認識は、あくまで、捕虜であるとの立場であり、何故「戦犯」なのかと疑問を抱いていた。ということで、かなり反抗的な収容者はいたようだ。

しかし、反抗的な戦犯に対し管理所職員は手厚い対応を行った。米やス

---

① 安藤裕子「和解の記憶の欠落 —戦後日本における「認罪」の表象—」『アジア太平洋討究』No. 25、2015。

② 5に同じ。

③ 6に同じ。

ープ、野菜や魚までついた十分な食事を与え、強制労働もなかった。戦犯は１日の大半を学習や運動をして過ごし、週　1　回の入　浴、月１回の散髪も認められ、病気になれば手当も受けられた。職員は戦犯の人格を尊重するよう厳しく指導されており、侮辱、虐待を行うこともなかった。これらは「改造」という中国独自の戦犯政策の流れを組むものであり、「正しい考え方・思想を正しい方法で教育すれば、人間は変わる」という毛沢東思想に基づくものであった。①

このように、ソ連のシベリア抑留は捕虜としてであったが、「戦犯」として扱いながらも、撫順戦犯管理所は、大変日本人収容者を手厚く扱っていたのである。その後、裁判なども開かれ、起訴された者もあるが、被告全員が罪を認め謝罪したこともあり、結局、一九五六年から一九六四年三月までの間に日本人戦犯は全員帰国することとなったのである。②

さて、日本は一九五二年四月二十八日に発布された、『サンフランシスコ平和条約』により戦後ようやく、占領軍から解放され主権を取り戻した。そのころから、「戦犯」の解放が国民運動となり、衆議院海外同胞引揚及び遺家族援護に関する調査特別委員会委員長山下春江を中心として議案提案し、昭和二十八年八月三日に「戦争犯罪による受刑者の赦免に関する決議」が衆議院本会議に上程され、全会一致で可決されることとなるなど、「戦犯」解放の動きが活発になっていた。こうした中で、火野ら今回の一行が参加した「アジア諸国会議」でも、海外に収監されている日本人「戦犯」の早期解放の提案がなされていた。このような時期に、火野ら一行二十八名は「中国政府の特別のはからいで」③、撫順戦犯管理所の日本人戦犯と面会することが認められたのであった。

---

① 6に同じ。

② 5に同じ。

③ 火野葦平『赤い国の旅人』(1955年12月、朝日新聞社)301頁。

三　火野ら一行の撫順戦犯管理所視察

まず、撫順戦犯管理所に到着すると、十数名の係員が迎えに来ていた。火野の自筆『新中国旅日記Ⅱ』には「◎日本人戦犯管理処。高い灰色レンガ塀、そのうへの電流有刺鉄線、四角の監視塔に監視兵。入つて行くのに足が速い。センパンといふ言葉は胸をえぐる。きこえて来るときめき」と書かれてある。集会所になっているクラブに案内された。「クラブに入る。ずらりとならんでゐる工作員、女工作員もゐる」（『新中国旅日記Ⅱ』）。一人一人に案内者をつけてくれた。そのクラブからは「しきりに、どよめきの声、喊声、拍手、歌声、楽隊の音などが聞えて来た」[①]。所長から次のような説明があった。

○ 所長孫兆佰さんの話。―学習自由。食事は工作員と同様、医務室、フジタヨシヲは足結核をわずらつたので病院におくつた。視力がわるい者には眼鏡、歯のわるい者は歯の治療をする。1．参観時間、約2時間とする。2．参観範囲は医務室、炊事室、浴室、風呂場等。3．日曜なので、バスケツトとバレーの試合をしてゐる。4．規則―イ秩序を保つこと　ロ直接手紙や品物をわたさぬこと　ハ戦犯と自由に談話しないこと、特に氏名提出して行ふこと　ニ一人づつの案内者をつける。―写真は工作員をうつさないやうに。」

（『新中国旅日記Ⅱ』）

時間は二時間内で、後で面会の時間をおくから、自由に戦犯と談話しないように、工作員の写真は許可しないなどの注意を受ける。その後、火野ら一行は所内の見学をはじめた。火野についてくれたのは、「二十歳ぐらいかと思われる若い兵隊」[②] であった。一行は、炊事室、消毒室、理

① 『赤い国の旅人』301 頁。
② 『赤い国の旅人』301 ～ 302 頁。

撫順戦犯管理所の風呂場（火野葦平資料館から）

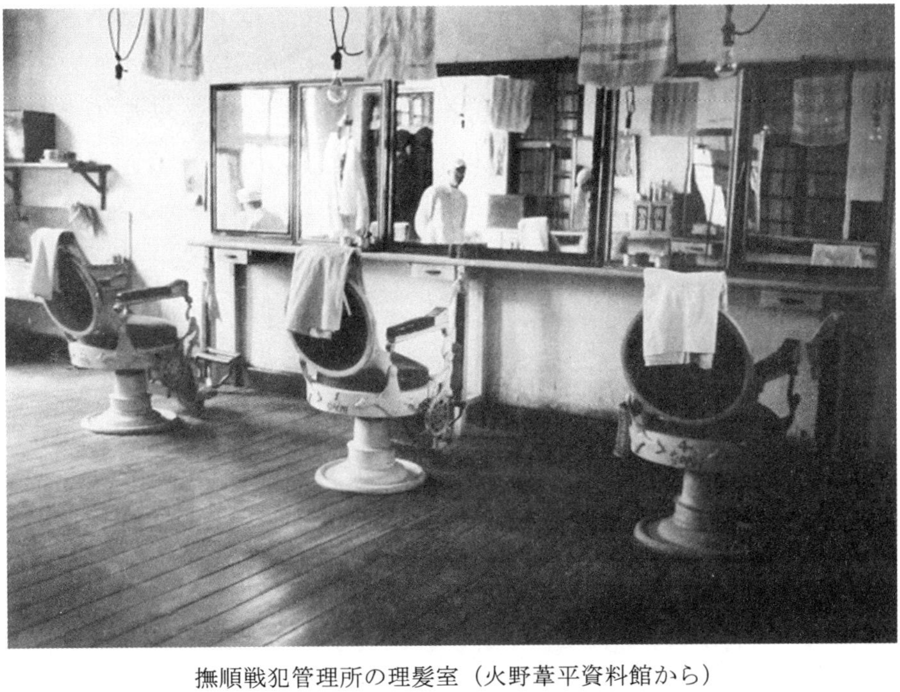

撫順戦犯管理所の理髪室（火野葦平資料館から）

撫順戦犯管理所の部屋（火野葦平資料館から）

髪室、浴室などを廻り、宿舎を見た。宿舎については、「宿舎—八人、十人、四人、六人などいろいろ。白いベッドとふとん。クルクル巻いてあるものもある。」（『新中国旅日記Ⅱ』）と記してあった。火野の撮影した、浴室、理髪館、宿舎の写真は以下の通りである。

戦犯者は、全部運動場にいるので、視察中、どの部屋も空っぽだった。火野は次のように述べる。

> 私はこの撫順プリズンの装飾のない白い部屋に立って、眼と心とにしみとおって来るものをおぼえた。中国の要人の口から、近く戦犯問題は解決されるはずだと聞かされたので、私は一日も早くその日が来ることを祈っているが、それにしても終戦後すでに十年が経過しているのである。①

① 『赤い国の旅人』302 頁。

戦後問題が、終戦後十年以上もたっても平和的に解決されていないことは気がかりであった。この撫順戦犯管理所は、「建物から建物へ移る庭のいたるところに花壇があり、そこには色のついた石ころを組みあわせて、ハトの絵や、平和の文字がかかれてあった」①。医務室には、「薬局、注射室、手術室、外科、内科等設備がととのい、病室には病人がいた」。また、火野の自筆『日記』には、「○ 病室—看護婦　病人の身体をふいてゐる。ジットこちらをにらんだ年配病人。（歌声）病室の窓ガラスにはめてある鉄格子」とある。火野らは、戦犯が全部集まっている運動会場にやって来た。最初に聞いたどよめき、拍手、喊声、楽隊の音は、ここからの音だった。「高い塀にかこまれた内側のグラウンドはそうひろくなく、二つのバレーボール・コートがあって、どちらも試合の真最中である。地面に座ってならんだ大勢の戦犯たちはしきりに声援をし、応援団長か赤、桃、緑の旗をうちふっている」②。火野の自筆『新中国旅日記Ⅱ』には、

○ 運動会—

○ バレーボール、運動場で二組—4 ー 49 人

○ 体育部と文化部　前者手前、コバルトパンツ、白ランニング、黒ヅツク、黒帽、文化部　エビ系パンツ、黒ランニング　みんないい身体してゐる。

○ 見物、ずらりとならんで熱狂、黒ズボン、黒帽、白シャツ、旗ふり、拍手して熱狂、旗赤、緑、桃色。しきりにふる。フレーフレーの声。

（『新中国旅日記Ⅱ』）

とある。戦犯者の服装は、全て、白いシャツに黒いズボン、黒い靴のようである。この運動会では、二組のグループに分かれて、バレーボールの試合をしていた。また、「大運動会プログラム」が以下のように張り

① 『赤い国の旅人』302 頁。

② 『赤い国の旅人』303 頁。

出されていたが、火野は「遠くてよくよめない」[1]と述べている。

1. 合同行進　2. 開会の辞　3. 連合体操　4. 100 米競走　5. 低ハードルリレー　6. スプーンレース　7. 鯉の滝上り　8. 人探し　9. 混合リレー　10. 変装競走　11. 1500 米競走　12. 玉入れ　13. 800 米リレー　14. —

（『新中国旅日記Ⅱ』）

また、ここには、文化部、体育部、学習部、生活部の四つの部かあることがわかる。

さらに、火野の自筆『新中国旅日記Ⅱ』には次のような表が掲載されている。

	文化	体育	学習	生活	—	
ウンドウ競技別	10	4	0	10	—	
	15	30	—	—	—	
	10	6	—	50	—	
	17	10	4	10	—	

予定表とプログラム　高い塀にはつてある。

体育部は、コバルト色のパンツ、白ランニングシャツ、黒ズック、黒帽、文化部はエビ茶パンツ、黒ランニング、黒ズック、むきだしになっている腕や足は健康そうで、動作も活発である。しかし、そんなに上手というわけではなく、妙技による白熱戦が展開されるほどでもない。サーブなども下手で、相手の方まで行かず、しばしばネットの手前に落ちた。そのたびに戦犯の列からドッと笑い声がおこる。しきりに旗がふられ「フレー、フレー」と声援が送られる。なごやかな風景である。[2]

① 『赤い国の旅人』303 頁。

② 『赤い国の旅人』303 頁。

戦犯の収容所とは思えないほどのなごやかな運動会の様子であった。

○ バレー、笛の音、笑ひ声、サーブが下手で失敗する組
○ 民族独立合同行動隊の歌、合唱（防犯楽隊）
太鼓、風琴、ついでクラリネツト、ヴァイオリン
○ 平和を守る歌合唱

（『新中国旅日記Ⅱ』）

ときどき、「音楽とともに会員が合唱する。たいこ、アコーデオン、ラッパ、クラリネット、ヴァイオリンなどを揃えた戦犯楽隊は卅人ほどで、合唱されているのは「平和を守る歌」「民族独立行動隊の歌」などであった。歌が終ると、試合がつづけられた」[①]。火野と映った戦犯楽隊の様子、およびバレーボール風景の写真は次のようである。

ここで、日本側の中国訪問団々長吉岡金市が、戦犯に対して挨拶を行った。吉岡金市氏（1902—1986 年）は、日本の農学者であり、倉敷労働科学研究員を経て金沢大学学長などを歴任した人物である。吉岡は次のように述べた。

○ 吉岡さん挨拶。「このたびアジア会議に出席、中国和平委員会のおまねきをうけてやつと参りました。このたびの会議の目的は、ふたたびアジアで戦争をしてはならないことをアジア中の人々で話し合つたのであります。各団体、各代表が参加した例がない（団員紹介）。紹介のとき、吉岡さんが「火野葦平さん、麦と兵隊の作家」などといふのでヒヤリとする。中国和平委員会に許しをうけてここに参りました。（オーといふ喚声拍手）。ここへ来て、私たちが戦争中、反戦思想のためつながれた牢獄にくらべてどん

① 『赤い国の旅人』、303 ～ 304 頁。

撫順戦犯管理所を訪問する火野葦平（火野葦平資料館から）

撫順戦犯管理の所範囲の運動会（火野葦平資料館から）

なに立派かがわかりうれしくなりました。故国に伝へたいことがあればお伝へいたします。ふたたび戦争をくりかへさないやうに、おたがひに努力しませう。（ウオーツ　喚声　拍手）—胸せまり、涙出る。複雑な感慨。

（『新中国旅日記Ⅱ』）

吉岡によって二十八名が一人一人紹介されたが、火野は「戦争と敗北によってこのプリズンつながれるようになった人たちが、戦争を憎んでいる心の深さは、ばかり知れないものがあるにちがいない。そして、その憎悪は戦争とつながりのあるさまざまのものにおよんでいることも想像できる。」①として、戦争を描いた『麦と兵隊』の作者と紹介されたとき、「顔が赤らみ、戦犯の人たちをまともに見ることができなかった」という。一方で、戦犯たちを見て、火野は「ここの戦犯たちは、十年の間に思想改造を通して人間改造がおこなわれている様子がはっきりと感じられた」②と鋭い指摘をしている。

また、戦犯の代表、学習部のミヤザキ・ヒロムという人物から以下のような答礼があった。

●ミヤザキ、ヒロム氏「一同代表、挨拶いたします。アジア国家会議に参加されたことを心からおよろこび申します。過去、日本の一部の軍閥、財閥の行つた侵略戦争にカリダされてはかり知れない罪業をおかした者であります。（ウオーツ）8千万の国民にはかり知れない責を負つてました。過去をふりかへると胸のはりさける思ひにかられます。（ウオーツ　同感）今ははつらつとして元気であります。小運動会を通じて元気な姿を見て下さい。日本にかへつたならば勇気をもつて、日本の独立と平和のためにたたかつてゐることを伝へて下さい。許されてかへつたならば、手をた

① 『赤い国の旅人』、304 頁。
② 『赤い国の旅人』、305 頁。

づさへて、ゼツタイに侵略戦争に反対するものです。（同感）世界の人たちが幸福になるやう、たたかふものです」

（『新中国旅日記Ⅱ』）

上記の「ウオーツ」は、戦犯たちの喊声であった。火野は、「私は胸苦しくなり、あふれ出る涙のため、前方がちらついて、なにも見えなくなった」[①]という。午後四時になっていた。火野ら一行は、最初のクラブに戻った。これから、戦犯との面談が許可され、戦犯名簿が回覧されたが、一冊しかないので、火野にはまわってこなかったから目当ての戦犯を指名することができなかった。名簿がようやく届くと、名簿には次のようにあった。

○ 行政官吏系統　武部六義（偽満国務院総務廳　ソーム長官）警察系統　特務系統　前日軍第59師団　54旅団　39師団、232連隊、63師　117師　憲兵、等（名簿一枚20名づつ43頁　800名位）

（『新中国旅日記Ⅱ』）

一行が指名した十数名の戦犯が連れて来られた。戦犯と面談した様子は次のようであった。

話をしているうちに、涙をながす者が多かった。運動会場では誰も元気いっぱいに見えたのに、一人一人を近くで見ると。やはりやつれが目立ち、故国を思う心情の深さや悲しみが、その目や言葉のはしにおおいがたくあらわれていた。誰もが年よりはずっと老けた様子に見うけられた。しかし、なかには面会人の方を鼓舞するように、大きな声で話している者もあった。[②]

① 『赤い国の旅人』、305頁。
② 『赤い国の旅人』、307頁。

火野は会う人がいないので、壁に貼ってある写真を見て歩いた。戦犯は、「作業や労働はなにもしていない」[①]という。文化部上演の劇「内灘村」の写真があった。四、五幕もので、戦犯の誰かが創作した劇である。「「内灘は日本人の村だ」「金は一年、土地は万年」「アメ公出て行け」等の文字が書いてあった。クラブ内正面には毛沢東主席の大きな肖像画がかけて」[②]あった。また、火野は戦犯たちのどの人も「思い出はやはり故国にあり、両親や妻子のことをかたるとき、どの人の目にも涙が光っていた」[③]という。

グラウンドの方からは、喊声、拍手、歌声が響いていた。面会時間が切れて、戦犯も一行も退出した。火野は、「私の脳裡にこの人たちの寝る白い部屋のベッドが浮かんで、容易に消えなかった（中略）出て行く私の足はここへ入るときよりもさらに重かった」[④]。と暗澹たる気持ちで所長に礼を述べて、帰途に就いた。

終わりに

本稿では、インドのデリーで開催された「アジア諸国会議」の後に、訪れた火野の新中国の視察の様相と、新中国の認識について、瀋陽、特に撫順プリズンの戦犯管理所を中心として記した。撫順プリズンの戦犯管理所には、約 1000 人程度の日本人が戦犯として収容されていたが、強制労働や虐待をせず、運動会、楽隊、劇などの文化的な活動をするようにうながしていた。ただ、火野の目に映ったのは、戦犯たちの深い悲しみであった。火野は、「中京通信」[⑤]で、次のように記す。

この楽しそうな様子の背景にあるものは、やはり恐ろしい人間の地獄

① 『赤い国の旅人』、307 頁。
② 『赤い国の旅人』、308 頁。
③ 火野葦平「中共通信」『西日本新聞』1955 年 5 月 14 日、4 面。
④ 『赤い国の旅人』308 頁。
⑤ 26 に同じ。

であるに相違ない。それぞれに異なった形ではあろうが言葉にも文字にも現わせない複雑なものが戦争の悲劇を物語つているのである。

故国へ帰る私たちに、八百二十八通の手紙が委託されたが、なかには、もはや日本に帰る気はない。釈放されたら中国にとどまるといって、手紙を書かないものもあると聞いた。

戦争がもたらした、日本国民達の故国日本への思いは、戦後十年たった一九五五年、非常に微妙であったことがわかる。戦争は、人間に深い悲しみと、後悔の念、自責の念しかもたらさないのである。そのことは、作家火野葦平の脳裡にも深く刻まれた。

劉悟仇의 3·1 운동 제재 극본 《獨立》

李騰淵 *

19 세기 후반부터 20 세기초까지 한국과 중국 두 나라는 일본 제국주의 침략으로 '亡國滅種' 의 위기감이 심화되는 공통적 현실 앞에서 문학적 대응 또한 동질성이 매우 강하게 드러났다. 즉, 당대의 정치현실을 직시하여 '啓蒙' 과 '救亡' 이라는 주제 구현에 주목하지 않을 수 없었다. 이런 맥락에서 이 시기 두 나라에서 창작된 문학작품에서 서로에 대한, 다시 말해 한국의 중국에 대한, 또는 중국의 한국에 대한 인식은 어떤 異同이 있는가를 살피는 작업은 단순한 '교류사' 의 범주를 벗어나 주체의 타자화 내지 타자의 주체화라는 측면을 다루는 의미 깊은 논제다.

그동안 한·중 양국의 상호형상에 관한 자료 발굴과 정리, 분석과 연구가 부단히 이어지면서 양적, 질적으로 상당한 성과를 이루었는 바, 그 중에서도 가장 주목할 성과는 중국현대문학 속의 한국 형상을 다룬 문학작품을 체계적으로 정리한 金柄珉·李存光 主編《中國現代文學與韓國資料叢書》(總 10 卷, 2014, 延邊大學出版社)라 할 수 있다. 이를 이어, 최근 출간된 李存光·金宰旭 編《中國現代文學與韓國文獻補編》(2冊, 2020, 社會科學文獻出版社)에서는 前書 이후로 발굴한 새로운 자료를 정리하는 성과를 이루었다.

---

* 李騰淵, 韓國全南大學名譽教授。

주지하는 바와 같이, 학문세계에서 새로운 자료의 탐색과 발굴작업은 영원히 지속될 수 밖에 없는 미완의 과제일 것이다. 그렇기에 어떤 작품을 두고 '최초의', '유일한' 같은 언어로 단정하는 일은 實事求是의 태도라 할 수 없다. 韓人 제재 중국 현대문학 작품 중 희극 분야에 한정해 몇 가지 사례를 들어보기로 한다.

金時俊《中國文學作品에 투영된 韓國人像 -- 滿洲族작가의 소설을 중심으로》,《中國文學》第 31 輯, 1999) 에서는 "陽翰笙 (1902 ~) 의 話劇本《槿花之歌》는 중국에서 한국을 소재로 한 유일한 극본으로 알고 있다.……이 극본은 광복이전에 중국에서 쓰여진 유일한 한국 소재의 극본이라는데 큰 의의가 있다고 하겠다." 고 했는데, 이 논문이 발표된 시기 (1999) 에 관련작품이 충분히 발굴. 소개되지 못했다는 점을 감안한다 해도 향후의 작업을 고려하지 못한 섣부른 言明이라 아니할 수 없다.

孫科志 孫曉《文學話語中的"三一"運動——話劇《山河淚》的創作與傳播》,《東疆學刊》第 37 卷第 4 期, 2020 年 10 月) 에서는 "《山河淚》是時爲中國東南大學的學生侯曜創作的一部以"三一"運動爲題材的話劇, 也是最早一部以"三一"運動爲題材的文學藝術作品。" 이라 지적한 바 있다. 孫科志교수는 최근 발표한 《중국 문학인의 눈으로 본 3·1 운동 –연극 〈산하루 (山河淚)〉를 중심으로》(《역사비평》, 2021.3) 에서도 이와 비슷한 맥락에서 "한국인이 아닌 외국인이 처음 3·1 운동을 문학작품의 소재로 삼은 것은 1922 년 일본인 나카니시 이노스케 (中西伊之助) 가 발표한 「불령선인 (不逞鮮人)」인 듯하다. (정병호, 『일본문학으로 보는 3·1 운동』, 고려대학교출판문화원, 2020 참조.) 그러나 「불령선인」은 일본지식인이 주인공으로 피해자들의 3·1 운동 경험을 듣고 공감하며 반성하는 구조로 구성되어 있다는 점에서, 한국인을 직접 주인공으로 내세우고 운동의 현장을 재구성한 < 산하루 > 가 지니는 의미는 매우 크다." 라고 강조했다. 물론 "最早一部" 라는 표현의 해석 여지가 남는 문제이긴 하지만, 더 논의가 필요한 대목이라 생각한다.

한편, 그동안 韓人 제재 중국 현대문학 작품을 지속적으로 발굴. 연구해온 金宰旭교수는 아래와 같이 몇 차례 자료 현황을 정리해왔다.

《中國現代文學中有關朝鮮人和朝鮮作品的文獻概述》,《中國語文學誌》第 19 輯, 2005.

《한국, 한국인 관련 중국현대문학 작품에 대한 역사시기별 개괄》,《中國語文學誌》第 22 輯, 2006.12.

《中韓學者對中國現代有關朝鮮作品的研究述評》,《延邊大學學報》第 40 卷第 4 期, 2007.8.

《文獻資料：學術研究的基礎和根據–中國現代文學中有關韓國創作和譯作的文獻問題》,《中國現代文學》第 52 號, 2010.3.

《한국인 관련 話劇 劇本의 발굴과 정리– 2010 년을 기준으로》,《中國語文學誌》第 35 輯, 2011.

《關於新發掘的中國現代描寫韓國人的小說– 新文献整理与研究之一》,《中國現代文學》第 58 號, 2011.

《역사성과 정치성의 복원과 극복— 韓中日의 중국 현대 한인제재시가 연구 고찰》,《中國語文學誌》第 63 輯, 2018.6

이들 가운데 화극 극본을 중점적으로 다룬《한국인 관련 話劇 劇本의 발굴과 정리– 2010 년을 기준으로》(2011) 에서 김교수는 "2006 년 필자는 총 5 편–《安重根》·《高麗亡國記》·徐韜과 夏伯의 <沒有祖國的孩子>·陽翰笙의《槿花之歌》·田漢의《朝鮮風雲–甲午之戰三部曲之一》(이하《朝鮮風雲》)–의 제목과 출판상황을 정리하여 발표하였고, 2009 년 관련 논문에서 1925 년 侯曜가 창작한《山河淚》의 존재에 대해 언급하였다. 그리고 최근 中國社會科學院研究生院 李存光 教授의 도움으로 총 6 편–朴園의 <亡國恨>·<萬寶山前>·<韓人排華>·孫俍工의 <復仇>·夏家祺의 <尹奉吉–兒童劇本>·陳適의 <尹奉吉–現代的兩幕史劇>–의 극본을 새로 발견하였다." 고 정리하였다. 아울러, "……3·1 운동을 묘사한 3 막 7 장의《山河淚》는 '한국인 관련 화극 극본 연구' 에서 비교적 중요한 작품이다. 필자가 파악한 바로《山河淚》는 현재 중국에서 극본이 발견된 최초의 한국인을 묘사한 현대 화극이다. 현재 우리는 3 · 1 운동을 묘사한 화극하면 1944 년 발표된 陽翰笙의《槿花之歌》를 주로 떠올리는데《山河淚》는 이보다 20 년 앞서 나타났다.《山河淚》는 창작과 동시에 南京東南大學戲曲研究會 東南劇社에 의해 南京에서 공연되었고 얼마 후 작품의 문학적 가치를 인정받아 '文學研究會通俗戲劇叢書第 4 種' 으로 1925 년 上海商务印书馆에서 초판이 인쇄되었다. 당시 중국 화극 극본의 창작·출판 상황을 고려할 때《山河淚》는 중국현대화극사에서도 중요한 작품이라 할 수 있다." 고 평가했다. 앞에서 언급한 孫科志교수와 비슷한 맥락에서 "최초의 한국인을 묘사한 현대 화극" 으로서 "《山河淚》는 중국현대화극사에서도 중요한 작품" 이라고 강조하면서도 "필자가 파악한 바로" 라는 전제를 달아 향후 새로운 작품 발굴 가능성의 여지를 남겨두었다.

이러한 연구현황을 고려하면서 본 연구자는 그동안 제대로 파악되지 못했던, 3 · 1 운동을 소재로 삼은 劉悟仇의 극본《獨立》을 새롭게 소개하고자 한다.

一 劉悟仇의 3 · 1 운동 제재 극본《獨立》

이 작품은 1920 년 3 월 15 일 상해에서 창간된 문학월간지《新的小說》제 1 권 제 4 기 (1920 년 6 월호) 에 실린 극본이다. 전체 11 쪽, 총 5 景으로 구성된 짧은 내용이지만, 3・1 운동 전개 후 불과 1 년 남짓한 시기에 창작된 극본이라는 점, 짧은 내용 속에 한국 민중의 참혹한 고통과 의연한 기개를 집약적으로 담아낸 작품이라는 점 등에서 의미가 있다고 본다.

작자는 '悟仇' 라 표기되어 있는데, 이는 당시 이 잡지를 중심으로 활동했던 문학동인회 '上海新潮社' 의 일원 劉悟仇로서, '悟仇' 는 필명으로 짐작되지만 본명이나 구체적 경력은 현재까지 확인되지 않고 있다. 陳青生《上海 "新潮社" 及其文學活動》에서 "上海 '新潮社' 社員在 1920-1921 年間出版的文學作品單行本, 有張靜廬、王無爲等合著的短

篇小說集《紅葉集》, 王無爲的武俠小說, 劉悟仇的《還我自由》;'小本小說'有張靜廬的《戀愛之謎》和《亡妻影事》, 王無爲的《白書記》和《一罔的魚》等."(《上海"新潮社"及其文學活動》, 榮躍明 主編《以文培元四十載:上海社會科學院文學研究所成立四十周年學術文選》, 上海社會科學院出版社, 2019) 이라 언급한 내용에 따르면《還我自由》라는 소설집도 출간했던 적이 있었으니 앞으로 더 조사해볼 여지가 있다고 본다.

다음은 그가 작품 머리에 쓴 글이다.

> 조선이 '어떤 나라' 에 의해 병탄된 지 이미 10년이 되었다. 이 10년 동안 조선 인민들이 그 '어떤 나라' 에게 당한 갖가지 학대는 우리 중국 4억 동포 대부분이 다 알 수 있는 바이니, 지금 내가 자세히 말할 필요도, 그리고 차마 자세히 말할 수도 없는 일이다.
>
> 작년 3월 1일, 조선이 문득 독립을 선포하며 의로운 깃발을 한 차례 들고 일어나자 전국에서 이에 부응해 울려 퍼졌다. '어떤 나라' 권력자들은 즉시 무력주의를 강행해 거센 이들은 죽이고, 약한 이들은 붙잡아 피비린내와 분노의 기세가 전 아시아에 가득 찼다. 우리가 생각건대, 동아시아에서 역사가 시작된 뒤로부터 지금까지 이번 같은 참극을 일찍이 본 적이 있었던가? 동아시아에서 역사가 시작된 뒤로부터 지금까지 이번처럼 조선 인민의 견결함을 일찍이 본 적이 있었던가? 나는 분명히 말하고자 한다. 동아시아에 없었을 뿐만 아니라 유럽에서도 없었다고.
>
> 나는 이 단막극을 쓰면서 세 가지 생각을 했다. 첫째, 조선 인민의 민족자결주의와 맨주먹 혁명의 새로운 거사를 발양하고자 했다. 둘째, '어떤 나라' 의 흉악함과 야만성, 비인도성을 밝히고자 했다. 셋째, 조선의 이번 독립 참사를 통해 우리나라를 경각시켜 우리의 귀감으로 삼고자 했다. 그러나 나의 학식이 아주 부족한 탓에 '문자 가득 상세하게' 묘사할 수가 없었으니 언제라도 독자 여러분의 비평 주시기를 부탁드리고자 한다. 悟仇 씀.

朝鮮自被某國併吞以後，已有十年．這十年裏朝鮮人民受某國底種種虐待，我們中國四萬萬同胞，大概都能曉得．我現在不必細說，也不忍細說．

去年三年一日，朝鮮忽然宣告獨立，義旗一舉，全國應響．某國當道，就厲行武力主義，强底殺，弱底擄，血腥憤氣，佈滿全亞．我們想想，自從東亞有歷史到現在，可曾看見這回底慘劇沒有？自從東亞有歷史到現在，可曾看見像這回朝鮮人民底堅決沒有？我好說：不但東亞沒有，就是歐洲也沒有．

我編這幕短劇，有三種意見，(一)發揚朝鮮人民底民族自決主義，和徒手革命底創擧．(二)表白某國底兇蠻沒有人道．(三)把朝鮮這回獨立慘史來驚覺我國，做我們底殷鑑．但是我底學識欠缺得很，不能有「淋漓盡致」底描寫，請讀者諸君隨時批評．『悟仇附識』

이처럼 작자는 이 극본을 통해 민족자결주의와 맨주먹 평화주의 정신으로 전개한 3·1 운동이야말로 아시아는 물론 유럽 역사에서도 찾기 힘든 조선인의 용맹한 의거라는 점을 칭송하고자 했다. 아울러, '어떤 나라' 즉 일본 제국주의의 야만적 폭압을 드러냄으로써 중국의 인민들에게 귀감으로 삼게 하고자 한다는 취지를 밝혔다.

특이한 것은 일본이라는 나라를 직접적으로 드러내지 않고 작품 속에서 시종일관 '어떤 나라' 로 표현하고 있다는 점이다. 작품 내용 중에 일본 군인과 옥졸이 한국인 여학생을 무차별적으로 강간하는 장면, 남학생을 잔혹하게 고문하는 장면이 있어 '일본' 이라고 직접 표현했을 때 발생할지도 모르는 국제정치적 갈등을 고려한 게 아닌가 추측해본다. 사실, 당시 李煇英과 같은 동북작가의 한인제재 소설작품에서도 흔히 '일본' 이라 명시하지 않고 '某國' 으로 표현한 사례와 비슷한 경우라 하겠다.

작품의 줄거리를 요약하면 다음과 같다.

이야기 배경 : 조선

장소 : 조선 경성
시대 : 조선 건국 4252 년 3 월 , 즉 중화민국 8 년 , 서기 1919 년
시간 : 7 일 저녁부터 8 일 정오까지

등장인물

盧永烈 李慈敬	朝鮮女學生
朴正義 金復權	朝鮮男學生
吳鐵志	朝鮮工人
奚覺心	朝鮮商人
林大覺	朝鮮農人
犬養吉郎	某國審問官
伊籐符道	某國書記
松野次郎	某國隊官
水田西村	某國獄官
有賀井上	某國刑官

기타 憲兵 , 獄卒 등

第 1 景

임시 감옥으로 쓰고 있는 어두운 마굿간 . 벌거벗겨진 사람들이 언뜻 언뜻 보이고 , 밖에서는 옥졸이 수시로 마굿간 안 사람들에게 욕을 퍼붓는다 . 잠시 후 마굿간 문이 반쯤 열리더니 바닥에 엎어져 있는 사람들의 분노 가득한 참상이 드러난다 . 동방에 달이 나무 그림자 속에서 비쳐들고 , 먼 곳에서 처참한 통곡 소리가 들려온다 .
조선 남학생 朴正義와 金復權이 통증 속에서 멀리서 들려오는 통곡 소리에 대해 이야기할 때 , 조선 여학생 盧永烈 · 李慈敬도 함께 왜놈들의 잔악함에 격분한다 . 감옥 관리 水田西村이 옥졸 두 명과 함께 들어서서 험한 욕을 해대자 이에 맞서는 朴正義를 문밖 버드나무에 묶어 처형하라 옥졸에게 명령한다 .

第 2 景

나무에 묶인 朴正義는 水田西村에게 오히려 냉소를 보내며 "우리의 나라는 망했지만, 우리의 마음이 아직 죽지 않았기에 이천만 동포가 하나같이 독립만세를 불렀다!" 고 외친다. 水田西村은 조선은 말할 것 없고 支那까지 일본의 보호 아래 놓였음을 여러 근거를 대며 강조한다. 옥졸이 크게 웃어대는 朴正義를 칼로 내려치자 그는 유혈이 낭자한 상태에서도 "대한독립만세!" 를 소리치며 쓰러진다.

第 3 景

松野次郎과 헌병 두 명이 마굿간에 들어가 무차별적으로 여학생들을 강간한다. 아수라장처럼 비명과 낄낄거리는 소리가 뒤범벅된 후, 그들이 나와 서로의 기분을 주고 받는다. 松野次郎은 상대 여학생의 저항으로 상처를 입자 기막힌 방법으로 그 분을 풀었음을 부하들에게 자랑한다.

第 4 景

吳鐵志가 능욕당한 盧永烈·李慈敬 등을 위로하며 자신의 처자식들도 같은 운명일 것임을 한탄한다. 상인 奚覺心, 농민 林大覺 등도 대화에 참여해 신분이나 직업이 달라도 온 겨레가 함께 독립운동에 나섰음을 강조하며 서로를 격려한다.

第 5 景

犬養吉郎이 죄인들을 심판하는 광경이 전개된다. 먼저 종범으로 분류되는 李慈敬·吳鐵志·, 奚覺心·林大覺 등을 밧줄로 묶어 기둥에 거꾸로 매달고 피가 낭자하도록 두들겨 팬다. 이어 독립운동 지도자인 盧永烈을 예수교인이라며 발가벗겨 십자가에 매단다. 그가 여전히 '대한독립만세!' 를 소리높이 외치니 불에 달군 철사로 그의 두 가슴을 찔러댄다. 그래도 여전히 '조선만세!' 를 외치자, 뜨거운 아교물을 머리며 음모에 부어댄 후 식기를 기다려 벗겨내니 털과 피

부가 그대로 벗겨지며 유혈이 낭자하다. 기절해버렸던 盧永烈이 다시 깨어난 후 그래도 만세를 부를 것이냐는 소리에 '죽더라도 부를 테다!' 고 외친다. 犬養吉郎은 盧永烈 등 네 사람을 마굿간으로 돌려보내고 이어 金復權 처리를 서두르자고 지시한다.

이 내용 가운데 상당히 특이한 사항 하나는 작품의 배경시대를 "조선 건국 4252 년, 즉 중화민국 8 년, 서기 1919 년 3 월 7 일 저녁부터 8 일 정오까지" 라 제시했는데, '조선 건국 4252 년' 이라 명시한 대목이다. 상식적으로 생각해볼 때, 당시 조선이 건국 4252 년, 즉 檀紀 4252 년임을 인지하는 중국인은 아마 거의 없었을 것이기 때문이다. 그렇기에 작자가 이렇게 표기할 수 있었던 것은 당시 언론에 소개된 己未年 3·1 運動 '獨立宣言書' 말미에 표기된 '朝鮮建國四千二百五十二年三月一日' 을 따른 것으로 보인다.

3·1 운동이 전개되면서 당시 중국의 각종 언론에서는 이 운동과 관련된 기사를 대대적으로 게재하였다. 1919 년 3 월부터 6 월 사이에 《新聞報》(85 則),《民國日報》(131 則),《晨報》(102 則),《大公報》(87 則),《盛京時報》(41 則) 등 5 종 신문에 실린 3·1 운동 관련기사는 총 448 則이나 된다고 한다.(吳銘《中國報刊的韓國 "三一運動" 認識硏究(1919-1945), 山東大學 碩士學位論文, 2020.6) 또한, 상해에서 발간된 저명한 신문《申報》에 보도된 한국관련 기사 게재연도 및 건수(1910-1949)를 살펴보면 총 842 건 가운데 40 회 이상 양적 증가가 뚜렷한 연도는 1910 년 (조선 망국), 1919 년 -1920 년 (3·1 운동), 1931 년 (만주사변), 1947 년 -1948 년 (한국 주권회복, 정부수립) 등으로 확인된다.(조박 최낙진《중국 근대언론의 한국임시정부와 독립운동에 대한 보도내용 분석 : 신보 (申報) 를 중심으로》,《한국사회과학연구》 제 38 호, 2019)

이들 중국언론에서 다룬 내용은 주로 운동의 발생 원인과 경과, 일본의 진압 방식, 세계의 여론 등 다양한 항목이었다. 당시 중국의 식자들은 바로 이러한 기사 내용을 통해 운동의 과정, 조선 민중의 요구와 기개, 일제의 잔악한 진압방식에 따른 극단적 고초 등을 어렵지 않게 파악했을 것이다. 劉悟仇《獨立》에 보이는 일제가 조선 민중에게 가하는 극단적인 방식의 구타, 강간, 고문의 현실은 작자의 허구적 창작이기보다는 당시 언론을 통해 얻은 정보의 재구성에 가깝다고 여겨진다. 이런 맥락에서 작품 내용과 유사한 당시 언론보도 내용을 찾아 대조해보는 작업도 필요하다고 생각한다.

이 작품을 그 후에 나온 侯曜《山河淚》(1925)에 비교해보면, 여러 문학적 측면에서 상당히 큰 차이가 난다. 그러나 짧은 단막극인《獨立》과 3막 7장이나 되는《山河淚》는 편폭 면에서부터 직접 비교가 어렵다는 점을 고려해서 이 작품의 시대적 의미를 규명해나가야 할 것이다.

그리하여 현재까지 확인된 한인 제재 중국근대·현대문학 극본을 발표 시기를 기준으로 아래와 같이 재정리할 수 있을 것이다.

《東亞風雲》(1911년 연출 기록은 있으나 실제 작품 확인되지 않음)

《高麗閔妃》(1915년 연출 기록은 있으나 실제 작품 확인되지 않고, 일부 자료에 줄거리 소개됨)

《亡國大夫》(1915년 연출 기록은 있으나 실제 작품 확인되지 않고, 일부 자료에 줄거리 소개됨)

《高麗亡國記》(연출 기록은 있으나 실제 작품 확인되지 않음)

貢少芹《亡國恨》(12曲目 傳奇戲曲), 1910-1911.

陆恩煦《朝鲜李范晋殉国传奇》(單幕 傳奇戲曲), 1911.3.

城東女學社《亡國恨》(三幕話劇), 1920.4-5.(# 표시는 李存光·金宰旭 編《中國現代文學與韓國文獻補編》에 수록된 작품임을 의미함. 이하 같음.)

劉悟仇 《獨立》(5景單幕劇), 1920.6.

老樞 髯公 合編《亡國恨》(部分, 七幕話劇), 1920.7-8.

* 侯曜《山河淚》(三幕七場話劇) 1925.5.(* 표시는 金柄珉・李存光 主編《中國現代文學與韓國資料叢書》에 수록된 작품임을 의미함. 이하 같음.)

#(無署名)《朝鮮恨》(四幕戲曲) 1925.10.

周癸淑《野祭 (一名韓民血史)》(單幕戲曲) 1931.10.25. 1932.5.22.(1928.4)

* 張子余 (趙爲容)《萬寶山前》(獨幕話劇), 1931.9.

* 翟汝云 (趙爲容)《韓人排華》(獨幕話劇), 1931.9.8.

* 朴園《亡國恨》(獨幕話劇), 1931.10.

* 谷深《野嚎》(短劇), 1932.9.18.

* 谷深《逼稅》(短劇), 1932.9.18.

* 谷深《殺嬰》(短劇), 1932.9.18.

* 趙光濤《戰壕中》(獨幕劇), 1932.12.5.

* 孫佷工《復仇》(獨幕劇), 1933.2.1.

* 胡春氷《突變》(八場話劇), 1933.3.5.

* 夏家祺 ,《尹奉吉》(兒童劇本) 1933.3.10.

* 陳適《尹奉吉》(現代兩幕史劇) 1934.5.15.

#(無署名)《高麗童子》(歌劇) 1934.3.19.

* 徐韜 夏伯 合作《沒有祖國的孩子》(三幕話劇), 1936.9.20.

* 徐學文 陳伯吹《高麗童子》(二幕話劇), 1938.1.

* 舒群 原作 破鑼 改編《沒有祖國的孩子》(兩幕話劇) 1938.6.10.

* 老舍《大地龍蛇》(三幕話劇歌舞混合劇), 1941.11.

任俠《亞細亞之黎明》(四幕歌劇), 1941.6.

* 陽翰笙《槿花之歌》(五幕劇) 1944.8.20.

* 田漢《朝鮮風雲》(十三場話劇), 1950.7.1.

이육사의 후스(胡適) 문학사 저작의 번역과 구딩(古丁) 단편소설의 번역

洪昔杓*

1. 검열과 제한된 참고 서적

시인 이육사(李陸史, 1904-1944)는 일제(日帝) 치하 몇 안 되는 중국 현대문학 연구자의 한 사람이었다. 그는 시와 수필의 창작과 더불어 중국 현대문학에도 관심을 가지고 비평과 번역을 시도했다. 주지하듯이 그는 1936년 10월에 루쉰 서거 직후「루쉰 추도문(魯迅追悼文)」을 발표하였고, 동년 12월 루쉰의 단편소설「고향(故鄉)」을 번역 발표했으며, 1941년 1월과 4월에 후스(胡適, 1891-1962)의 문학사 저작「오십년 동안 중국의 문학(五十年來中國之文學)」을 번역한「중국문학 오십년사(中國文學 五十年史)」를 발표했고, 동년 6월에는 중국 현대시를 비평한「중국 현대시의 일단면」을 발표하고 동시에 만주(滿洲) 출신의 작가 구딩(古丁, 1916-1964)의 단편소설「골목안(小巷)」을 번역해 발표했다. 후스의「오십년 동안 중국의 문학」은 1920년대 초반에 나온 중국의 근대적 문학사 저작인데, 이육사가 이 책을 번역한 것은 그가 현대 중국문학의 사적 흐름에도 관심을 기울이고 있었음

* 洪昔杓, 韓國梨花女子大學教授。

을 예증하며, 더욱이 1940년대 초 엄혹한 시대적 상황에서 속에서 현실적 의의를 지닌다는 데 주목할 필요가 있다. 또한 이육사가 「중국 현대시의 일단면」에서 중국 현대 시단과 주요 시인을 비평·소개하고 유미주의 시인인 쉬즈모(徐志摩, 1897-1931)의 대표작 「배헌(拜獻)」(바치리)과 「재별강교(再別康橋)」(케임브리지와 다시 이별하며)를 번역·소개한 것도 당시로서는 특기할 만하다. 구딩의 「골목안」은 만주의 신징(新京, 지금의 지린성吉林省 창춘長春)에 살고 있는 창부(娼婦) 금화(金華, 원작에서는 金花)의 비참한 삶을 묘사한 작품인데, 이 소설의 번역은 이육사의 문학적 지향성의 주요한 측면을 일깨워준다는 점에서 시사하는 바가 크다. 필자는 이육사의 루쉰 문학 비평과 번역 및 중국 현대시 비평과 쉬즈모 시(詩) 번역의 양상과 의의에 관해서는 이미 세밀하게 고찰한 바 있으므로, 본고에서는 「중국문학 오십년사」와 「골목안」을 중심으로 이육사의 중국 현대문학 번역의 양상과 의의를 집중적으로 조명하고자 한다. 앞으로 논의되겠지만 「중국문학 오십년사」는 후스의 중문(中文) 저서를 저본(底本)으로 하여 번역한 것이고 「골목안」은 일본인 오우치 타카오(大内隆雄)가 번역한 일역본(日譯本) 소설집을 참조하여 번역한 것으로 추정되는데, 이들을 통해 문언(文言) 고문(古文) 및 현대 중국어에 대한 이육사의 독해 능력과 그의 번역문학의 성취를 규명할 것이다.

후스의 「오십년 동안 중국의 문학」이 처음 한국에 소개된 것은 양백화(梁白華)에 의해서였다. 양백화는 근대 초기에 중국 신문학(新文學)을 국내에 소개하는 데 주력했는데, 후스의 저작을 번역한 것도 그러한 작업의 일환이었다. 그는 하시카와 도키오(橋川時雄)가 후스의 「오십년 동안 중국의 문학」을 번역한 일역본 『최근의 지나문학(輓近の支那文学)』을 제4장까지 번역하여 「최근 오십년의 중국문학」이라는 제목으로 1923년 8월부터 10월에 걸쳐 『동아일보(東亞日報)』에 총 6회에 걸쳐 연재했다. 이육사의 「중국문학 오십년사」는 『문장(文章)』 1941년 1월호와 4월호에 발표되었는데, 양백화가 번역해 소개한 이후 18년 만에 다시 번역·소개된 것이다. 「중국문학 오십년사」는 『문장』 1941 년 4 월호에 실린 2 회 번역문의 말미에 '(이하 중단)' 이라는 말이 부기되어 있고 , 또 "본고는 후스 (胡適) 의 원문을 필자가 초역 (抄譯) 한 것인데 신년호 (新年號) 편집시 (編輯時) 이 뜻이 누락되었음 (편집부)" 이라는 편집자의 설명이 있는데 , 후스의 저작 「오십년 동안 중국의 문학」 의 전체 10 장 중 제 1 장에서 제 4 장까지의 내용을 초역한 것으로 2 회 연재를 끝으로 중단된 것임을 알 수 있다 . 그러면 이육사는 왜 번역을 중단한 것일까 ? 그것은 게재지 『문장』 이 1941 년 4 월호를 끝으로 폐간된 것과 관련이 있다 . 1939 년 2 월에 창간된 『문장』 은 『인문평론 (人文評論)』 과 함께 당시 대표적인 문학지로 전문단인의 작품을 망라해 다루었는데 , 1941 년 일제 당국이 『문장』 , 『인문평론』 , 『신세기』 를 병합하고 '일선어 (日鮮語 , 일본어와 조선어—인용자) 를 반분하여 황도정신 (皇道精神) 앙양에 적극 협력하라' 고 요구하자 결국 『문장』 은 이에 불응하고 폐간했다 . 『문장』 이 폐간되지 않았다면 이육사는 「중국문학 오십년사」 의 번역을 좀 더 진행했을지도 모른다 . 『문장』 이 폐간됨에 따라 연재되던 「중국문학 오십년사」 의 번역을 지속할 수 없었던 이육사는 방향을 바꾸어 중국 현대시를 비평한 「중국 현대시의 일단면」 을 집필하고 구딩의 단편소설 「골목안」 을 번역해 중국 현대문학을 지속적으로 소개하고자 했다 .

이육사는 중국 현대문학의 비평과 번역을 위해 저본 (底本) 으로 참조한 서적들을 어떻게 확보할 수 있었을까 ? 이육사의 지기 (知己) 인 시인 신석초 (申石艸 , 본명은 신응식申應植)① 는 이육사와 함께했던 그 시절을 회상해 "당시 충무로에는 명치옥 (明治屋) 이라는 과자점에서 좋은 코오피를 마실 수 있었고 마루젠 (丸善) 서점은 안성맞춤의 지식의 공급소였다" ② 라고 말한 바 있다 . 당시 한국 지식인들은 마루젠서점을 위시한 , 충무로에 있던 각종 서점에서 서적을 구입할 수 있었던 것으로 보

① 이육사와 신석초의 교유 관계에 대해서는 도진순의 『강철로 된 무지개—다시 읽는 이육사』(파주 : 창비 , 2017) 의 「Ⅳ. 한시 '만등동상' 과 '주난흥여'」 를 참조하기 바람 .

② 申石艸 , 「이육사의 인물」 , 『나라사랑』 제 16 집 , 1974.9, 101 쪽 .

이는데,[①] 이들 서점이 이육사가 「오십년 동안 중국의 문학」을 번역하고, 「중국 현대시의 일단면」을 집필하고, 구딩의 「골목안」을 번역하는 데 필요한 참고 서적들을 공급하던 곳으로 짐작된다. 정래동(丁來東)이 『인문평론』 1939년 10월 창간호에 실은 「지나신작가집 야초선(支那新作家集 夜哨線)」이라는 서평문의 서두에서 "최근 도쿄에서 출판된 서적 중에 지나(支那)에 관한 것이 적지 않은 것은 독서인의 주목을 요한다. 혹은 문화일반에 관한 것, 기타 정치, 경제, 풍속, 습관 등등에까지 유루(遺漏)된 것이 없이 거의 소개되어가는 느낌이 있다. 그 외에도 어학에 관한 것이 수위(首位)를 점할 것 같으며 문학에 관한 것도 적지 않다"[②] 라고 했는데, 일본에서 출판된 중국에 관한 서적들이 서울에서도 유통되고 있었다. 당시 서울에서는 일본에서 출판된 서적뿐만 아니라 중국에서 출판된 서적도 유통되고 있었는데, 중국 상하이(上海)에서 출판된 『루쉰선집(魯迅選集)』, 『루쉰문집(魯迅文集)』 등을 포함하는 많은 중국 현대문학 작품이 1938년에 이르러 일제에 의해 발금(發禁) 처분을 받게 된 것으로도[③] 확인된다.

신석초는 이육사를 회고하여 "다만 그가 문학을 이야기할 때, 가령 루쉰(魯迅)이나 후스(胡適) 등을 이야기할 때, 동양의 고유한 미(美)

---

① 윤동주가 연희전문학교에 재학중이던 1941년 5월 누상동에 있던 소설가 김송의 집에서 정병욱과 함께 하숙을 시작했는데, 정병욱은 그 때의 일상을 다음과 같이 회고한 바 있다. "하학 후에는 기차편을 이용했었고, 한국은행 앞까지 전차로 들어와 충무로 책방들을 순방하였다. 지성당(至誠堂)·일한서방(日韓書房)·마루젠(丸善)·군서당(群書堂) 등, 신간 서점과 고서점을 돌고 나면(중략) 극장에 들르지 않으면 명동에서 도보로 을지로를 거쳐 청계천을 건너서 관훈동 헌 책방을 다시 순례한다. 거기서 또 걸어서 적선동 유길서점(有吉書店)에 들러 서가를 훑고 나면 거리에는 전기불이 켜져 있을 때가 된다." 정병욱, 「잊지 못할 윤동주의 일들」, 『나라사랑』 제23집, 1976.6, 136-137쪽.

② 丁來東, 「支那新作家集 夜哨線」, 『人文評論』 창간호, 1939.10, 112쪽.

③ 「日政下發禁圖書目錄」, 『日政下의 禁書 33卷』(『新東亞』 1977년 1월호 별책부록, 東亞日報社, 1977), 270쪽, 272쪽 참조. 루쉰의 작품집 이외에 중국 현대문학 작품으로는 1935년 상하이에서 출판된 『(奴隸叢書之二) 八月的鄉村』이 1936년에 발금도서목록에 올랐고, 1937년 상하이에서 출판된 『現代小說集』(小侯)과 『戲劇』(施公英)이 1938년에 발금도서목록에 올랐으며, 1937년 상하이에서 출판된 『現代小說集』 第一輯, 『中國新文學叢刊書信』, 『現代通用白話書信集』, 『中國新文學叢刊戲劇』이 1938년에 발금도서목록에 올랐다.

나 아취를 이야기할 때는 의외로 다변적이고 열렬하였다." ①라고 하였고, 이육사의「중국문학 오십년사」의 원고 및 게재지『문장』의 폐간과 관련하여 다음과 같이 말한 바 있다.

> 1941 년『문장(文章)』지가 4 월호를 내고 폐간하였다. 폐간사에는 간단히 '국책에 순응하여' 라고 기록되어 있다. 이 폐간호『문장』지를 펼쳐 보면 우리의 독무대다. 육사의 작품으로는「중국문학사」논문과 시 세 편이 실려 있고, 나의 작품으로는「발레리 연구」논문과 시 두 편이 실려 있다. 모두 미리 청탁해 둔 것을 마지막 한꺼번에 실은 것이리라. 그 후로 글 쓰는 사람들은 일본어로 쓰거나 그렇지 않으면 일본을 찬양하고 전쟁을 고무하는 것이 아니면 안 되게 되어 있었다. 전쟁은 벌써 제 2 차 세계 대전으로 번져 혼선을 이루고 있었으며, 우리는 모든 자유를 박탈당하였다. 항간에는 지식인들의 연마장이 작성되고 있다는 설이 파다하게 떠돌고 있었다. 시인들은 붓을 꺾고 침묵을 지키고 그리고 흩어졌다.②

신석초는「이육사의 추억」이라는 글에서도 "그(이육사–인용자)는 루쉰(魯迅)과 궈모뤄(郭沫若)의 문학을 즐겨 이야기했다. 나는 그때 발레리에 심취해 있었던 것이다"③라고 말한 바 있거니와 이육사가 루쉰, 후스, 궈모뤄의 문학을 즐겨 이야기하던 시점은 신석초가 발레리를 연구하고 있을 때이므로 1941 년을 전후한 무렵이었음을 짐작게 한다. 이 시기에 이육사는 분명 시 창작과 더불어 중국 현대문학 연구에도 집중하고 있었다.『조선일보』와『동아일보』의 폐간,『문장』의 폐간 등이 입증하듯이 그 시기에 일제의 사상 탄압과 검열이 가혹해지면서 이육사는 창작뿐만 아니라 문예 비평과 번역 활동에도 크게 제약을 받지 않을 수 없었다. 이육사의 중국 현대문학 비평과 번역은 바로 일제의 엄

---

① 申石艸,「이육사의 인물」,『나라사랑』제 16 집, 1974.9, 101 쪽.

② 申石艸,「이육사의 인물」,『나라사랑』제 16 집, 1974.9, 105-106 쪽.

③ 申石艸,「李陸史의 追憶」,『現代文學』1962.12, 238 쪽.

혹한 사상 탄압과 검열로 인해 활동 영역이 극도로 위축되던 때에 진행되었다는 점을 염두에 두어야 한다. 이육사는 『문장』의 폐간으로 인해 「중국문학 오십년사」의 번역을 중단해야만 했던 상황임에도 불구하고 그 시기에 허용된 범위 내에서 중국 현대문학 소개 작업을 좀 더 밀고 나가 중국 현대시를 비평하고 쉬즈모의 시를 번역했으며, 또한 구딩의 단편소설을 번역한 것이다.

2. 「중국문학 오십년사」의 저본과 번역의 양상

이육사는 후스의 「오십년 동안 중국의 문학(五十年來中國之文學)」을 번역해 「중국문학 오십년사」라는 제목으로 발표했는데, 「오십년 동안 중국의 문학」은 상하이에서 『신보(申報)』를 발행하던 신보관(申報館)이 창간 50주년을 기념해 1923년 2월에 기획·출간한 단행본 『최근의 오십년(最近之五十年)』이라는 책에 수록된 것이었다. 후스의 이 저작은 1922년에 집필되었고, 1872년부터 1922년까지 50년 동안의 중국 문학의 변천을 전체 10장으로 나누어 기술한 것이다. 루쉰(魯迅)이 후스가 보내온 「오십년 동안 중국의 문학」 초고를 읽고 난 후 후스에게 보낸 편지에서 "대단히 깊이 있고 인상적이어서 마음이 무척 유쾌했습니다! 하루빨리 인쇄되기를 바랍니다. 이러한 역사적인 것의 제시는 공허한 이론보다 더 낫기 때문입니다"① 라고 했듯이 이 작품은 이른 시기에 나온 중국의 근대적 문학사 저작으로 사계(斯界)에 상당한 주목을 받아왔다.

이육사는 이 저작 중에서 제1장에서 제4장까지 번역했는데, 이육사가 번역을 위해 저본으로 삼은 텍스트는 무엇이었을까? 후스는 「오십년 동안 중국의 문학」의 원고를 마무리한 뒤 1922년 10월 29일 일본인 하시카와 도키오가 이를 일본어로 번역하겠다고 요청하자 원고를 보내주었다. 후스의 이 글은 1923년 2월 신보관이 출간한 『최근의 오십

① 魯迅, 「致胡適」(1922.8.21), 『書信』, 『魯迅全集』 第11卷(北京: 人民文學出版社, 2005), 431쪽.

년』에 수록되어 발표되었으며, 1924 년 3 월 신보관에 의해『오십년 동안의 중국문학(五十年來之中國文學)』이라는 단행본으로 출판되었다. 이어 이 작품은 1924 년 12 월 상하이 아동도서관(亞東圖書館)에서 출판한『후스문존(胡適文存)』제 2 집에 수록되었고, 다시 1927 년 4 월 베이징문화학사(北京文化學社)에서 출판한 후스의『국어문학사(國語文學史)』의 부록에도 동일한 제목으로 수록되었다.① 한편 하시카와 도키오는 후스의 이 저작을 일본어로 번역하여 1923 년 2 월 도쿄의 동화사(東華社)에서『최근의 지나문학(輓近の支那文学)』이라는 책으로 출판했다.

이러한 이력을 가진 후스의 이 저작의 여러 판본을 대조해보면, 소절 제목의 유무가 다르다는 것을 확인할 수 있다. 이를테면,『최근의 오십년』에 수록된「오십년 동안 중국의 문학(五十年來中國之文學)」에서는 첫머리의 목차에 전체 10 장의 각각의 소절 제목을 밝히고 본문에서는 '(一), (二) …… (十)' 으로 소절을 구분해 놓았으며, 이것을 저본으로 한 일역본『최근의 지나문학(輓近の支那文学)』에서는 본문에서도 목차에 나온 소절 제목을 그대로 썼다.② 그런데 신보관의 단행본과『후스문존』제 2 집의 판본 및『국어문학사』의 판본에서는 소절 제목을 모두 생략하고 '(一), (二) …… (十)' 으로만 소절을 구분했다. 이육사가 번역한「중국문학 오십년사」를 보면, 역시 소절 제목 없이 '一,

① 김수연,「해제: 신문학운동과 후스의 문학사 실천」: 후스 지음, 김수연 옮김,『중국문학 50 년 1872-1922』(서울: 서울대학교출판문화원, 2018), 11-17 쪽 참조.

② 신보관(申報館)이 간행한『최근의 오십 년(最近之五十年)』에 수록된「오십 년 동안 중국의 문학(五十年來中國之文學)」에는 첫머리에 '목차' 란을 두어 "一、總論. 二、'桐城 湘鄉派' 的古文. 三、太平天國亂後的詩人—金和. 四、嚴復與林紓. 五、譚嗣同與梁啓超. 六、黃遵憲. 七、章炳麟. 八、章士釗與政論文學. 九、五十年的白話小說. 十、文學革命的運動." 라고 해놓았고, 본문에서는 목차의 소절 제목을 생략하고 (一), (二) …… (十) 으로만 표기해놓았다. 그리고 하시카와 도키오(橋川時雄)가 번역한 일역본『최근의 지나문학(輓近の支那文学)』에는 목차와 본문에 소절 제목을 다음과 같이 두었다. "一 總論, 二「桐城 = 湘鄉派」の古文, 三 太平天國亂後の詩人—金和, 四 嚴復と林紓の飜譯事業, 五 譚嗣同と梁啟超の文章, 六 黃遵憲の詩, 七 章炳麟の文章, 八 章士釗と政論文學, 九 白話小說, 十 文學革命運動."

二, 三, 四' 로 소절을 구분했는데, 그렇다면 이육사가 참조한 저본 텍스트는 신보관의 단행본이나『후스문존』제2집의 판본,『국어문학사』의 판본 중의 하나일 가능성이 높다. 다만 당시 널리 유통된 서적으로 제한하면 이육사가 입수할 수 있었던 텍스트로는『후스문존』제2집이나『국어문학사』로 압축될 수 있다.① 그리고 이육사의 번역문과『후스문존』제2집 및『국어문학사』판본의 원문을 각각 비교해보면, 이육사는『국어문학사』의 판본을 저본으로 삼았음을 확인할 수 있다.『후스문존』제2집 및『국어문학사』에 수록된「오십년 동안 중국의 문학(五十年來中國之文學)」의 원문은 거의 동일하지만, 몇 군데 차이점도 발견된다. 이를테면, 후스가 인용한 진허(金和)의 시 중에서『후스문존』제2집의 판본에 나오는 '南民私相慶'② 라는 구절이『국어문학사』의 판본에서는 '南民私相意'③ 로 되어 있다. 이육사는 이 구절을 '南方백성 서로들 같은 마음에' 라고 번역했는데, '같은 마음' 은 '意' 자를 풀이한 것이므로『국어문학사』의 판본에 의거한 것임이 분명하다. 또『후스문존』제2집의 판본에서 "嚴復是介紹西洋近世思想的第一人, 林紓是介紹西洋近世文學的第一人"④ 이라는 구절이『국어문학사』의 판본에서는 '西洋' 이라는 단어에 밑줄을 그어 "嚴復是介紹<u>西洋</u>近世思想的第一人, 林紓是介紹<u>西洋</u>近世文學的第一人" ⑤ 로 되어 있다. 이육사는 이 구절을 "그런데 옌푸(嚴復)와 린수(林紓)의 큰 공로는 이러한 양대 결함(兩大缺陷)을

---

① 1924년 12월에 출판된『후스문존(胡適文存)』제2집과 1927년 4월에 출판된『국어문학사(國語文學史)』는 현재 서울대학교 중앙도서관에 소장되어 있는데(『胡適文存』제2집는 중어중문학과에,『國語文學史』는 고문헌자료실에 소장되어 있음), 이 책들은 경성제국대학 도서관이 소장하고 있던 것으로서 당시 한국에도 유입되어 있었음을 알 수 있다.

② 胡適,「五十年來中國之文學」,『胡適文存』第二集(上海: 亞東圖書館, 1924), 190쪽. 1923년 상하이 신보관에서 출판된『최근의 오십년(最近之五十年)』에 수록된「오십년 동안의 중국문학(五十年來之中國文學)」에서도 인용된 진허(金和)의 시는 '南民私相慶' 으로 되어 있는데(『最近之五十年』, 203쪽), 이는 이육사가『최근의 오십년』의 판본을 저본으로 하지 않았음을 입증한다.

③ 胡適,「五十年來中國之文學」,『國語文學史』(北京: 北京文化學社, 1927), 230쪽.

④ 胡適,「五十年來中國之文學」,『胡適文存』第二集, 194쪽.

⑤ 胡適,「五十年來中國之文學」,『國語文學史』, 237쪽.

보구(補救)한데 있는 것이니 옌푸(嚴復)로 말하면『서양근세사상(西洋近世思想)』을 소개한 제일인(第一人)이었고 린수(林紓)로 말하면『서양근세문학(西洋近世文學)』을 소개한 제일인이었다"① 라고 번역했는데, '『서양근세사상』' 과 '『서양근세문학』' 처럼 겹낫표(『』)를 더해놓았으니『국어문학사』판본의 밑줄 친 '西洋' 을 의식하여 번역한 것임을 알 수 있다. 그리고『후스문존』제 2 집의 판본에서 "嚴復的英文與中國古文的程度都很高……" ② 라는 구절이『국어문학사』의 판본에서는 "嚴復的英文與古中文的程度都很高……" ③ 로 되어 있는데, 이육사는 이를 "옌푸(嚴復)로 말하면 영문(英文)이나 고중문(古中文)의 정도가 매우 높은데도……" ④ 라고 번역했다. 이육사는 번역문에서 '고중문(古中文)' 이라는 단어를 사용하고 있으므로『국어문학사』의 판본에 의거한 것이 확실해 보인다.

이제「중국문학 오십년사」의 번역 양상을 검토해보자. 이육사의「중국문학 오십년사」의 번역문과『국어문학사』의 중국어 원문을 대조해보면, 이육사가 중국어 원문에 의거해 직역의 방식으로 번역한 것임을 바로 알 수 있다. 이육사가 오독하거나 잡지사의 편집 과정에서 생긴 오식(誤植)으로 인해 잘못된 글자도 있지만, 대체로 원문에 충실한 매끄러운 번역을 시도하고 있다. 후스의「오십 년 동안 중국의 문학」은 1870 년대부터 문학혁명(文學革命)에 이르는 시기까지의 50 년 동안의 중국문학의 흐름을 사적으로 기술한 것인데, 문학혁명 이후의 신문학(新文學)은 배제하고 주로 문언 고문(古文)으로 쓰인 시와 산문, 그리고 전통 백화소설을 위주로 기술하고 있다. 이육사는 이 중에서 1 장부터 4 장까지, 즉 '총론', '동성(桐城) 상향(湘鄉)파의 고문', '태평천국난(太平天國亂) 후의 시인 진허', '옌푸와 린수의 번역' 부분을 번역했다. 이육사는 원문을 완역하지 않고 핵심 내용을 전달하는 데 지장

① 李陸史,「中國文學 五十年史」,『文章』1941.4, 285 쪽.

② 胡適,「五十年來中國之文學」,『胡適文存』第二集, 196 쪽.

③ 胡適,「五十年來中國之文學」,『國語文學史』, 239 쪽.

④ 李陸史,「中國文學 五十年史」,『文章』1941.4, 285-286 쪽.

이 없는 단락을 일부 생략하는 초역(抄譯)의 방식을 취했는데, 초역이기에 문장의 자연스러운 연결을 위해 자신의 말을 덧붙이거나 독자들의 가독성을 높이기 위해 원문에 없는 말을 추가하기도 했다.「오십년 동안 중국의 문학」은 현대 중국어, 즉 백화문(白話文)으로 쓰였지만, 인용문은 문언의 고문으로 쓰였으며 인용시 역시 문언의 한문시(漢文詩)이다. 인용문을 제외한 본문이 현대 중국어인 백화문으로 쓰인 후스의 이 저작의 본문을 번역할 때 이육사는 대체로 축자적(逐字的)인 방식으로 매끄러운 한국어 번역을 시도하고 있어 현대 중국어에 대한 이육사의 독해 능력을 유감없이 발휘하고 있다. 또한 문언의 인용문과 인용시의 한국어 번역을 볼 때, 이육사의 고문 독해 능력과 한문시 번역 능력이 대단히 뛰어나다는 것을 인정하지 않을 수 없다.

이육사는 원문의 내용을 축자적으로 번역하되 단어의 사전적 의미에 얽매이지 않고 내용과 문맥을 중시하여 한국어의 묘미를 한껏 살리고 자신의 말을 추가하여 문장을 자연스럽게 연결하고자 했다. 일례를 들어 보자.

> 대관절 문장이 통하지 않고 서술이 명백치 않는 데가 있어서 말하자면 조졸(粗拙)한 삼십편(三十篇)의 가요(歌謠)라고는 하겠으나 시(詩)라고는 할 수 없어서 생각다 못해 겨우 찾어낸 것이 그의「동관행, 기장수린 제구감도(銅官行, 寄章壽麟題舊感圖)」란 1편을 들어 이 대명정정(大名鼎鼎)한 대시인(大詩人)을 대표하렸더니 그도 문장이 태반은 불통(不通)하므로 이에 약(略)하는 것이다.①
>
> 文章多不通，敍述多不明白，只可算是三十篇笨拙的時事歌括，不能算作詩！我不得已，勉强選了他的銅官行 寄章壽麟 題舊感圖一篇代表這一位大名鼎鼎的詩人：

① 李陸史，「中國文學 五十年史」，『文章』1941.4, 282쪽.

銅官行，寄章壽麟 題舊感圖.

(適按：此詩無注，多不可通.……)[①]

이육사는 원문의 '多'(많다)를 '대관절'로, '我不得已'(나는 부득이하여)를 '생각다 못해'로, '勉强選了'(억지로 골랐다)를 '겨우 찾아낸'으로 번역했는데, 한국어의 묘미를 한껏 살린 표현으로 가독성이 뛰어나다. 그리고 인용시「銅官行，寄章壽麟 題舊感圖」는 후스도 지적했듯이 '불통(不通)'의 시이므로 이육사는 이를 생략해도 무방하다고 생각해 후스가 괄호 속에서 보충 설명해놓은('適按', '후스의 부가 설명')'此詩無注，多不可通(이 시는 주가 없어서 대부분 통하지 않는다)'을 참조해 '그도 문장이 태반은 불통하므로 이에 약하는 것이다'라고 번역한 것이다. 이육사는 축자적으로 번역하되 단순히 사전적 의미에만 의존하지 않고 내용과 문맥을 중시하여 한국어의 가독성을 높이는 데 주안점을 두어 번역했고, 구문을 생략할 때에는 다음 문장과의 자연스러운 연결을 위해 원문의 의미를 살리면서 자신의 말로 바꾸어 표현한 것이다.

이육사의 번역이 원문의 내용에 충실하되 한국 독자들의 가독성을 대단히 중시했다는 점에 대해 좀 더 설명을 덧붙일 필요가 있다. 이를테면, 이육사는 원문의 '中日戰爭之後'[②](중일전쟁 후)를 '일청전쟁(日淸戰爭)의 직후'[③]로 번역했는데, 후스의 저작에서 '중일전쟁(中日戰爭)'은 1894년에 일어난 '청일전쟁'을 가리키므로 원문의 의미를 정확하게 전달하기 위해 이육사는 번역 시점에서 실제와 부합하도록 '일청전쟁'으로 고쳐 번역한 것이다. 만일 원문대로 '중일전쟁의 직후'로 옮기면 번역 시점에서 보아 그것은 1937년에 발발한 '중일전쟁'으로 오독할 수 있기 때문이다. 또 이육사는 원문 '林紓居然用古文譯了歐文與迭

① 胡適,「五十年來中國之文學」,『國語文學史』, 227-228쪽.

② 胡適,「五十年來中國之文學」,『國語文學史』, 237쪽.

③ 李陸史,「中國文學 五十年史」,『文章』1941.4, 285쪽.

更司的作品[①](린수는 갑자기 고문을 이용해 오웬과 디킨스의 작품을 번역했다)' 을 '린수(林紓)는 고문(古文)으로 떡켄스의『이도애화(二都哀話)』를 번역했으며' 라고 옮겼는데, 작가 '오웬(歐文)' 은 생략하고 '디킨스' 의 작품은 '『이도애화』' 라는 제목을 밝혀 구체적으로 예시해놓았다. 이육사가「중국문학 오십년사」를 번역할 때 마침 임학수(林學洙)가 찰스 디킨스의『A Tale of Two Cities』를 번역한 책인『이도애화』가 1941 년 1 월 15 일 조광사(朝光社)에서 출판되었고, 이육사는 '디킨스의 작품' 이 이미 한국에 번역 출판되었으므로 한국 독자들의 이해를 돕기 위해 원문에 없는 작품명 '이도애화' 를 명시한 것이다. 그렇다면「중국문학 오십년사」의 2 회 게재 원고(3 장과 4 장)는 적어도 1941 년 1 월 15 일 이후에 번역된 것임을 시사한다.

그리고 이육사는 원문 '我且舉一個最明顯的例. 十幾年前, 周作人與他的哥哥也曾用古文來譯小說, 他們的古文工夫既是很高的, 又都能直接了解西文, 故他們譯的域外小說集比林譯的小說確是高的多[②](아주 분명한 예를 들어보자. 10 여 년 전에 저우쭤런과 그의 형도 고문을 이용해 소설을 번역했는데, 그들은 고문공부가 뛰어난데다 서양어를 직접적으로 이해할 수 있었기 때문에 그들이 번역한『역외소설집』은 린수가 번역한 소설보다 확실히 뛰어났다)' 를 '여기 한개 명현(明顯)한 예(例)를 들면 저우쭤런(周作人)이 그 형(兄) 루쉰(魯迅)과 초기(初期)에 고문(古文)으로서 소설을 번역했는데 그들의 고문공부(古文工夫)가 매우 높은 경지에 있었고 또 모두 직접으로 원문을 요해(了解)한 만큼 그들이 번역한『역외소설집(域外小說集)』은 린수(林紓)가 번역한 소설에 비하면 그 내용이 훨씬 높은 작품인데도'[③] 라고 번역했다. 이육사는 원문에 없는 저우쭤런의 형 '루쉰' 의 이름을 구체적으로 명시했고 '10 여 년 전' 을 '초기' 라는 말로 바꾸었다.『역외소설집』에 실린 작품이 대부분 저우쭤런에 의해 번역되었고 당시 베이징대학 교수이자 유럽 문

---

① 胡適,「五十年來中國之文學」,『國語文學史』, 245 쪽.

② 胡適,「五十年來中國之文學」,『國語文學史』, 245 쪽.

③ 李陸史,「中國文學 五十年史」,『文章』1941.4, 287 쪽.

학 연구자요 산문작가인 저우쭤런의 명성이 높았으므로 후스는 저우쭤런을 앞세우고 루쉰을 거명하지 않은 것이다. 이육사는 '10 여 년 전' 이라는 말이 후스의 집필 시점을 기준으로 한 것인 만큼 그것을 그대로 옮기면 한국 독자들이 잘못 이해할 수 있으므로 '초기' 라는 말로 바꾸어놓았다. 또한 당시 국내에서 루쉰이 중국의 문호로 널리 알려져 있었으므로 원의를 해치지 않으면서 한국 독자들의 이해를 돕기 위해 '그 형 루쉰(魯迅)' 이라고 해서 루쉰의 이름을 명시했다. 이와 같이 이육사는 원문의 내용을 놓치지 않으면서도 당시 독자들의 가독성을 높이는 데 주안점을 두어 번역했는데, 이는 그의 번역이 순수한 학술적인 차원에서 진행되었다기보다 사회 계몽적인 차원에서 진행되었음을 시사한다.

3. 한문시 번역의 양상과 그 시학(詩學)

이육사는 1940 년 10 월에 발표한 수필「은하수(銀河水)」에 서술되어 있거니와, 7, 8 세 되던 무렵부터 오언(五言), 칠언(七言)의 고시(古詩)을 짓고 그것을 '고성낭독(高聲朗讀)' 하는 데 열심이었을 뿐만 아니라 '논문(論文)' 짓기와 '경서(經書)' 읽기에도 열심이어서 고문(古文)과 한시(漢詩)의 소양이 두터웠다.① 신석초는 이육사를 회고해 '육사의 시가 원숙해짐에 따라 그의 언어는 더욱 심오해지고 침중한 상징주의의 빛깔로 물들어 갔' 지만, 그렇다고 프랑스의 보들레르나 베를렌을 수입했던『백조(白潮)』시대의 우울하고 퇴폐적인 그늘은 없었다고 말하고, 이육사의 시가 상징적 수법으로 접근해 간 연유를 이렇게 말했다. "이 같은 수법이 아니고는 당시 우리가 관념하는 것들을 표현하기는 도저히 어려웠던 것이다. 그 무렵의 작품 중에「교목(喬木)」과「호수」등은 참으로 절품이다. 이 작품들이야말로 다시 고쳐 쓸 수 없는 순수시(純粹詩)라 할 만하다. 낭만주의건 상징주의건 서구시에서 온 개념의 시형식이기는 하지만 시대를 초월하여 그 수법상으로만 말한다면

① 李陸史,「銀河水」(1940.10),『이육사의 문학』, 손병희 편저(안동: 이육사문학관, 2017), 198-201 쪽 참조.

동양의 시가 이미 오래 전에 실험해 온 것이다. 어느 시에나 작건 크건 그러한 요소에 의하여 작품이 성립되는 것이 아닌가." ① 이육사의 시어(詩語)가 '심오하고 침중한' 상징주의적 빛깔로 물들 수밖에 없었던 것은 시대 상황으로 말미암은 것이었지만, 동시에 '동양의 시가 이미 오래 전에 실험해 온 것'의 전유(專有)로도 해석할 수 있다. 이러한 맥락에서 보면, 이육사의 한문시 번역은 특별한 의미를 갖는다.

이육사는 「중국문학 오십년사」에서 후스의 원문으로부터 고문 인용문의 일부와, 인용시 중에서 태평천국난 때의 시인 진허가 쓴 한문시 두 편을 번역해놓았다. 고문 인용문의 번역도 순통(順通)하거니 ② 한문시의 번역도 시적(詩的)으로 대단히 훌륭하다는 점을 지적하지 않을 수 없다. 이것은 이육사의 고문 독해 능력을 예증해주며, 무엇보다 한문시의 번역은 이육사의 시학을 가늠케 해준다는 점에서 의미심장하다. 후스는 「오십년 동안 중국의 문학」에서 19세기 중엽에 일어난 태평천국난 때의 시대를 반영하고 혁신의 정신을 구현한 진허의 시를 중시하여 적극적으로 비평 소개했는데, '시대를 대표할 수 있는 시인'으로서 진허의 '기사시(紀事詩)는 사람을 감동케 할 뿐만 아니라 역사적으로도 매우 가치가 있는 것' ③ 이기에 이육사 역시 이에 공명해 그것을 번역한 것으로 보인다. 보통 진허의 시는 시(詩)와 사(史)가 조화를 이루어 시적 특질과 강력한 역사감(歷史感)을 구비하고 있는 '시사(詩史)'의 작품으로 평가되며, 서사시(敍事詩)의 구조와 서정시(抒情詩)의 정신을 갖

---

① 申石艸, 「이육사의 인물」, 『나라사랑』 제 16 집 (1974.9), 105 쪽.

② 고문 인용문을 번역한 예를 하나 들면 다음과 같다. "惜抱(姚鼐)가 絶學을 振興하니 海內가 靡然히 따라 배우더니 그後 모든 사람들이 제各其 師承하기에만 자랑으로 여겨서 謬附가 없지않었다.……梅氏(梅曾亮)는 古風에 浸淫해서 짓는 것이 深遠하기는 하나.…… 曾文正公(國藩)만은 雄直한 氣風과 宏通한 識見으로써 文章에 發露함이 古今에 冠絶한 것이라.……배우는 사람들이 岐路에서 나갈 바를 모를 때 軌道를 바르켜 따르게 하였으니 姚氏를 내놓고는 그 法을 梅氏와 曾氏에 取하면 足하니라." 중국어 원문은 다음과 같다. "惜抱(姚鼐)振興絶學, 海內靡然從風. 其後諸子各詡師承, 不無謬附.……梅氏(梅曾亮, 一八五五死)浸淫於古, 所造獨爲深遠.……曾文正公(國藩)以雄直之氣, 宏通之識, 發爲文章, 冠絶古今.……學者將欲杜岐趨, 遵正軌, 姚氏而外, 取法梅曾, 足矣."(胡適, 『國語文學史』, 221 쪽).

③ 李陸史, 「中國文學 五十年史」, 『文章』 1941.4, 282 쪽.

추고 있어 비장(悲壯)·숭고(崇高)의 미학적 특징을 갖는다.[①] 이육사는 초역 과정에서 후스가 인용한 시 중에서 진허의「통정편(通定篇)」에 나오는 '기사시' 두 수를 번역했는데, '단순한 풍자만이 아니고 일종 독설(毒舌)' 이며 '이러한 조풍적(嘲諷的)인 회해(詼諧)가 역시 진허의 특별한 장처(長處)인' 때문이었다.[②]

진허의 시는 태평천국의 난 사건을 일기체(日記體)로 묘사한 작품인데, 이육사의 첫 번째 번역시는 5언의 문언시(文言詩)를 번역한 것이다. 이것은 태평천국군(軍)이 난징성(南京城)을 점령하고 있을 때, 성안에 갇혀 있던 백성들이 관군의 대군이 곧 입성하여 도적(태평천국군)을 몰아낼 것을 학수고대하며 관군의 수장 '향 장군(向將軍)' 의 입성을 기다리고 있었지만, '향 장군' 이 약정한 기일에 끝내 입성하지 않았음을 풍자적으로 묘사한 대목이다.

(1) 二月도 二十三일 大軍이 처온다 한번 들이자[③](二月二十三, 傳聞大兵至)

(2) 도적은 황황해서 왼종일 세네번 북을 울리는데(賊魁似皇皇, 終日警三四)

(3) 南方백성 서로들 같은 마음에 또다시 재생의 빛이 불타고(南民私相意, 始有再生意)

(4) 늠늠한 向將軍의 위엄, 하늘처럼 거룩히 우러를제(桓桓向將軍, 仰若天神貴)

(5) 도적의 角소리 또한번 불이면 將軍의 말굽소리 들릴세라(一聞賊吹角, 即候將軍騎)

(6) 맛난 안주도 香그런 술도 將軍이 오실세라 받들어두고(香欲將軍迎, 酒欲將軍饋)

---

① 龔喜平,「論阿片戰爭愛國詩潮的"詩史"特徵」,『愛國主義與近代文學』, 郭延禮 主編(濟南: 山東教育出版社, 1992), 39-41 쪽.

② 李陸史,「中國文學 五十年史」,『文章』1941.4, 283 쪽.

③ '들이자' 는 '들리자' 의 뜻이다. 이육사의 수필「은하수」(1940.10) 에도 "먼데 닭우는 소리가 어즈러히 들이곤 했다." 라는 말이 나온다.

(7) 끄니마다 將軍의 식사랑 밤이면 잠자리 걱정이 올 때(食念將軍食，睡說將軍睡……)

(8) 일곱난 어린애 뜰아래 놀다 무심코 길사람에 將軍이 오신다니(七歲兒何知，門外偶嬉戲，公然對路人，說出將軍字)

(9) 큰누의 놀라서 잿빛얼굴 부즈럽다 말말나 빰을 치는데(阿姊面死灰，撻之大怒詈)

(10) 이제야 행차 마저 얼굴은 열흘에 아흐래 수척함도 애무쉐라(從此望將軍，十日九憔悴)

(11) 그중도 젊은 연석들은 한밤중에 충의를 맹서하고(更有健者徒，夜半誓忠義)

(12) 願컨대 將軍님 命대로 물샐틈도 없는 일을 꾀하올때(願遙應將軍，畫策萬全利)

(13) 도적의 麾下 한놈을 잡어도 저도 모르게 하옵자 하니(分隸賊麾下，使賊不猜忌)

(14) 심상한 드나드리 가는곳도 허리우 短釼은 날카롭더니(尋常行坐處，短刃縛在臂)

(15) 하루는 入城한단 그날에 제각기 병정들은 횃불을 들어(但期兵入城，各各猝擧燧)

(16) 이제뵙는 將軍얼굴，불상타 모다들 놓아주라 일읍시데(得見將軍面，命卽將軍賜)

(17) 뉘라서 將軍님 바뿌신줄 알었으리 손에 넘는 공사도 있으리①(誰料將軍忙，未及理此事)②

이육사는 원문의 5언의 정형적 율격을 고려하여 주로 5언 2구를 6음보 1구나 7음보 1구，또는 8음보 1구로 번역했고，(8)의 구에서는 5언 4구를 8음보 1구로 번역했다. 이 기사시는 5언의 정형적 율격으로 쓰인 시인 만큼 이육사는 번역시에서 그러한 율격을 고려해 매 구를 주로

① 李陸史，「中國文學 五十年史」，『文章』1941.4, 283쪽.

② 胡適，「五十年來中國之文學」，『國語文學史』，230-231쪽.

6 음보로 번역하고 경우에 따라서는 7 음보 또는 8 음보로 번역한 것이다.

이육사는 음보율(音步律)의 정형적 율격뿐만 아니라 읽을 때 소리의 해조(諧調)까지 고려하여 번역했는데, 그것은 (8)·(9)·(10)의 구에서 더욱 두드러진다. 괄호 속의 번역문은 필자가 원문의 의미를 축자적으로 번역한 것이다(이하 동일).

> ① 七歲兒何知, 門外偶嬉戲(일곱 살 어린 아이 어찌 알겠는가, 문밖에서 우연히 놀다가)
>
> ② 公然對路人, 說出將軍字(공연히 길가는 사람에게, 장군의 이름을 말해버렸다네)
>
> ③ 阿姊面死灰, 撻之大怒詈(누이는 사색이 되어, 깜짝 놀라 꾸짖으며 때린다)
>
> ④ 從此望將軍, 十日九憔悴(이때부터 장군을 기다리며, 열흘에 아흐레는 초췌하였다네)

이육사는 원문 ①과 ②의 5언 4구를 합쳐 1구로 표현해 (8) '일곱 난 어린애 뜰아래 놀다 무심코 길사람에 將軍이 오신다니' 로 번역했는데, ①과 ②가 내용적으로 하나의 일을 서술하고 있으므로 이를 1구로 표현하고 ①, ② 각 구를 4음보로 구성해 전체 8음보의 음보율을 맞춰 놓은 것이다. 원문 ③에서 '阿姊(누이)' 를 '큰누의' 로 옮겨 누이와 철부지 어린 동생의 나이 차이를 부각하고, '撻之大怒詈(깜짝 놀라 꾸짖으며 때린다)' 라는 서술적 구문을 '부즈럽다 말말나(부질없다 말말라) 뺨을 치는데' 라고 옮김으로써 시상(詩想)에 의거해 좀 더 생동적이면서도 읽을 때 소리의 해조(諧調)까지 고려한 멋진 시구를 만들어낸 것이다. 또 원문 ④의 축자적인 의미를 생각해 장군의 입성을 학수고대하는 백성들의 간절함을 좀 더 부각하기 위해서 (10) '이제야 행차 맞어 얼굴은 열흘에 아흐레 수척함도 애무쉐라' 라고 번역했는데, 여기서 '이제야' 는 '이제야 저제야' 라는 말에서 음보율을 고려하여 '저제야' 를 생략한 것이고, '애무쉐라' 는 '안쓰럽다' 의 뜻을 지닌 경상북도의 방언 '애무섭다' 라는 말에 감탄의 어미를 더한 '애무서워라' 라는 말을 축약한 것이므로 음보율과 읽을 때 소리의 해조까지 고려한 시어이다.

또 다른 일례로, '尋常行坐處, 短刃縛在臂(여느 때 어딜 가고 앉으나, 단검을 팔에 묶고)' 라는 구절은 '향 장군' 의 입성에 맞춰 도적과 한바탕 싸움을 준비하고 있는 백성들의 심상치 않은 의지를 묘사한 것인데, 이육사는 이를 (14) '심상한 드나드리 가는곳도 허리우 短釼은 날카롭더니' (여기서 '심상尋常' 은 대수롭지 않고 예사로움을 뜻하는 한자어이다)라고 번역했다. 이육사는 축자적인 의미에서 벗어나 시상에 의거하여 '行坐處(어딜 가고 앉으나)' 를 '드나드리 가는곳도' 라고 번역했고, '短刃縛在臂(단검을 팔에 묶고)' 의 서술적인 구절을 '허리우 단인(短釼)은 날카롭더니' 라고 표현했는데 '날카롭더니' 라는 시어를 사용함으로써 싸움을 준비하는 백성들의 강인한 의지를 더욱 부각했다. 이 시구를 소리 내어 읽어보면 알겠지만, 이육사는 6음보의 율격에 소리의 해조까지 구현한 멋진 시구로 재창조했다.

다음의 번역시는 「6월 초이틀 기사 일백운(六月初二日 紀事 一百韻)」에 나오는 7언의 문언시 중에서 끝부분에 해당하는데, '향 장군' 의 관군이 출병했으나 싸움조차 벌이지 못하고 그냥 되돌아온 것을 풍자적으로 묘사한 대목이다.

(1) 북치고 가볍게 뛰면 旗빨은 힌깃들이 나부끼는데(一時驚喜徧旄倪)

(2) 이제야 오랜 陰雨도 끝나고 찬란한 무지개 보히네(譬積陰雨看紅霓)

(3) 밤조차 수선수선 잠못일고 아츰햇발 눈에 부시드니(夜不敢寐朝陽躋)

(4) 한낮은 벌서되고 성난 말들이 코부는 소리도 들리네(日中纔聽怒馬嘶)

(5) 그러나 하루종일 둥둥 떠가던 해오래비 보히면(但見泛泛如鳧鷖)

(6) 칼엔 피안묻고 몸에 흙칠도 못한 全軍은 돌아서 오네[①](兵不血刃身不泥，全軍而退歸來兮！)[②]

이 번역시는 (6) 에서만 7 언 2 구의 원문을 8 음보 1 구로 번역한 것 이외에는 대체로 7 언 1 구의 원문을 6 음보 1 구 또는 7 음보 1 구로 번역해놓았다. 이육사는 '一時驚喜徧旄倪' (일시에 놀라움과 기쁨이 노인과 아이들에게 번져가고) 라는 구절을 (1) '북치고 가볍게 뛰면 旗빨은 흰깃들이 나부끼는데' 라고 번역했으니 오역에 가깝다. 사실 전체가 아닌 일부를 인용한 한문시를 주석 없이 해석한다는 것은 대단히 어려운 일이다. '旄倪' 는 각각의 한자의 뜻으로는 '旄 (모)' 가 '깃대의 장식' , '倪 (예)' 가 '끝부분' 을 의미하지만, 그것은 복합 명사로 '노인과 아이' 를 뜻한다. 그런데 이육사는 그것을 각각의 한자의 뜻대로 해석하고 음보율을 고려하여 '旗빨은 흰깃들이 나부끼는데' 라고 번역한 것이다. 이육사의 번역이 오역에 가깝다고 하지만, 달리 보면 그것은 이육사의 의도적인 번역으로도 해석할 수 있다. 일부를 인용한 원문의 시는 완결적인 작품이 아니지만, 이육사는 그것을 하나의 완결된 작품처럼 번역하고자 한 것이다. 그래서 그는 인용시의 첫 구절을 '향 장군' 의 관군이 출정을 앞둔 분위기를 묘사한 것으로 해석하고 번역했다. 즉, '一時驚喜' (일시에 놀라움과 기쁨이) 를, '驚' (놀라다) 과 '喜' (기쁘다) 의 한자의 뜻을 살리며 출병의 분위기를 고조하기 위해 '북치고 가볍게 뛰면' 이라고 번역했고, '徧旄倪' (노인과 아이들에게 번져가고) 도 그에 호응하여 '旄' (깃대의 장식) 와 '倪' (끝부분) 의 한자의 뜻을 살려 '旗빨은 흰깃들이 나부끼는데' 라고 번역한 것이다.

특히 주목되는 것은 (3) · (4) 구의 번역이다. 이육사는 원문의 '夜不敢寐朝陽躋' (밤에도 잠 못 이루고 아침 해가 떠올랐는데) 를 (3) '밤조차 수선수선 잠못일고 아츰햇발 눈에 부시드니' 로 번역했는데, 7 언의 전반부 네 글자 '夜不敢寐 (밤에도 잠 못 이루고)' 를 3 음보의 '밤조차

① 李陸史, 「中國文學 五十年史」『文章』1941.4, 283 쪽.

② 胡適, 「五十年來中國之文學」, 『國語文學史』, 231 쪽.

수선수선 잠못일고'로, 7언의 후반부 세 글자 '朝陽躋(아침 해가 떠올랐는데)'를 3음보의 '아침햇발 눈에 부시드니'로 옮겼다. 7언구를 6음보의 율격으로 맞추고 '수선수선', '눈에 부시드니'와 같은 생동적인 시어로 표현한 것이다. 또 '日中纔聽怒馬嘶'(한낮에야 겨우 성난 말 울음소리 들리고)를 (4) '한낮은 벌서되고 성난 말들이 코부는 소리도 들리네'로 번역했는데, 율격을 고려했을 뿐만 아니라 '馬嘶(말 울음소리)'를 '말들이 코부는 소리'로 번역함으로써 마치 말 울음소리가 실제로 들리는 듯한 생동적인 시어로 표현한 것이다. 여기서 '코부는 소리'는 이육사가 인용시의 번역이라 하더라도 시어의 선택에 얼마나 신중을 기했는지를 보여주는 일례이다.

이로써 이육사가 번역시의 운율과 해조를, 말하자면 번역시의 시적 완결성을 얼마나 중시했는지를 가늠할 수 있다. 중국의 근대 시기에 쓰인 문언의 한문시, 특히 기사시(紀事詩)를 주석 없이 해석하기란 대단히 어려운 일인데, 이육사는 인용시를 정확하게 해석했을 뿐만 아니라 인용시의 정형적 율격을 고려하여 6음보를 기조로 하는 번역시의 율격을 만들어냈고, 또 읽을 때 소리의 해조까지 고려하여 한국어의 묘미를 한껏 살린 유려한 번역 시구를 재창조했다.

이 대목에서 우리는 이육사의 한문시 번역의 미학적 기초로서 그의 시학(詩學)을 검토할 필요가 있다. 유년 시절 한시의 창작과 낭송의 경험이 이육사가 중국의 한문시를 번역하는 데 일정한 영향을 끼쳤겠지만[①] 그의 창작시와 마찬가지로 번역시의 밑바탕에 어떤 시학이 작동하고 있다는 데 주의할 필요가 있다. 그것은 이육사의 문우 신석초와 동생 이원조(李源朝)의 시론(詩論)을 통해 간접적으로 확인할 수 있다.

이육사가 「중국문학 오십년사」를 번역하던 때와 동일한 시기에 신석초는 발레리에 관한 연구를 통해 자신의 시학을 간접적으로 드러냈는데, 그 무렵 신석초와 매일같이 함께하면서 문학을 논했던 이육사도 이

① 도진순도 『강철로 된 무지개—다시 읽는 이육사』에서 한시의 영향을 받은 이육사가, 시는 운율과 리듬을 통해 노래가 되길 바랐음을 밝힌 바 있다.(『강철로 된 무지개—다시 읽는 이육사』, 파주: 창비, 2017, 46-53쪽 참조)

를 공유하고 있었다고 보아야 할 것이다. 어쩌면 이 시기에 이육사는 시 창작과 더불어 중국 문학을 비평·소개하고 신석초는 시 창작과 더불어 서양 문학을 비평·소개하는 방향으로 각자의 영역을 확보해나간 것은 아닐까? 이육사의「중국문학 오십년사」2회 연재 원고가 실린『문장』1941년 4월호에 신석초는 발레리의 시론을 비평한「봐레리 연구단편(研究斷片)」을 발표했는데, 이 시기 신석초와 이육사의 교유 관계를 생각할 때 이 글은 이육사의 시학을 이해하는 데 중요한 자료가 된다.

신석초는 이 글에서 시의 언어 문제를 대단히 중시한 발레리의 시론을 적극적으로 개진했다. "결국, 시인은 우유(偶有)에서 얻는 시적 감동을 각자의 기교에 의하여 구성하고 조직화하는 것인데 그 제작(制作)의 유일한 귀중한 수단은 언어인 것입니다. 언어에 의하여, 언어의 음향, 의미와 그 기구(機構, 구조의 뜻—인용자)에 의하여 시인은 소여(所與)의 상념(想念)·감동(感動)을 말하자면 음악화(音樂化)한다고 합니다." ① 신석초는 시인이 '소여(所與)의 상념·감동' 을 언어, 즉 언어의 음향·의미·구조를 통해 음악화한다는 발레리의 관점을 간단히 소개한 뒤, 시적 표현과 작위(作爲)의 문제를 다음과 같이 제시했다. "시는 봐레리 씨에게 있어서는 정신의 최고의 상태 또는 그 최상의 형태를 발명하고 암시하는 것이다. (중략) 그것들은 일방(一方) 현실적인 각종의 환경에 반(伴)하여 또는 지적(知的)인 관조(觀照)·약정(約定)·통제(統制), 이러한 제(諸) 기제(機制)에 의하여 형성되고 질서화하는 작위(作爲)를 하기에 이른다. 요컨대 그것은 표현하고 작위하는 것이다." ② 이어 신석초는 발레리가 중시한 시작(詩作)의 언어 문제, 즉 언어의 '의미와 음률에 의하여 시적 감동을 음악화' 하는 시학을 다시 한번 강조했다.

> 시작(詩作)의 유일한 존귀한 수단은 '말' 이다. 시인은 언어의 기구(機構), 그 의미(意味)와 음률(音律)에 의하여 그의 시

---

① 申應植(申石艸),「봐레리 研究斷片」,『文章』1941.4, 201 쪽.

② 申應植(申石艸),「봐레리 研究斷片」,『文章』1941.4, 202 쪽.

> 적 감동을 말하자면 음악화(音樂化)[①] 한다. (중략) 결국, 시신(詩神)은 봐레리 씨에 의하면 정신의 지상(至上)한 작자이며, 언어를 그 수단으로 하는, 인간의 특유한 감정세계, 비실천적(非實踐的)이면서도 영속적(永續的)인 한 우주(宇宙)를 지성(知性)에 의하여 질서 세우는 제작자이다.[②]

이러한 발레리의 시학은, 동일 지면에 발표된 이육사의 「중국문학 오십년사」에서 번역시의 언어와 형식을 이해하는 데 중요한 이론적 근거를 제공해준다. 말하자면 이육사의 번역시가 그의 창작시에서처럼 언어의 구조와 의미 그리고 음률에 의해 음악화(音樂化)하는 시학을 적극적으로 구현하고 있는 것이다.

또한 신석초가 비평·소개한 발레리의 시론은 이육사의 동생인 평론가 이원조가 개진한 시론(詩論)과 상통한다. 이원조는 역시 동일 지면인 『문장』 1941년 4월호에 발표한 평론 「시의 고향—편석촌(片石村)에게 붙이는 단신(斷信)」에서 편석촌 김기림(金起林)의 시론을 비평하며 자신의 시학을 전개했다. 이원조는 '감정의 무절제한 배설'의 낭만주의에 반기를 든 '현대시'가 '주지주의적 경향'으로 흘러 '이미지의 난립상태'가 되었으며, 그 결과 '현대시'가 운문으로서의 성격, 즉 '해조'를 잃게 되었다고 비평했다.

> 그러나 이야기가 여기 이르면 우리는 한 개의 마지막 기로에 다다렀습니다. 시는 운문이냐? 아니냐? 하는. 그러나 혹시는 운문이란 것의 어의(語義) 해석에 있어 서로 얼마간의 호양(互讓)이 있을는지 모르겠습니다마는 나는 하여간 운문의 법칙을 떠나서 시를 이야기할 수는 없을 것 같습니다.
>
> 그러므로 나는 언젠가 「현대시의 혼란」이란 적은 글 가운데서 현대시가 해조(諧調)를 잃어버린 것은 현대인이 감정의 조화를 가

① 원문에서는 강조의 뜻으로 글자 밑에 점을 찍어놓았는데, 여기서는 밑줄을 그었다.
② 申應植(申石艸), 「봐레리 研究斷片」, 『文章』 1941.4, 204쪽.

지지 못한 때문이라고 한 일이 있습니다마는 해조란 것이 본래 음악적인 데 비해서 현대시가 너무나 회화적(繪畵的)인 이마쥬를 추궁(追窮)한 나머지 마침내는 운문이 아니어도 좋다는 범람(汎濫)한 결론에까지 이르지 않았는가 합니다. 그러니 화음(和音)의 남용(濫用)이 반드시 해조를 보전(保全)하는 것이 아니고 색채의 짙은 것만이 이마쥬를 선명하게 하는 것이 아닌 바와 마찬가지로 해조를 추궁한 시가 감정의 배설에까지 이르면 그것은 벌써 감정의 조화를 잃은 것입니다. 그러나 이와 꼭 마찬가지로 이마쥬의 난립(亂立)이 벌써 우리로 하여금 현운(眩暈)을 느끼게 한다면 그 시도 결코 건강한 시가 될 수 없는 것입니다.①

시회(詩會)를 함께 열기도 했던 이육사와 신석초·이원조와의 관계를 생각할 때, 이원조의 시론은 신석초가 비평·소개한 발레리의 시학과 무관하지 않으며, 이육사 역시 이러한 시론을 공유하고 있었다고 보아야 한다. 이육사는 1941 년 1 월호『문장』에 실린 '신춘좌담회(新春座談會)' (이원조도 참석)에서 김기림이 말한 "시의 영원한 주장은 말하자면 시대적이요 사회적입니다"② 라는 관점을 받아들이면서도 결국 이원조가 강조한 '감정의 절제' 와 시어의 '해조(諧調)' 를 중시하는 시학을 공유하고 있었던 것이다. 이육사는 자신의 시학(詩學)을 직접적으로 진술한 적은 없지만, 신석초, 이원조와 더불어 그들은 시의 운률과 해조, 즉 시적 감동의 '음악화' 를 지향하는 시학을 추구했다. 이러한 시학은「중국문학 오십년사」의 2 회 원고가 실린『문장』1941 년 4 월호에 동시에 게재된 이육사의 창작시「아미(娥眉)」,「자야곡(子夜曲)」,「서울」에서도 그대로 구현되어 있거니와 그의 번역시에도 관류하고 있다. 이육사가「중국문학 오십년사」의 연재가 중단된 이후 그 후속 작업으로 1941 년 6 월에 발표한「중국 현대시의 일단면」에서 유미주의 시인으로 널리 알려진 쉬즈모의 대표작「배헌」과「재별강교」를 정형적

① 李朝(李源朝),「詩의 故鄕: 片石村에게 붙이는 斷信」,『文章』1941.4, 198 쪽.
② 「新春座談會: 文學의 諸問題」,『文章』1941.1, 151 쪽.

율격과 소리의 해조를 고려한 완벽한 번역시로 재창조한 것[①]도 이러한 시학과 무관하지 않을 것이다.

4.「골목안(小巷)」의 저본과 번역의 양상

이육사는「중국문학 오십년사」의 번역이 중단된 이후 만주 출신의 작가 구딩(古丁)의 단편소설「골목안(小巷)」을 번역해 1941년 6월호『조광』에 발표했다. 그가 이 소설을 번역하는 데 저본으로 삼은 텍스트는 무엇일까? 구딩의「골목안」은 1937년 7월 만주의 신징(新京)에서 발행되던 잡지『명명(明明)』제1권 제5기에 처음 발표되었고, 이어 1938년 5월 월간만주사(月刊滿洲社)에서 출판한 구딩의 단편소설집『분비(奮飛)』에 수록되었다. 만일 이육사가 구딩의「골목안」의 중문 원작을 읽었다면, 바로 이 단편소설집『분비』에 수록된 작품일 것이다.[②]

그런데 구딩의「골목안」은 일본인 오우치 타카오(大内隆雄)에 의해 편역되어 1939년 9월 15일 도쿄에서 출판된 일역본 '만인작가소설집(滿人作家小說集)'『원야(原野)』에 구딩의 중편소설「원야(原野)」와 함께 수록되었다는 데 주목하자. 이 일역본『원야』는 초판이 발행된 직후 동년 9월 20일에 재판이 발행될 정도로 독자들의 반응이 좋았다. 오우치 타카오는 이듬해인 1940년 7월 구딩의 단편소설「변금(變金)」을 수록한 '만인작가소설집 제2집(第二輯)'『푸궁잉(蒲公英)』을 번역 출판했고, 동년 8월에는 구딩의 장편소설『평사(平沙)』도 번역 출판했다. 그러니까 이육사가「골목안」을 번역하기 이전에 구딩의 작품, 즉 중편소설「원야」, 단편소설「골목안」과「변금」그리고 장편소설『평사』는 일본어로 번역되어 나와 있었다. 이렇게 보면 이육사가「골목안」

---

① 이에 관해서는 졸고「이육사(李陸史)의 쉬즈모(徐志摩) 시(詩) 번역의 양상: 시창작이 번역에 미친 영향」(『中國現代文學』제88호, 2019.1)을 참조하기 바람.

② 1938년 5월 출판된 구딩(古丁)의 소설집『奮飛』는 현재 서울대학교 중앙도서관 고문헌자료실에 소장되어 있다.

을 번역하는 데 저본으로 삼았을 것으로 추정할 수 있는 단행본으로는 중문본『분비』와 일역본『원야』를 들 수 있다.

이육사의「골목안」번역문을 보면, 앞부분의「소개(紹介)」라는 짧은 글에서 작가 구딩을 다음과 같이 소개했다.

> 이 작가의 경력에 대해서는 역자(譯者)도 잘 알지 못한다. 다만『평사(平沙)』를 써서 강덕(康德) 6년도에 민생부대신상(民生部大臣賞)을 획득하자 일세(一世)에 훤전(喧傳)된 것을 아는 사람은 아나 사실은 그 전에도 주의할 몇 개 작품을 썼다는 것은『평사』전에 나온 이 작가의 작품을 읽어보아서 알 수 있는 것이다. 그리고 이 사람의 작품집으로는『분비(奮飛)』외에『일지반해집(一知半解集)』이란 잡문집(雜文集)이 있고『부침(浮沉)』이라는 시집(詩集)도 있는 줄 안다. 작품의 맨도리는 만주(滿洲)라는 특수한 풍속 속에서 주제를 고르는 데도 그러려니와 작품을 처리해 나가는 데 묘(妙)를 얻은 것은 그 작품을 읽으면 어덴지 아쿠타가와 류노스케(芥川龍之介)의 작품을 읽는 듯한 느낌이 있는 것이다. 작가의 반생(半生)을 잘 알지는 못해도 지금은 신징(新京)서 발행되는『예문지(藝文誌)』의 기획계사무주임(企劃系司務主任)이라는 분주한 일을 보는 모양인데 창작 생활에 영향이 없기를 독자와 함께 빌어둔다.①

이육사의 구딩「소개」가 쓰이기 전까지 출판된 구딩의 작품 및 작품집으로는『분비(奮飛)』(1938),『일지반해집(一知半解集)』(1938),『부침(浮沉)』(1939),『평사(平沙)』(1940) 가 있는데, 이육사는「소개」에서 이들 작품집을 모두 예거했다. 사실 이육사가「골목안」을 번역하기 전에 구딩은 이미 1939년에 중편소설「원야」로 성경문예상(盛京文藝賞)을 받았고, 또 1940년 3월에는 장편소설『평사』로 민생부

---

① 古丁 作·陸史 譯,「골목안(小巷)」,『朝光』1941.6, 348-349쪽 참조.

대신문예상(民生部大臣文藝賞)을 받아 만주 문단에서 주목받는 작가로 이름을 떨치고 있었다.① 이육사는 이러한 구딩의 작가적 명성을 고려해 그의 단편소설「골목안」을 번역한 것으로 보인다.

구딩은 1937년 3월 창간된 잡지『명명』의 편집에 참여하며 작품을 발표하기 시작해 이름을 알렸고, 이 잡지가 1938년 9월 정간되자 새로운 문학진지를 구축하기 위해 1939년 6월 문예잡지『예문지(藝文志)』(1939년 12월에 제2집, 1940년 6월에 제3집 발행, 총 3집 발간)를 창간해 더욱 주목을 받았다.『예문지』창간과 더불어 구딩은 이 잡지의 기획계 사무주임을 맡았고, 구딩의 작품을 일본어로 번역 출판하게 될 오우치 타카오도 이 잡지의 발간에 참여했다. 1939년 12월에 발행된『예문지』제2집에는 '사무회역원(事務會役員)' 명단이 실려 있는데, 그 일부를 보면 다음과 같다. "감리장(監理長): 죠오지마 후네레(城島舟禮). 참여(參與): 스기무라 유우조우(杉村勇造), 당양저우(党痒周), 오우치 타카오(大內隆雄), 쑤정신(蘇正心). 기획계 사무주임: 구딩(古丁), ……"② 여기서 오우치 타카오는 '참여' 자로, 구딩은 '기획계 사무주임'으로 등재되어 있는데, 오우치 타카오는 구딩과 함께『예문지』발간에 참여하고 있었으니 구딩의 작품에 주목했을 것이다. 그리하여 그는 이후 구딩의 주요 작품, 이를테면 성경문예상을 받은 중편소설「원야」를 비롯해 단편소설「골목안」과「변금」그리고 민생부대신문예상을 받은 장편소설『평사』를 일본어로 번역한 것이다. 구딩 작품의 일역본이 당시 한국에도 유입되었으니,③ 이육사는 이들 일역본을 통해서도 구딩의 작품에 접근할 수 있었을 것이다. 오우치 타카오가 번역한 '만인작가소설집'의 일역본은 모두 '조선총독부도서관'에 소장되어

---

① 劉暘,『古丁研究』, 東北師範大學 博士學位論文, 2015, 48-49쪽 참조.

② 劉暘,『古丁研究』, 東北師範大學 博士學位論文, 2015, 112쪽.

③ 오우치 타카오(大內隆雄)가 번역한 일역본『原野』(滿人作家小説集, 東京: 三和書房, 1939),『蒲公英』(滿人作家小説集 第二輯, 東京: 三和書房, 1940)와『平沙』(東京: 中央公論社, 1940)는 국립중앙도서관에 소장되어 있으며, 현재 디지털화된 자료로 읽을 수 있다. 여기에는 '조선총독부도서관(朝鮮總督府圖書館)'의 관인(館印)이 찍혀 있다.

있었으니, 일역본에 수록된 구딩의 작품은 일제의 검열을 비켜 갈 수 있는 작품이었다. 이육사가 일역본 중에서 구딩의「골목안」을 골라 번역했다면, 그것이 일제의 검열을 비켜 갈 수 있는 데다가 중국(만주) 민중의 비참한 생활상을 묘사하고 있어 현실적 가치도 적지 않다고 판단했기 때문이 아니었을까? 일제는 1937년 중일전쟁을 일으킨 이후, 특히 1940년대에 들어서 사상 탄압과 검열을 더욱 강화했는데, 그런 시기에 중국 현대문학 작품을 번역한다는 것 자체가 쉬운 일이 아니었다. 이육사의「골목안」의 번역은 바로 이러한 시대적 배경 속에 놓고 그 의미를 해석해야 한다.

오우치 타카오는 일역본『평사』의 말미에 짧은「평사 후기」를 덧붙였다. "이 소설은 작년 12월『예문지(藝文志)』제2집에 등재 발표되었다. 나는 곧 구딩 씨의 허락을 받아 번역에 나섰지만, 다망(多忙)하여 겨우 이번 4월에야 번역을 마쳤다. 4월은 민생부대신문예상(民生部大臣文藝賞)이 이「평사(平沙)」에 수여된 즈음이었다. 구딩 씨는 아마 만주국(滿洲國) 제일이라고 말할 정도로 일본어에 능숙한 분이다. 나는 내 번역을 이미 구딩 씨에게 보여줬고, 많은 가필정정(加筆訂正)과 부주(附註)를 해주셨다. 사는 곳도 아주 가까워서, 나의 역문(譯文)을 훌륭하게 만들어 주신 것은 정말 감사하기 이를 데 없다. 이러한 협력을 할 수 있다는 사실이 진심으로 기쁜 일이다."① 오우치 타카오는 구딩의 작품을 일본어로 번역하는 과정에서 번역 원고를 구딩에게 직접 보여주어 많은 수정을 거쳤음을 밝혔는데, 방언이 많이 섞여 있는② 구딩의 중문 원작을 번역한다는 것은 그만큼 어려운 일임을 환기해준다. 만일 이육사가 구딩의 중문 원작에 의거해 번역했다면, 당시의 열악한 조건 속에서 서둘러 번역을 진행해야 했으므로 그것은 더욱 어려운 일이었을 것이다.

이육사의「골목안」의 번역문과 일역본의 번역문을 대조해보면, 이

① 大内隆雄,「平沙後記」,『平沙』, 古丁 作·大内隆雄 譯(東京:中央公論社, 1940), 261쪽.

② 劉暘,『古丁研究』, 東北師範大學 博士學位論文, 2015, 83쪽.

육사가 일역본을 참조했음을 알 수 있다. 일례를 들어보자.

이육사의 번역문

밤바람은 사람이 구역증이 날 만치 악취를 불어오고 거기다 거칠은 아귀성과 음탕한 욕질까지 섞여서 아편 모히바늘 노름 사창 이런 것들에 지친 인간들을 이 골목안으로 모여들게 하는 것이었다.①

일역본의 번역문

夜風は人に嘔吐さすやうな惡臭を吹きつけ、それには粗野な罵聲と淫らな話し聲が混つた。阿片、モヒの針、賭博、私娼などが疲れた人間達を集めている。②(밤바람은 사람에게 구토를 일으키는 악취를 풍기고, 거기에다 거친 욕설과 음란한 말소리가 섞여 있다. 아편, 모히바늘, 도박, 사창 등이 지친 인간들을 모으고 있다.)

중국어 원문

夜風飄蕩着令人嘔吐的惡嗅，夾雜着粗野的惡聲，淫浪的話聲．煙燈、嗎啡針、花會、野妓，聚攏着疲乏了的人們．③

이 예문에서 이육사는 일역본을 참조하여 구딩의 작품을 번역한 것으로 보이는데, 다음 예문에서처럼 일역본에서 발견되는 오역에 가까운 번역이 이육사의 번역문에도 그대로 나타나고 있다는 데서 더욱 분명해진다.

이육사의 번역문

금화는 그제야 마음을 가라앉히고 혼자말로 중얼거렸다.

① 古丁 作·陸史 譯,「골목안(小巷)」,『朝光』1941.6, 349쪽.
② 大内隆雄 譯,『原野』,(滿人作家小說集(東京:三和書房, 1939), 128쪽.
③ 李善燕 編『古丁作品選』(沈陽:春風文藝出版社, 1995), 224쪽.

「밤고양이가 집에 들어오면 아무 일도 없는 법이야 아아!……」(만주의 미신—역자주)

금화는 다시 자리위에 누웠다. 조금전의 따뜻한 기운이 금화의 기분을 얼마쯤은 따사롭게 할 수가 있었다.

「벌써 밤이 깊었는데 인제는 돌아올 때도 됐건만……」①

일역본의 번역문

彼女はほつと安堵して、獨り言を言つた。

「夜猫が家に入つて來りや、何事もないんだ……あ〰あ！」

彼女はまた炕の上に横になつた。炕の微かな溫味は彼女の氣持を少ししか暖めなかつた。

「もう隨分經つのに、もう歸つて來さうなものなのに……」②

중국어 원문

她才一塊石頭落了地，輕輕自語：

"夜猫進宅，無事不來！……喪氣！"

她復又躺在炕頭，炕頭的微溫暖不過來她心頭的半截凉.

(擱往日，早就該回來了……)③

중국어 원문 '夜猫進宅，無事不來!……喪氣!'(밤고양이가 집에 들면 심상치 않아!……불길해!)를 일역본에서는 '夜猫が家に入つて來りや、何事もないんだ……あ〰あ!'(밤고양이가 집에 들어와서 아무 일도 없는 거야……아〰아!)로 번역했고, 이육사는 일역본에 의거해 '밤고양이가 집에 들어오면 아무 일도 없는 법이야 아아!……' 라고 번역한 것이다. 원래 중국에서는 부엉이('夜猫子')가 밤에 집에 들면 불길한 일이 일어난다는 민간 속담이 있는데, 이것을 '夜猫子進宅，無事不來'(부

① 古丁 作·陸史 譯,「골목안(小巷)」,『朝光』1941.6, 354 쪽.

② 大内隆雄 譯,『原野』, 139 쪽.

③ 李善燕 編,『古丁作品選』, 229 쪽.

엉이가 집에 들면 심상치 않아)로 표현한다. 그런데 이 소설에서는 밤고양이('夜猫')가 집에 들어왔으므로 '夜猫進宅, 無事不來'(밤고양이가 집에 들면 심상치 않아)라고 표현하고 '불길해(喪氣)' 라는 말을 덧붙인 것이다. 일역본에서는 중국어 원문의 의미와 반대되는 뜻으로 해석해 번역했는데, 이육사의 번역문도 일역본에 의거해 오역에 이른 것을 알 수 있다. 또한 중국어 원문 '(擱往日, 早就該回來了……)' 를 일역본에서는 'もう隨分經つのに、もう歸つて來さうなものなのに……'(이미 한참이 지났으니 벌써 돌아와야 하는 것인데……)로 번역했는데, 이육사는 일역본에 의거하되 가독성을 높이기 위해 일역본을 축자적으로 옮기지 않고 '벌써 밤이 깊었는데 인제는 돌아올 때도 됐건만……' 이라고 번역한 것이다.

물론 이육사가 중국어 원문도 함께 참조했을 가능성도 배제할 수는 없다. 이를테면 "밤비가 보슬보슬 나렸다. 좀처럼 그칠 모양도 아니었다. 방안은 어둡고 고요하기 무덤 같다."[①](일역본의 번역문: 細かな夜の雨がさらさらと降つていた。仲仲止みさうにもなかつた。部屋の中は暗く、靜かで寂しかつた。[②] 중국어 원문: 松的夜雨, 淅瀝淅瀝地落, 仿佛不會停歇. 屋裏黑黝黝, 靜寂, 死沉.[③])라는 번역문에서 '무덤 같다' 라는 표현은 일역본에는 없다. 그것은 오히려 중국어 원문에 나오는 '死沉(죽음처럼 가라앉아 있다)' 를 염두에 두고 번역한 것이 아닌가 한다. 또한 중국어 원문 '她才一塊石頭落了地'(중문 '一塊石頭落了地' 는 마음을 내려놓다는 것을 비유한다)를 일역본에서는 '彼女はほつと安堵して(그녀는 그제야 안도하고)' 라고 번역했는데, 이육사는 '금화는 그제야 마음을 가라앉히고' 라고 번역했으니 중국어 원문도 함께 참조했을 가능성이 있다.

이육사가 「골목안」을 번역하는 데 일역본을 참조했다면, 작가 구딩을 소개하는 데도 일역본의 내용을 참조했다고 보아도 무리가 아닐 것이다. 일역본 『원야』에는 오우치 타카오가 쓴 「역자의 기억서(譯者の

① 古丁 作·陸史 譯, 「골목안(小巷)」, 『朝光』 1941.6, 354쪽.
② 大内隆雄 譯, 『原野』, 138쪽.
③ 李善燕 編, 『古丁作品選』, 229쪽.

覺え書)」라는 머리말이 있는데, 여기에는 수록 작품의 개별 작가에 대한 소개가 나오지 않는다. 일역본『푸궁잉』① 의 말미에는 오우치 타카오가 쓴「역자 후기」가 있는데, 여기에는 수록 작품의 개별 작가를 간단히 소개하고 있다. 구딩에 대해서는 다음과 같이 소개했다. "구딩 씨는, 본명이 쉬창지(徐長吉)이며, 베이징대학 국문계(國文系)를 나왔다. 국무원 통계처에 근무하고 있다. 저작집에『분비』,『일지반해집(一知半解集)』(잡문집),『부침(浮沉)』(시집),『심(心)』(역저譯著, 나쓰메 소세키夏目漱石 작)이 있다.『예문지(藝文志)』동인이다. 최근작『평사』는 민생부대신문예상을 수상했다." ② 그리고 앞에서도 일부 인용한 바 있듯이 일역본『평사』의 말미에 붙어 있는「평사 후기」에서는『평사』가 '민생부대신문예상' 을 받은 사실 등을 간단히 서술하고, 이어 구딩에 대해서는 다음과 같이 소개한다. "구딩 씨는 지린(吉林)에서 태어났다. 베이징대학에서 배웠고, 지금 만주국 정부에서 근무하고 있다. 작품집에『분비』, 시집에『부돈(浮沌)』['沌(돈)' 은 '沉(침)' 의 오식(誤植)인 듯-인용자], 수필집『일지반해집(一知半解集)』이 있고, 나쓰메 소세키(夏目漱石)의『심(心)』의 역서(譯書)가 있다. 사인주의(寫印主義)를 주장하며 만주 문학의 선두에 서서 분투하고 있다." ③ 이렇게 살펴본 바와 같이 오우치 타카오의 구딩에 대한 소개 내용과 이육사의「골목안」번역문 앞에 있는 작가 '소개' 의 내용을 비교해보면, 이육사가 참조한 자료가 일역본을 넘어서고 있다는 사실을 확인할 수 있다. 이육사는 구딩이 현재 '신징서 발행되는『예문지』의 기획계 사무주임이라는 분주한 일을 보는 모양' 이라고 말함으로써 일역본의 구

---

① 이 책에는 샤오쑹(小松)의 단편소설「푸궁잉(蒲公英)」과「스중(施忠)」, 구딩(古丁)의 단편소설「변금(變金)」을 비롯해 스쥔(石軍), 이츠(疑遲), 이츠(夷馳), 톈빙(田兵), 바닝(巴寧), 우잉(吳瑛)의 단편소설이 수록되어 있다.

② 大内隆雄,「譯者後記」,『蒲公英』, 滿人作家小說集 第二輯(東京:三和書房, 1940.7), 362 쪽. "古丁氏、本名徐長吉、北京大學國文系を出ている。國務院統計處に勤務している。著作集に「奮飛」「一知半解集」(雜文集)「浮沉」(詩集)「心」(譯著・夏目漱石作)がある。「藝文志」同人。近作「平沙」は民生部大臣文藝賞を與へられた。"

③ 大内隆雄,「平沙後記」,『平沙』, 262 쪽.

딩 소개 내용보다 좀더 구체적인 정황을 알려준다. 이육사가 말한 이러한 구체적인 정보는 앞서 언급한『예문지』제2집(1939년 12월 발행)에 실린 '사무회역원(事務會役員)'의 명단에 나오므로 이육사가 이를 참조한 것이 아닌가 한다.『예문지』제2집은 구딩의 장편소설『평사』가 처음 발표된 지면이기도 한데, 이육사가「골목안」의 작가 '소개'에서『평사』를 중심에 두고 서술한 것도『예문지』제2집을 참조한 것임을 방증해준다. 그렇다면 이육사는『예문지』제2집을 탐독했을 것으로 추정되며,[①] 이는 당시 이육사의 관심이 만주 문단에까지 미치고 있었음을 시사한다. 이육사는 구딩의 작품이 '만주라는 특수한 풍속 속에서 주제를 고른' 것이라 말하고 '작품을 처리해나가는 데 묘(妙)를 얻은 것은 그의 작품을 읽으면 어덴지 아쿠타가와 류노스케의 작품을 읽는 듯한 느낌이 있다' 라고 비평했는데, 구딩 작품의 주제적 특징과 작품의 묘미를 비교문학적 관점에서 집약적으로 평가했다. 이육사는 구딩 작품을 탐독하면서 아쿠타가와 류노스케의 작품에 비견될 수 있는 묘미를 발견하고 일역본을 참조하여 그중에서 만주의 비참한 현실을 '리얼'하게 묘사한「골목안」을 골라 번역한 것이다.

더욱이 이육사의「골목안」번역은 등장인물의 성격 묘사에서 한국어의 묘미를 한껏 살린 표현을 구사하고 있다는 점이 특징적이다. 구딩은 농민, 중·노년, 하층 인물들의 묘사에서 토속적인 방언과 저속한 언어를 많이 사용한 데 특장이 있는데, 이육사는「골목안」번역에서 이러한 구딩의 언어적 특장을 적극적으로 되살려 놓았다. 이를테면 주인공 금화와 그녀 남편의 대화 장면을 묘사한 대목의 번역문을 보자.

> 「애, 오늘밤은 얼마야?」
> 거칠고 짭여뜯는 듯한 목소리에 금화도 깜짝 놀랐다.
> 「한푼도 없다니. 그래 나는 여태 암껏도 먹지도 못했는데 돈부터 받으러오고 염치까진 연석!」

---

① 『藝文志』第2輯(新京: 藝文志事務會, 1939.12)은 현재 서울대학교 중앙도서관 고문헌자료실에 소장되어 있다.

금화는 말대꾸를 총총 하고는 홱 돌아섰다.

「요망할 계집 또 모히침이나 맞고」

금화의 남편은 벌겋게 충혈된 눈으로 노려보며 손바닥에 불이 나케 휘갈기는 것이였다.

「계집만 부려먹고 뻔뻔히 자빠져 노는 주제에……」

이 말을 다하기도 전에 누군지 옆을 스치며 지나갔다. 금화는 홱 돌아서며 힘없이

「……어데 가나? 보금자린 여기 두고」

그 사내는 입을 빗죽하고는 그냥 가버렸다.

「임자는 뻔둥뻔둥 놀구 술만 들이키면서 나는 그다지 쉽게 돈이 벌일듯해? 그래두 난 등이나 어깨뼈를 깍거가면서 돈을 벌랴고 애를 쓰는데」

하며 금화는 하품을 하고는

「못미덥거든 찾아보라니. 한푼도 없다니까」

「왜 이리 종알종알대는 거야! 내가 놀고만 있어? 난 그래도 매일 아침 일터를 찾아단이잖는가 말이다. 흠? 오년 전만 해두 내 몸이 튼튼할 땐 무엇 네 힘을 빌잖어도 넉넉히 했단다.」

그리고 금화의 남편은 손아귀에 힘이 있는대로 금화의 뺨을 휘갈기는 것이였다. 금화는 눈시울에 불이 펀쩍 낫다. 비틀비틀 쓰러지면서 엉엉 울었다. 눈물과 코물이 흘러나렸다. 그래도 사내는 미칠 듯 부르짖었다.

「흠 요망할년의 계집이 왜 앙앙 처울어?」

또 달려들어 두어 차례 갈겨댔다.①

금화와 남편의 대화는 언어가 유창하면서도 거칠고 생동적이다. 이 대목의 중국어 원문은 방언이 자연스럽게 운용되고, 문장 구조와 어휘 배치가 인물의 성격에 딱 들어맞아 그들의 일상적 생활 단편을 진실하게

① 古丁 作·陸史 譯,「골목안(小巷)」,『朝光』1941.6, 350 쪽.

재현해주고 있는데,[①] 이육사의 번역이 중국어 원문에 못지않게 등장인물의 실생활에서의 언어적 특징을 충분히 되살리는 데 성공한 것이라 할 만하다. 좀 더 실감나게 이해하기 위해 위 인용글의 밑줄 친 번역문과 이에 해당하는 일역본의 번역문과 중국어 원문을 대조해보자.

일역본의 번역문

彼女の男は一層怒り出し、彼女の顔に平手を喰はせた。彼女はくらくらつとした。顔はひりひりと痛かつた。そして、うーうーと泣き出した。鼻汁を出し、涙を流した。男は狂つたやうに叫んだ。「ふん、泣きやがつて、こいつめ！」又もパんパんと彼女に喰はせた。

(그녀의 남자는 한층 더 화를 내며 손바닥으로 그녀의 얼굴을 때렸다. 그녀는 어질어질했다. 얼굴은 따끔따끔 아팠다. 그러고는 엉엉 울기 시작했다. 콧물을 흘리고 눈물을 흘렸다. 남자는 미친 듯이 소리쳤다. "흥, 울어, 이년이!" 또다시 팍팍 하고 그녀를 때렸다.)

중국어 원문

她的男人越說越上火，照她臉上一個大嘴巴．她猛覺一陣頭昏眼花，臉上熱辣辣；接着，就嗚嗚哭起來，一把鼻涕，一巴眼淚．男人發瘋似地喊叫："你哭，你哭，打死你！"又巴巴地打了她一頓．

(그녀의 남자는 말을 하면 할수록 더욱 화가 나서 그녀의 빰을 세차게 갈겼다. 그녀는 갑자기 머리가 아찔하고 눈앞이 캄캄해지고, 얼굴에 열이 확 달아올랐다. 이어서 엉엉 울며 콧물을 흘리고 눈물을 흘렸다. 남자는 미친 듯이 외쳤다. "울긴 왜 울어, 죽여 버릴 거야!" 또다시 한차례 그녀를 후려갈겼다.)

---

① 劉暘,『古丁研究』, 東北師範大學 博士學位論文, 2015, 83쪽 참조.

일역본은 대체로 중국어 원문을 축자적으로 번역한 데 머물러 있는 듯하나 이육사의 번역문은 등장인물의 성격과 실제 상황을 고려하여 더욱 생동적이고 거친 언어로 표현되었다. 이육사는 일역본을 참조했다고는 하나 중국어 원문도 참조한 듯하며, 구딩 소설의 언어적 특징을 잘 파악하여 등장인물의 성격을 절실하게 전달하는 데 알맞은 한국어 표현을 구사함으로써 한국어의 묘미를 한껏 살린 번역문학을 완성했다.

5. '중국' 현대문학 호명과 시대적 의의

일제의 전면적인 언론 통제로 말미암아 1940년 8월에 이르면『조선일보』와『동아일보』등 한글 신문마저 폐간되기에 이른다. 이육사의「중국문학 오십년사」의 1회 번역 원고가 게재된 1941년 신년호『문장』도「대동아공영권확립(大東亞共榮圈確立)의 신춘(新春)을 맞이하며」라는 권두언에서 일제가 강제한 대동아공영권 이념을 내세우지 않을 수 없었다. "다시금 동아공영권(東亞共榮圈) 건설의 제일보의 신춘벽두(新春劈頭)에 있어 반도(半島)의 지식층 신민(臣民)된 자(者) 먼저 확호부동(確乎不動)한 제국 정신의 체득을 자각치 않어서는 안 될 것이다."[①] 또한 1941년 6월 이육사의「중국 현대시의 일단면」이 게재되는『춘추』는 1941년 3월에 창간되었는데, 창간호의 권두언인「근봉하(謹奉賀) 신년」에서 다음과 같이 기술하고 있다. "제4년(第四年)의 건설적 단계에 들어간 지나사변(支那事變, 일제의 중국 침략으로 야기된 중일전쟁을 가리킴—인용자) 처리가 착착 완수되어 가고 있다. (중략) 돌이켜 조선 안을 보면, 지난해로 총독시정(總督施政) 30주년을 보내고 역시 새로운 출발의 단계에 들게 되었다. 국체명징(國體明徵), 서정쇄신(庶政刷新), 선만일여(鮮滿一如), 농공병진(農工竝進), 교학쇄신(教學刷新)의 모든 시책이 우수한 성과를 거두어 가고, 그중에서도 지원병 제도, 창씨개명의 획기적 사실(事實) 등은 모두가 내선일체

① 「大東亞共榮圈確立의 新春을 맞이하며」,『文章』1941.1, 2-3쪽.

(內鮮一體)의 구현(具現) 아님이 없다." [①] 1941년 전후의 이육사의 중국 현대문학 비평과 번역은 바로 '대동아공영권'과 '내선일체'를 전면적으로 내세우며 한국인들을 침략전쟁에 총동원하고 민족 말살로 몰아가던 엄혹한 시대적 배경 속에 놓고 그 의미를 따져야 한다.

이 시기에 이육사는 시와 수필, 평문, 번역문을 잡지『조광』을 비롯하여『삼천리』,『문장』(1939년 2월 창간, 1941년 4월 폐간),『인문평론』(1939년 10월 창간, 1941년 4월 폐간),『춘추』(1941년 3월 창간, 1944년 10월 폐간)에 발표했는데, 이 중에서『인문평론』은 당대 최고의 좌파 논객과 제도권 엘리트들을 동시에 필진에 포함하고 있었고 그런 만큼 그 위상과 파급력도 컸다.[②] 당시 이 잡지에는 중국 고전문학과 현대문학을 번역·비평한 글이 간간이 실렸으니, 정래동이 쓴「지나신작가집 야초선(支那新作家集 夜哨線)」[③](창간호, 1939.10), 상면(尙勉)이 번역한 후예핀(胡也頻)의 단편소설「밀월여행(蜜月旅行)」(1939.11), 배호(裵澔)가 쓴「지나문학(支那文學)의 특질-시와 소설의 발전」(1940.6), 노부(魯夫, 즉 李明善)가 번역한 라오서(老舍)의 단편소설「개시대길(開市大吉)」(1940.11), 윤영춘(尹永春)이 번역한「현대지나시초(現代支那詩抄)」[④](1941.1) 등이 그것이다. 그밖에『삼천리』1940년 6월호에「신지나문학특집(新支那文學特輯)」이라는 제목

---

① 「謹奉賀 新年」,『春秋』창간호, 1941.2.

② 박필현,「『인문평론』에 나타난 '지나(支那)' -자기화된 만주와 제국의 '안의 밖' 지나」,『한국문예비평연구』제45집(2014.12), 301쪽 참조.

③ 후루하마 슈이치(古濱修一)가 일본어로 번역 출판한『(支那現代小說集) 夜哨線』(東京: 第一書房, 1938)을 가리킨다.

④ 「현대지나시초(現代支那詩抄)」에는 후스(胡適)의「일소(一笑)」, 저우쭤런(周作人)의「냇물(小河)」, 주쯔칭(朱自清)의「잠자라, 적은사람아」, 왕두칭(王獨清)의「베니스(威尼市)」, 위핑보(俞平伯)의「어리석은 바다」, 주샹(朱湘)의「죽음(死)」, 예사오쥔(葉紹鈞)의「밤(夜)」, 궈모뤄(郭沫若)의「Reconvalescence」, 정전둬(鄭振鐸)의「옌탕산의 꼭대기(雁蕩山之頂)」, 류옌링(劉延陵)의「뱃사람(水手)」, 왕징즈(汪靜之)의「나의 바램(我願)」, 쉬위눠(徐玉諾)의「소시(小詩)」, 류다바이(劉大白)의「사랑의 근(根)과 핵(核)」, 자오징선(趙景深)의「범월(泛月)」, 셰빙신(謝冰心)의「뭇별(繁星)」등 15편의 작품이 실려 있다.

아래 중국의 노래, 민요, 시, 수상, 수감, 소설 등이 번역 소개되었고,① 『문장』 1940 년 9 월호에 김진원(金鎭元)의 「지나시문학(支那詩文學)의 성격」이라는 글이 실렸다. 이들은 중국의 혁명문학(革命文學)이나 항일문학(抗日文學)은 배제하고 주로 중국 고전문학이나 초기의 중국 신문학을 비평·소개한 것이었다. 경성제국대학 중국어문학과를 졸업한 배호조차 「지나문학의 특질」의 '결론' 에서 다음과 같은 말로 끝을 맺고 있다. "현대 신문학운동은 국가의 재건과 함께 구문학을 완전히 탈기청산(脫棄淸算)하고 근대 구라파의 과학정신과 문학을 이식하지 않으면 안 될 운명이 온 것이다. 혁명 후 금일까지 사반세기간, 국가의 지반이 항상 온전(溫全)치 못하고 현대 신정신(新精神)과 신문학(新文學)도 아직은 지나(支那)민중의 혈육이 되지 못하나, 4 대기서(四大奇書)의 웅대한 규모와 창작력을 가진 지나 민족이 장래 세계적 작품을 출산(出産)할 것은 오직 시간문제일 것이다. 그러나 그것은 꿈일는지도 모른다." ② 배호는 구문학을 배격하고 일어난 중국 신문학의 성과를 제한적으로 평가하고 중국의 장래 우수한 작품 생산의 가능성에 대해서도 상당히 유보적인 태도를 취한 것이다. 이러한 상황을 감안하면, 이육사의 「오십년 동안 중국의 문학」의 번역, 중국 현대시의 비평과 쉬즈모 시의 번역, 「골목안」의 번역이 당시 허용된 범위 내에서 중국 현대문학의 가치와 그것의 현실적 의의를 좀 더 적극적으로 현시(顯示)하고 있음을 이해할 수 있다.

더욱이 앞서 예거한 중국문학 소개의 글들이 대부분 중국을 '지나(支那)' 로 호명하고 있는 것과 달리 이육사는 중국을 여전히 '중국(中國)' 으로 호명하고 있다는 것도 주목할 만하다. 배호의 「지나문학의 특질」이든 윤영춘의 「현대지나시초」이든 모두 일제의 논리에 호응하여 중국을 '지나' 라는 말로 표상한 데 반해 이육사는 '중국문학 오십년사',

---

① 시(詩) 분야의 작품으로는 임학수(林學洙)가 번역한, 빙신(冰心)의 「애사(哀詞)」, 궈모뤄(郭沫若)의 「황푸강 어귀(黃浦江口)」, 쉬즈모(徐志摩)의 「우연(偶然)」이 실려 있다.

② 裵澔, 「支那文學의 特質 : 詩와 小說의 發展」, 『人文評論』 1940.6, 24 쪽.

'중국 현대시의 일단면' 이라는 제목에서 보듯이 여전히 중국을 '중국' 이라는 말로 표상한 것이다.① 이육사가 그 시기에 '지나' 라는 말을 배제하고 '중국' 이라는 말을 그대로 사용한 것은 그 자체만으로도 일제에 항거하는 의미를 지닌다. 이육사는 이 시기에 발표한 수필「연륜(年輪)」(『조광』1941.6)에서 "지금 나와 같아서는 민어행(敏於行)도 못하고 눌어언(訥於言)만 한댓자 군자(君子)가 될상 싶지도 않고 또 군자를 원치도 않는 만큼 그것은 당분간 걱정이 없으나 결국 내몸을 둘곳이 어데이랴. 그래서 나는 요즘 '생각한다' 는데 머물러 보기로 한다. 생각도 그야 여러 가지겠지만은 이것은 나로서 공리적(功利的)이 아닐 수 없다." ② 라고 했거니와 그의 '중국' 현대문학 비평과 번역은 '생각한다' 의 범주에서 수행된 '공리적' 인 저항의 실천 행위였다.

또 이육사의 중국 현대문학 번역은 동시기 여타의 중국 현대문학 번역자보다 훨씬 뛰어난 문학적 성취를 이룩하고 있다는 점도 지적하지 않을 수 없다. 단적인 예로, 윤영춘이 번역한 궈모뤄(郭沫若)의「Reconvalescence」(회복)와 이육사가 번역한 쉬즈모의「재별강교」(케임브리지와 다시 이별하며)의 번역시를 비교해보면 금세 알아차릴 수 있다. 윤영춘은 중국어 원문을 앞세우고 그 뒤에 번역문을 실었는데, 그 중의 일단을 보자.

"我已經把我的遺囑告訴了我的女人, 나는 아마 나의 遺囑을 안

① 이육사의「중국 현대시의 일단면」이 실린『춘추(春秋)』1941년 6월호에 이은 7월호에 배호(裵澔)는「현대중국문학과 서양문학」이라는 글을 발표하였는데, 그가 '현대중국문학' 을 표방한 것도 어쩌면 '중국 현대시' 를 표방한 이육사의 글과 무관하지 않아 보인다. 그런데 배호는 '결론' 에서 "외국유학생의 반수이상(半數以上)은 내지유학생(內地留學生)이다. 그러므로 자연적 문화일반(文化一般)에 있어서 내지(內地)의 영향을 받았다. 문학에 있어서도 번역된 것이 장단편평론(長短篇評論) 합계 오백편(五百篇)을 불하(不下)한다. 그 외에 외국문학을 국어(國語)에서 중역(重譯)하는 것이 주목할 만한 수효(數爻)이나 알 도리가 없다. 폐일언(蔽一言)하면 서양문학을 수입한 현대중국문학이 도달한 본질적 특징은 스라부 민족문학과 약소민족문학을 흡취자각(吸取自覺)한 데 있다." 라고 하였는데, 일제의 논리에 호응해 '내지', '국어'(일본어)라는 말을 적극적으로 사용했다.

② 李陸史,「年輪」(『朝光』1941.6),『이육사의 문학』, 215쪽.

해에게 말하여

我的女人也已準備着把我化成骨灰，나의 안해도 이미 내 죽엄에 대한 준비를 해두었다.

但是，那死神終竟是避易了 그러나 死神은 끝끝내 避해갔기에

他沒有和我覿面，我又生回. 그는 나를 대한적없이 나는 또 生還했다.

當我現在是已經復活了復活了. 나는 이미 다시 살다, 다시 살다.

復活在這混沌的但有希望的人寰. 이 혼돈하면서도 希望있는 人間에서 다시 살고 있다." ①

궈모뤄의 원시(原詩)는 자유시이기는 하나 읽으면 매 구 4음보의 리듬을 느낄 수 있는데, 윤영춘의 번역시는 그런 율격을 전혀 고려하지 않았고, 시어가 원시의 뜻을 전달하는 축자적인 데 머물러 산문적 진술에 그치고 있어 시적 완성도가 크게 떨어진다. 이육사가 번역한 쉬즈모의 「재별강교」는 윤영춘의 번역시와 너무나 대조적이다. 그 중의 일단을 보자.(괄호 속의 중국어 원문은 필자가 덧붙인 것이다.)

꿈을 찾으랴 높은 돛대나 메고(尋夢？撐一支長篙,)
물풀 푸른곳 따라 올라서 가면(向青草更青處漫溯;)
한배 가득히 어진 별들을 실어(滿載一船星輝,)
별들과 함께 아롱진 노래 부르리(在星輝斑斕裏放歌.)" ②

이육사는 원시의 리듬을 적극적으로 되살려 5음보의 율격을 맞추고 아름다운 시어로 읽을 때 소리의 해조(諧調)까지 고려하고 있어 시적 완성도가 높은 번역시를 재창조한 것이다. 어쩌면 이육사는『인문평론』

---

① 郭沫若,「Reconvalescence」,「現代支那詩抄」(尹永春 選譯),『人文評論』1941.1, 70쪽.

② 李陸史,「中國現代詩의 一斷面」,『春秋』1941.6, 193쪽.

에 실린 윤영춘의 번역을 보고 중국 현대시 번역의 전범을 마련해야 할 필요성을 느꼈는지도 모른다.

요컨대, 이육사가 중국 현대문학을 비평 번역하던 1941년을 전후한 시점은 일제의 사상 탄압과 검열이 극에 달해 표현의 자유가 극도로 위축되고 참고할 수 있는 서적도 극히 제한될 수밖에 없었다. 이육사는 이러한 열악한 현실 조건 속에서나마 그가 입수할 수 있었던 서적에 의거해 검열을 비켜 갈 수 있는 한정된 범위 내에서 중국 현대문학을 비평 소개한 것이다. 그가 후스의 「오십년 동안 중국의 문학」을 번역하고, 중국 현대시를 비평·번역하고, 구딩의 「골목안」을 번역한 것은, 그 시기 여타의 중국 현대문학의 비평 및 소개에 비해 폭과 깊이를 더한 현실적인 의의를 갖는 것이었다. 이육사는 중국의 근대적 문학사 저작의 하나인 후스의 저작을 번역함으로써 한국 독자들에게 중국 신문학 형성의 원류(源流)를 이해시키고 그 혁신적 정신을 고취하고자 했고, 중국 현대시의 비평과 번역을 통해 중국 신시(新詩)의 형성 과정 및 쉬즈모의 시가 지닌 '꿈을 찾으랴' 는 아름다운 이상(理想)을 환기하고자 했으며, 구딩의 단편소설을 번역해 일제 지배하의 중국 민중의 비참한 현실을 폭로하고 이를 통해 '식민지' 현실을 우회적으로 깨닫도록 했다. 이육사는 많은 작품을 번역하지는 않았으나 높은 수준의 창조적 번역으로 문학 번역에서 탁월한 성취를 이루었다. 현대 중국어 및 문언 고문의 번역이 유려한 한국어 표현을 획득하고 있거니와 중국의 한문시와 신시의 번역도 한국어의 묘미를 한껏 살린 생동적인 시어로 표현되고 음보율의 정형적 율격과 소리의 해조까지 구현하고 있어 시문학 번역의 전범으로 보아도 손색이 없다. 일역본을 참조한 것이기는 하나 중국의 단편소설 번역도 등장인물의 실생활에서의 언어적 특징을 충분히 되살리는 소설적 표현을 사용하고 있어 성공적인 문학 번역으로 평가할 수 있다.

村田喜代子的中国书写
——《云南的妻子》的民俗文化解读

方荃　肖霞 *

村田喜代子（1945~）的《云南的妻子》是日本现代文坛独具特色的文学作品，一经出版就受到文坛的极大关注。作家以中国云南为背景，根据当地少数民族女性厌婚同盟等民俗描绘了异域边地云南发生的超越日常的同性婚姻故事。小说主人公是日本女性敦子，她跟随做茶叶生意的丈夫智彦来到中国云南省西双版纳傣族自治州勐海县，结识了作为翻译的当地回族女性英姬，二人在日常相处中结下了深厚的情谊。依据少数民族“女子亦可嫁可娶”的婚俗，便与英姬结为同性夫妇。然而，好景不常，随着敦子感染肝病归国，暂时缔结的共同体解体，同性婚姻拉下帷幕。由此，云南成为敦子心中遥远的家乡和美好的回忆，“云南的妻子”英姬也成为她永远的记忆。

异域书写，描写的是发生于他国的故事，无疑是围绕异域空间展开的艺术创作。它既是一个现实的空间，也是一个想象的空间，让读者在特定的现实世界中领略一种奇幻或怪诞的美感，在想象空间里感受主体的自由，展示人性的追求，最后通过超越现实空间来俯视现实，表达对自由的向往。同时，作者通过对异域发生的“奇”“怪”故事的描写，表达自己对自由的追求或人生向往，展示自己独特的思想。中外文学作品中的“云南叙

* 方荃，山东大学外国语学院博士生；肖霞，山东大学外国语学院教授。

事”“边地书写”等承载着作家和读者对“异域”的丰富想象，而这又往往离不开当地独特的民俗文化，村田喜代子的《云南的妻子》就很好地描写了云南的独特习俗以及发生在云南的“故事”，凸显了作者独特的女性主义思想，本文将从民俗文化视角展开分析。

一　云南的妻子：边地文学的民俗依托

《云南的妻子》发表于2002年9月，其主题是女性之间演绎的“同性婚姻”关系，故事的发生地是中国云南省。云南作为边地，自古以来具有独特的民俗文化生态，承载着重要的政治和文化意义。历史上，云南之于中原地区乃至外邦异国，其形象多以“他者”身份被不断建构，这使得描写云南的文艺作品成为文艺百花园中独特靓丽的风景。自然生态的奇妙、人文生态的多元，呈现出中外文学中少有的民俗景观，可以说“云南似乎是一个移动的能指，在中与西，内与外，同与异，文明与野蛮之间滑动”[①]，它是“一国之内的他者”，更是他国作家眼中独一无二的“他者”。

中国古代文学中就不乏与云南相关的诗歌游记，而当云南跨过历史长河走入近现代文艺视野，其有关叙事更因民族文化、国家认同等因素踏上了新的文化展演舞台，作家纷纷将对“中心与边缘”的界定和重塑中国认同的寄托投射到对云南的书写中，以云南的边地想象积极参与近现代中国文学的发展。与之相对，于外国文学而言，“云南”作为其中国想象文本中不容忽视的部分，显然又是一个与中国内地完全不同的、被赋予丰富内涵的民俗文化符号。部分作家将云南乡土、少数民族族裔等纳入文学创作和研究中，以加深或扩展对中国文化的理解；部分作家则以云南地理人文等民俗生态为蓝本，在对民俗的借鉴和嬗变中寄予作家本人、作家所属民族的思想追求和主体言说。尤其在中国当代边地文学中，大部分作家擅长撷取云南民俗文化中的独特事象来寄寓自身心意化的文艺审美内涵，利用民俗来建构作品、人物的文化身份，统合作品内容表现和结构，强化叙事的

① 段凌宇:《现代中国的边地想象——以有关云南的文艺文化文本为例》，首都师范大学博士学位论文，2012，第2页。

效力，甚至创造出“新云南”，这在一定程度上满足了外界对“东方异域”的心理期待。可以说，在不同国家迥异的历史文化语境中，“云南想象”不仅投射出作家们对“中国”的种种寄托，还以自身关注的阶级、性别、民族、国家等文学命题影响边地书写，创作了大量具有较高文学价值的作品。

无独有偶，日本现当代女性作家也高度关注这一主题，村田喜代子的《云南的妻子》描写了日本女性作家想象中的“云南”，以及发生在中国边地云南的“故事”。具体而言，是日本现代女性作家想象中的中国社会一隅，展现了云南独特的边地民俗文化，同时也凸显了作者独特的女性主义思想。作者在“后记”中写道：

> 在创作这部小说时，教我中国茶的左能典代先生向我讲述了十四五年前关于云南内地的“不婚的女性村”的传闻。
>
> 对我们女性来说，结婚到底意味着什么，不知什么时候在我心中产生了一个疑问：为什么女人们讨厌结婚，并且聚集在一起呢？
>
> 云南，大概是近年来残留在地球上的唯一一个杂糅丰富异文化的地方了，因此我把故事发生的地点设定在那里，写下了这本奇妙的同性婚姻小说。①

可见，《云南的妻子》作为边地文学的表现文本，与其他异邦文学中的中国想象有着显著的区别，即作家搜集创作素材的行为不是刻意而为之，而是类似于田野调查的方式，这种方式无疑是打开通往异国民俗大门的最好方式。作者从未真正踏足云南大地，但云南的传说及承载的女性传闻却深深地打动了她，她遂在小说中将云南设定为一个“女儿国”，讲述了一个专属女性的幸福“乐园”。这是因为，云南对于她来说是“唯一一个杂糅丰富异文化的地方”，而所谓的“异文化杂糅”指的正是云南多民族聚居带来的民俗文化间的碰撞、冲击以及相互汲取和融合形成的独特的民俗生态语境。因此，作家不仅简单地将故事背景设定在“云南”这一独

---

① ［日］村田喜代子：《云南的妻子》，东京：讲谈社 2002 年版，第 252 页。

特的地理空间，进而更加着力塑造其心目中的“云南”，详细描绘了云南的社会风貌、地理人情。可以说，作者以独特的女性视角充分展现云南民俗的同时，更多地是将“民俗”与“女性主义”思想相结合，以个体或联盟形式雕摹云南女性群像，表达女性心声，突出边地居民生活中保留的浓厚民俗特性。

民俗与文学具有很深的渊源关系，张瑜认为，“民俗学自成一种科学，实又有两方面密切联络的学问：那就是文学（literature）和文化人类学（culture anthropology）。民俗学自身就可称为一种初浅的文学……文学常能反映时代的精神，因此，帮助民俗学不少；然而民俗学考究出来的题材也可帮助文学，使其易于了解各代文学家的作品”[①]。可以说，民俗与文学之间存在宽广的理论交汇点和许多共同的阐释空间。民俗作为人类群体共同的行为模式和深层的文化心态影响着人们的现实生活与文艺创作，而“作家的高明之处，就在于他在创作中，能否用现代意识烛照个体民俗化生涯中与众不同的特点，并加以艺术的加工、修饰与美化，从中酿就出震撼人心的伟大魅力”[②]。文学对民俗的垂爱，更深远的意义在于利用世俗生活中的民俗事象，丰富文学作品中表现的社会生活的文化意蕴，加强文学作品的民族性、文化性根基，丰富并拓展文学的内涵，丰富其功能。边地文学在不同时期均带有明显的世俗性和民间性，它本身就与民俗交织在一起，难以分割。即是说，无论是内容还是形式，边地文学所展现和传承的必然都是一时一地的历史文化和民间风俗，带有一定时代、一定地域的民俗印记。由此可以说，《云南的妻子》自创作初始便建基于“云南民俗”这一母胎，承载了丰厚而生动翔实的民俗事象及民俗碎片，并将女性与云南民俗的生态语境紧密结合，体现出风俗志中难以寻见的、带有性别理想的民俗民风。因此，探究云南民俗对民俗、对文学都具有的重要价值。

首先，《云南的妻子》作为边地书写作品的民俗特性，在于其成立依托于云南这个特殊的地域空间。作品名即昭示着这是一个发生在云南的故

---

① 张瑜：《民俗学的性质、范围和方法》，《晨报副刊》1934 年 6 月 6 日。

② 毛海莹：《民俗视阈下的女性阅读——以郁达夫〈迟桂花〉为例》，《宁波大学学报》（人文科学版）2015 年第 6 期。

事，作品中弥漫着浓浓的地方风俗气息。“云南”作为故事发生地，是现存的、真实的、有据可依的地理空间，而这一既定的地区称谓，经过历史的演变与长期的积淀，已然成为一个内涵丰富、指向多重的人文符号。因此，在作家的想象与描述之中，云南不仅是一个单纯的地名，更是代表中国的一个文化符号，是中国独有的民俗意象，是与日本全然不同的文化生活载体。由于民俗是一个民族或地区所共有的一种文化意识，是区域或族群中每一个个体的文化基因，因此云南的民俗文化记忆显然已悄然渗透到中外作家的血液里，并潜移默化地形成了一种文化的传承，这种地域的设定使这部小说带有浓郁的地域民俗色彩。再就是，“妻子”一词具有双重含义。从社会身份来看，“妻子”强调了婚姻关系中的女性身份，故而可以说小说内容与云南固有的婚恋习俗密不可分；从性别角度来看，“妻子”直指女性，故而可以推断故事讲述的是云南女性，即云南女性个体与群像、云南女性的社会生活实态等，与云南女性民俗息息相关。这无疑使小说从作品名就包含着丰富的民俗文化色彩和更为深广的性别审美意蕴。可见，地域民俗文化的蕴涵量，足以为《云南的妻子》奠定深厚的叙述基础，亦足可为民俗的文学性提供源泉。

从小说内容来看，《云南的妻子》讲述的是女性主义文学中常见的母题——同性爱情婚恋故事。爱情故事的叙事模式与当时流行的女性文学大致相同，然而，小说从故事开始便聚焦云南及云南少数民族的民俗习惯，以云南这一地域文化为背景，以日本商人家庭在滇的茶生意为契机，讲述日本女性敦子在云南婚恋民俗、村落茶文化与女性民俗等影响下与少数民族女性英姬相恋并结合的故事。在这一主线的引领下，穿插着鲜活的少数民族人情世态和风貌，彰显了小说的独特之处。“平时习以为常的风俗，由于他们自身是人们长期共同意识和行为的浓缩积淀，已包孕了典型化的特定的内在指向，成为标识、鉴定人生社会生活本质特征的‘天然的金块’。”[①] 这种长期积淀便逐渐形成了强有力的内在指向性，左右着业已存在的司空见惯的民俗世相。小说中身为异邦人的外来文化与云南固有的民俗

① 陈勤建：《文艺民俗学导论》，上海文艺出版社 1991 年版，第 94 页。

发生冲突，构成小说诸多冲突的内在要因。早已浸润着异邦文化的主人公在与当地民俗文化的冲突中觉醒，接受了当地的思想观念，又在冲突中不顾劝阻打破了当地民俗禁制，移风易俗，创造了一个变异的世界，必然导致固有关系的破裂，结果走向悲剧。可以说，“小说中所表现的冲突，表面上是源于社会矛盾、故事的逻辑、人物性格差异造成的，实质上也是基于更深层次人与传统习俗之间的矛盾而产生的，就此换句话说，所有的冲突来自于民俗的冲突”[①]，外来文化对当地民俗的冲击以及与二者的艰难融合是小说人物、故事戏剧性冲突的源头。可以断言，《云南的妻子》通过对民俗的依赖和嬗变，叙说着全新的女性故事，“最终达到‘大家齐心竭力，另造一个簇新世界’的‘微旨’”[②]，这无疑是其对民俗的依赖性与归属感的最好证明，也是《云南的妻子》更加受人欢迎的原因所在。

二　云南地理民俗语境：乌托邦的能指与所指

陈勤建提出：“小说，不借助特定区域民俗的细致描述，那些深层次的社会生活本质真不知该怎么刻画。”[③] 迈克·克朗用“地区感”一词来表达人与地的关系，认为文学作品中对地理的设定和描述涵盖了对地区生活经历和风俗的分析，“这些充满想象的描述使地理学者认识到一个地方的风情，一个地区特有的精神”[④]。因此，“特定区域”指的便是地理上的民俗空间，而“地区感”所带来的“地方风情”“地方精神”，其核心便是民俗本身。可以说，小说的成立依托于地理空间的塑造，而小说的叙事则依托于“地区感”。因此，对于作家来说，“云南”作为作家所构筑的文学地理空间，并不仅仅是人与地之间的空间关系，它既是作为人文文化附着点的地理，亦是作为人物情感焦点的地理，即建立在云南地理基础上的民俗语境。

从云南地理民俗语境来看，云南处于边陲，在汉代的文献记载中便被

① 周东华：《民俗视界中的中国现代通俗小说》，苏州大学博士学位论文，2012，第 98 页。

② 周东华：《民俗视界中的中国现代通俗小说》，苏州大学博士学位论文，2012，第 94 页。

③ 陈勤建：《文艺民俗学导论》，上海文艺出版社 1991 年版，第 94 页。

④ ［英］迈克·克朗：《文化地理学》，杨淑华、宋慧敏译，南京大学出版社 2005 年版，第 41 页。

赋予“边缘”“偏远”“异土”之印象。与云南民俗生态相关的文献记载最早可追溯至汉代,《史记》《汉书》《后汉书》将今云南、贵州和四川三省所在的西南部称为西南夷，将今昆明附近地区称为“滇”。司马迁在《西南夷列传》中记述道:“西南夷君长以什数，夜郎最大；其西靡莫之属以什数，滇最大……此皆魋结，耕田，有邑聚。”[①] 此外,《史记》在强调地点方位之时，还以“冬多霜雪，夏多和雨。寒温时适，部人多有”[②] 描述当地气候，突出其与中原不同之处，更将西南夷的地势交通以“道塞不通”进行了简短归纳。而针对司马迁的《西南夷列传》，赵翼与班固都对其“西南夷”的归属认同提出质疑，尤其是班固以“西南外夷，别种殊域”[③] 对西南地区做出认定，自此在历史上形成了以“外”“别”“殊”为中心的西南贬辞。正如史学家孙祚民所言:“在过去的历史阶段，则应以当时各该王朝的疆域为历代国土的范围；因为凡是当时还处在各该王朝的疆域之外的独立民族国家，就不改包括在当时的中国范围以内，在当时它们对于中原汉族王朝来讲，就是外族和外国。”[④] 由此可以看出，于云南地域历史而言，其“异”“外”形象从无断绝。一方面，南诏、大理确系曾在中原唐、宋王朝时期相继建国，拥有独立发展的历史，彼时的云南边地之于中央王朝版图，实则时内时外；另一方面，因偏远闭塞而为中原王朝统治势力所不及，依照王朝统治的基本观点，即为外族和外国。故此，即便中国史中的“云南”发展至今，将云南视为“异”“外”的观点仍延续到了当代。而从自然风物来看，关涉云南的记载多以“毒虫”“毒草”“毒气”等毒物来渲染边地的妖异。《汉书》记载:“县北三百里有盘江……此江有毒气。”[⑤]《南中志》记载:“有神鹿，两头，主食毒草，名之食毒鹿，出云南郡。”[⑥] 而《搜神记》和《太平御览》等则进一步渲染了云南的“毒气”，其中讲道:“永昌郡不

① （西汉）司马迁:《史记》，中华书局 1972 年版，第 2991 页。

② （南朝宋）范晔:《后汉书》，中华书局 1972 年版，第 2856 页。

③ （东汉）班固:《汉书》，中华书局 1975 年版，第 4268 页。

④ 孙祚民:《中国古代史有关祖国疆域和少数民族的问题》,《文汇报》1961 年 11 月 4 日。

⑤ （西晋）魏完:《南中志》，方国瑜主编:《云南史料丛刊》第 1 卷，云南大学出版社 2001 年版，第 362 页。

⑥ （明）田汝诚:《行边记闻》，方国瑜主编:《云南史料丛刊》第 4 卷，云南大学出版社 2001 年版，第 607 页。

韦县有禁水，水有毒气，惟十一月、十三月可渡涉，自正月至十月不可渡，渡辄病杀人。其气中有恶物，不见其形：其似有声。如如有所投击内中木，则折；中人，则害。俗号为‘鬼弹’。”[①] 这里所说的“鬼弹”，即为云南热带原始森林这一自然环境下特有的瘴气，因动植物尸体腐坏生成，常伴随着热带高温致人身患疾病。因而，在中原地区这一现象被大肆渲染，以“毒”“鬼”“邪”等词比拟“云南”，这种被人渲染的异化、妖化形象流传至今。

由此，地理的边缘与“异”“外”和风物的“神”“毒”“恶”两个方面的因素凝聚为对云南边地的妖异想象，并为其“异俗”提供了深厚的自然生态土壤。《云南的妻子》正是巧妙地立于云南在地理风物之上的“异俗”特质，才得以实现“重建一个乌托邦”的微旨。

具体而言，小说以“梦境”为始，将目光投射到东南亚的神秘国度。从事义务排雷工作的男子国宏靖男，曾因遭遇重大交通事故入院。在长达五个月的昏迷状态中，他恍然入梦，麻醉使他暂时摆脱了身体的病痛，而离魂则让他找到了灵魂的归处：自由奔放的国度，物产丰富的城镇，异国的美丽妻子，仿若魂归故里，这一切只有在“梦”这一乌托邦中才能真正成立。而主人公敦子在与男子的交谈中仿佛亦被引入梦境，她在梦的引导下回想起了沉于心底的旧事。年逾花甲的主人公拨弄着庭院花草，想到了乘歌起舞的跳舞草，想到了歌如云雀的中国少数民族女性，想到了 25 年前云南的岁月，恰若一场欲长醉不复醒的美梦，而云南就是那个梦中乌托邦。跟随丈夫来到中国的敦子，起初先在上海待了三年，又在北京待了两年，而后因茶叶生意来到西双版纳傣族自治州勐海县长居，地理上的南下给身为异邦人的敦子带来了奇妙的感官体验。小说描述道：

> 省会昆明四季长春，季季繁花似锦，若南下至勐海的话，气候就会转为闷闷的亚热带气候。我硬背的那些北京话全然不能互通，初到之时甚至觉得这是另一个中国，连街上人们的肤色都大抵是和英姬一

① （东晋）干宝:《搜神记》第 12 卷，商务印书馆 1957 年版，第 95 页。

样的土黄色。[①]

热带的树木每一棵都是神秘的模样，成排的大棕榈树看上去宛如绿发凌乱的巨人，像是马上要跳到这红土路上来似的，槟榔树结着红色的果实，如同鲜血的喷水池。植物本也就只是生物的一种罢了，而云南的植物比起普通生物更接近于人类或野兽，是比起人类或野兽自身的愉快或不愉快、恶意和杀意都更加暴露无遗的生物。[②]

从地理上看，以湄公河上下段为分界，澜沧江流经西双版纳，下段的河流经过缅甸和老挝入南海，因而住在勐海县——“一个再南下五十公里就到缅甸和老挝国境的边境小城”[③]，更显得神秘且带有梦幻色彩。一方面，日本与中国本来就是两个截然不同的空间，古老的中国给人的印象大多是神秘而有魅力，改革开放时期，以北京、上海为首的都市迅速发展，虽不及日本但已然有了最初的城市印象。另一方面，云南南端的西双版纳远离都市，与日本相比则更加迥异。在敦子眼中，云南是一个十分原始的、与众不同的地方，是区别于北京、上海的“另一个中国”。在这样一个迥异的“神秘国度”，亚热带的湿热气候、参天大树、不知名的奇怪植物，自然风物野蛮生长的云南是敦子眼中“热带的地狱”[④]，更是人、动植物自由奔放的生存天堂。

作家笔下描述的云南依然基于独特的自然民俗生态展现出“异”“外”特质，而作家根据故事的设定，更突出了云南自然民俗中的野性。毋庸置疑，云南是华夏边缘的一个神秘地带，提及云南人们便不由自主地将其与“野性”“狂野”“原始”“异”“荒”等字词联系起来，这些特征间的内在联系为云南进入文学创作视野提供了内涵丰富的民俗语境。与“循矩”“雅致”“温婉”的中原、江南相比，云南民俗呈现出人与自然两方面的“原初力量”，它的“异”与“荒”、“原始”与“野性”展现出最纯粹的自然状

① ［日］村田喜代子:《云南的妻子》，东京：讲谈社 2002 年版，第 17 页。
② ［日］村田喜代子:《云南的妻子》，东京：讲谈社 2002 年版，第 36 页。
③ ［日］村田喜代子:《云南的妻子》，东京：讲谈社 2002 年版，第 16 页。
④ ［日］村田喜代子:《云南的妻子》，东京：讲谈社 2002 年版，第 37 页。

态，动植物最原始的生存之美，与自我奔放、冲突又和谐的均齐为一，强大的自然包容力和生命力，而这些又为女性作家的创作提供了绝好的素材。云南“自然民俗生态”与“女性主义理想”之间存在本质联系，即寄希望于一个“现世乌托邦”，让女性的自我在其中获得觉醒和解放。“云南”是一个“魔神同在，善恶混杂，信义和背叛相依，矛盾而丰饶的大国”[①]，有且只有在“云南”这样一个民俗场域下故事才能真正成立，女性同盟的成立才能合理且美好。在这里，原始与现代对立而和谐，贫穷而有生气，守旧而有野性，这样的双重结构带有极大的包容性——男性话语掌控下存在的鲜有的女性乌托邦。“云南”必然是其女性理想的最佳载体，即女性乌托邦的能指与所指。恰如于坚所言：“整个云南和中国的西部的价值就在于它们还保留着许多荒的部分，就世界所梦想的那种乐园来说，它们与生俱来的就是，根本不需要现代。从根本上来说，世界之所谓进步，就是要回到那个只存在于过去的叫做伊甸园的地方。”[②]

三　云南女性民俗语境：变异的“考卜拉”

云南女性民俗是云南人文民俗的重要组成部分，它展现了云南女性群体在社会生态下代代相传、长久形成的独具特色的人文文化事象。在《云南的妻子》中，作家着重以云南民俗尤其是女性民俗为基点展开描绘，无疑为其女性叙事的建构奠定了坚实的基础，而人物的性格、故事的情节也正是在这种情调中一步步立体地建构起来。

小说中云南女性英姬、女主人公敦子等人物形象，在中国边地书写、民族文学、神话传说中都可看到，在旧时的云南民间也约略可以找到原型。原型内含民俗机体的遗传基因，而民俗基因在文学中代表着传承的魅力，表达着民俗意蕴，“民俗意蕴传统被作者艺术化，巧妙地嵌入了作品中，成为塑造人物性格的内在基因”[③]。如若在文学作品中将带有共性和普遍性特

① ［日］村田喜代子：《云南的妻子》，东京：讲谈社 2002 年版，第 228 页。

② 于坚：《丽江的荒》，于坚：《云南这边》，陕西师范大学出版社 2002 年版，第 202 页。

③ 陈勤建：《文艺民俗学导论》，上海文艺出版社 1991 年版，第 19 页。

征的人物气质等比作一种基因，那么人文民俗必然是人物存续的必要环境条件。由此可见，人物走向规制在民俗事象的走向之中，叙事必须仰仗特定的人文民俗语境，即《云南的妻子》作为女性叙事作品必须依赖云南独特的女性民俗语境。

多民族聚居杂居，多元民族文化的碰撞、交融和共存，是云南奇异民俗及其神秘形象得以延续和传播的地域文化基础。它在原始人性、性别、婚恋、生死观念上体现出的强大包容性和生命力，似乎成为边地民俗研究、民俗文艺创作的源流。从《云南的妻子》来看，不难发现云南女性民俗所展现的女性及其他少数性别者在工作、婚恋方面的自主权，尤其是“母系氏族”“现世女儿国”“女娶男嫁”“同性同盟‘考不拉’”等民俗文化已成为女性主义文学创作的启蒙和现实依据。

一方面，云南的母系氏族“女儿国”在一定程度上颠覆了传统父权的既定秩序。作为小说的发生地，聚居在云南的25个少数民族中绝大部分多延续着父系制社会传统，或已在发展中由母系制过渡到父系制，而这些民族女性的命运自始至终都掌握在族长、父兄（男性）手中，为了家庭辛苦奔波，承担着繁衍后嗣的职能。但除了大部分的父系氏族外，仍存在母系氏族。母系氏族最大的特点便在于女性在这一族群中享有至高地位，掌握着氏族的领导权，即女性当家作主，与传统的父系制分庭抗礼。据笔者调查，纳西族支系摩梭人、傣族等均有母系氏族的历史，他们现今仍聚居于云南省内，并延续着一定的母系制社会习俗。摩梭人是最具代表性的母系氏族，常年居住在泸沽湖周边，至今延续着母系制度，以著名的“阿注婚（走婚）”为婚俗。摩梭成年男女经恋爱建立阿注婚关系后，男子夜间到女子家中偶居，次日黎明前返回，生产生活各从其家。婚姻关系不受限制，由双方感情决定关系的长短，且女性在生产、生儿育女中居于家庭支配地位，子女从母姓，血缘按母亲计算。这一习俗充分显示了摩梭女性在婚恋关系、家庭关系建构上的完全自主，被视为“现世女儿国”而广受关注。但泸沽湖位于云南省丽江市宁蒗彝族自治县，与小说设定的发生地西双版纳傣族自治州距离较远，即便对此民俗有一定的借鉴，但由于地理位置、民族的不同，不能作为民俗原型考察的重点。另外，作品中纳西族的出现次数极少，笔者推测小说并未将纳西民俗作为故事创作的主要依据，在此不做深入读解。

而西双版纳勐海县是小说故事的发生地，作为与小说紧密联系的背景不容忽视。在西双版纳傣族自治州，傣族女性曾经地位崇高，是少数民族史中为数不多的曾以母系制度为主的民族。不仅女性在择偶、择业、婚姻等方面享有相当的自主权，而且生活在此的傣族人民普遍盛行“女娶男嫁”的婚恋习俗。傣族从原始社会过渡到社会主义社会基本没有经历过大的挫折，早在两千多年前就从岭南向南迁徙，定居在西南边陲，受汉族文化影响较少，其“女娶男嫁”的入赘婚与从妻居就是母权制遗风的反映。傣族民间故事“八百媳妇”后以“女儿国”的形式广为流传。《开天辟地的传说》中指出，最早的召片领是一位女性，她是傣族地区的土地之神。“元代李京《云南志略》：‘金齿夷……，娶嫁不分宗族，不重处女。’《马可波罗行记》：妇女产子，……立起工作，产妇之夫则抱子卧床四十日……，受诸亲友朝贺。’这些都是原始婚制和母系制的遗存，和后来傣族中女子有财产继承权并实行‘娶夫’的习俗可以相互印证。”① 傣族至今还保留着原始母系氏族社会的一些痕迹，同时受宗教文化与民族观念的影响，形成了独特的傣族婚俗，并通过从妻居的方式沿留至今。村民通常以“上门”作指代，且居住的时间两年至十年不等。传统的从妻居一般是男方先到女方家上门居住三年，而后带着妻子回到自家住三年，再回到妻家住三年，这样来回直到继承一方财产建立独立的家庭为止。傣族不同地方对从妻居上门时间有着不同的规定，如被小说设定为故事发生地的勐海县，便曾留下上门时间最短为 14 年、长者可达 18 年的习俗。傣族俗语“上门的姑爷给人家做奴仆”亦能进一步说明从妻居反映的女子可娶的女性民俗传统。

另一方面，根据小说的故事背景设定及发展，文中“以茶为生的‘米诺人’”与现存的“以茶为生的‘基诺族’”十分接近。故此，可推断基诺族社会的婚恋观和“考不拉”性少数文化为边地民俗文艺创作提供了一种

① 《傣族简史》编写组:《傣族简史》，云南人民出版社 1986 年版，第 194 页。

多元性别观念。据文献记载，西双版纳基诺族曾有同性恋村寨。基诺族主要聚居于云南省西双版纳傣族自治州州府景洪市东北部的基诺山，奉行以个体自主权为中心的婚恋传统。双方主体经一系列相互考验的步骤，有充分的自由选择余地，即便是经过同居最后没有结婚或者是离婚，男女双方也不会有被抛弃、被遗弃或者痛不欲生的情绪，更不会以此为“辱”，旁人也不会投来异样或者同情的目光。基诺族男女都在平静地接受着对方的选择，并给予对方最大的自由与权利，彰显了男女在性及婚恋方面的平等。由于“在基诺族的人格观念中，个人属于个人自己，个人具有个人人格，个人是各自独立的，个人对自我有充分的自主权。因此，恋爱自由自主，结婚自由自主，生育自由自主，离婚自由自主。”① 正因为如此，强调自我，相对自由、独立与宽容的婚恋文化，造就了基诺族文化传统中对多元性别以及性少数群体的宽容与理解。

在基诺族社会，性少数群体占有一定比例，被单独划分为一类，基诺语称作“考卜拉”，“考”即“人”的意思，“卜拉”是“变掉”的意思。这里，“考卜拉”的本义是指除异性恋者以及拥有异性婚姻之外的一切人，具体来看又包括男性“考卜拉”（即具有女性气质的男人）、女性“考卜拉”（具有男性气质的女人，又被称为“考忒”）、没有结婚的女人以及一些易性者。② 这三类较为特殊的人群，如果夸大其外延，则包括了男同性恋者、女同性恋者和跨性别恋者，可以与现代意义上的 LGBT③ 人群对应。根据杜玉亭的考察，自 20 世纪 50 年代起，基诺族社会中存在大量的、公开的男性同性恋者、女性同性恋者同居的现象，一个男性同时拥有几个同性情人，而更为特别的是，同性情人与异性妻子之间还能和平共处。④ 这是一种与众不同的、和谐共融的社会现象，在基诺族社会司空见惯，无可非议。当时基诺山上生活着数十个“考卜拉”，基诺族社会同性之间的爱

① 牛江河：《基诺族婚恋习俗的心理内涵》，《中央民族大学学报》1996 年第 6 期。

② 张实、胡敏：《亲密类型的跨越：基诺族性少数文化现象的考察》，《原生态民族文化学刊》2016 年第 8 期。

③ 女同性恋者（Lesbians）、男同性恋者（Gays）、双性恋者（Isexuals）与跨性别者（Transgender）的合称。

④ 参见杜玉亭：《基诺族传统爱情文化》，云南人民出版社 2008 年版。

情是普遍的。时至今日，随着公路的修建以及村级行政区域的重新划分，基诺山与外界的联系变得更为便捷，交往范围也更广泛。除原有的“考卜拉”之外，还出现了中年一代和青年一代的“考卜拉”，部分还组成了同性家庭，甚至出现易性者等新形式的“考卜拉”。可以说，基诺族社会特有的“考卜拉”这一罕见的、尊重性少数群体选择的文化现象，正是《云南的妻子》创作的基础。也就是说，云南特殊的人文民俗语境、少数民族母系制度、特殊婚俗，尤其是性少数、同性婚恋的实质存在和延续，为小说创作提供了坚实的资料和背景。

在小说的人物塑造方面，独特的民俗语境使英姬成为开启同性婚姻的关键人物。作家在小说中将英姬设定为“自主择业的不婚少数民族女性”，反映了云南女性民俗中女性在婚姻、工作等社会生活中独立自主的民俗生态。作为少数民族女性，英姬并未囿于家庭和爱情，而是通过自己的语言能力谋生，是一个从物质到精神都摆脱了男性依附的时代新女性。作家或许为了突出云南的多民族聚居性，让英姬成为回族，而母系制度等女性民俗则为英姬提供了独立自主的社会环境。同时，在作家有意无意的设计下，与基诺村寨读音相近且民俗雷同的米诺村寨成为同性婚姻顺理成章的关键，英姬借助精通少数民族语言融入了米诺村寨，依着寨中少数民族女性“可嫁亦可娶”的习俗，得以向同为女性的敦子求婚。小说对女性同性婚姻做了如下描写：

> 少数民族女性同性婚姻里有着较强的友情意味……女性以友情的结合，是仅仅属于她们二人的婚姻关系。①
>
> 因友情结合的两个（少数民族）女性一同治家，使得田肥物美，孩子健康成长，长辈颐养天年，家族长盛不衰……即便不依赖男性的帮助也能维持稳固的家庭。②

可以说，由女性缔结的同性情感和婚姻关系得到支持和赞许，这种习

① ［日］村田喜代子:《云南的妻子》，东京：讲谈社 2002 年版，第 60 页。
② ［日］村田喜代子:《云南的妻子》，东京：讲谈社 2002 年版，第 60 页。

俗俨然构成司空见惯的稳定世界。也正是在这样的世界中，作为“外来人”的敦子才能以“女性”的身份重新确立自我，并接受了少数民族女性民俗。云南在地理民俗与人文民俗两方面的“异”，展现出史无前例的野性与包容性，使原本身受到种种约束的敦子开始有自我意识的萌发，正视了自己对英姬的情谊并与英姬结合。在女性自我意识的涌动下，两人最终由精神上的心心相印实现了身体与欲望的正式交锋，最后达到灵肉合一。

此时，云南原本的女性民俗语境发生变异，成为“一种文学化了的历史，变异了的民俗。这种民俗不尽符合民俗生活的本来面目，有的严重一些甚至是在戏说历史、伪造民俗，但是俗众依然能够在休闲、娱乐、游戏、不较真的心态下，从中感知一时一地的民俗民风的概貌和氛围”①。由此可以断言，在变异的女性民俗视域下，英姬与敦子便是一对被文学作品重构的“考卜拉”。敦子与英姬的爱恋始于一种情感和心理上的需求，进而延展到生理的判断。英姬始终认为女性对男性的需要只不过是“社会制度强加给女性的”②，而真正论及男性之于女性的必要性的话，仅仅是在性爱方面“一个月需要几次”③而已。换言之，在英姬看来，女性需要的是女性，只有女性才能真正了解女性，“比起男人来说更加能够灵巧敏感地爱对方”④。在她的影响下，敦子苏醒的女性意识也逐步趋近于此，她觉得男女的身体即使重合也“永远无法合体”⑤，和男性交合“会使体内气息紊乱”⑥，甚至和英姬一样把男性视为异类。她们认为，女性同性情爱和婚姻是与男性所不能达到的灵魂的契合，是深厚的姐妹情谊，是坚定的同性立场，是难以瓦解的女性同盟。这显然是通过建立“变异的考卜拉”表达对男性身体的抗拒、回避，意欲与男性世界形成一种天然对抗。女性同性情爱的建立，是女性互相欣赏、互相理解，互相渗透的结果，是对“自我”的一种确认和肯定，在不断的确认中女性的“自我”身份和话语空间

---

① 周东华:《民俗视界中的中国现代通俗小说》，苏州大学博士学位论文，2012，第88页。
② ［日］村田喜代子:《云南的妻子》，东京：讲谈社2002年版，第161页。
③ ［日］村田喜代子:《云南的妻子》，东京：讲谈社2002年版，第161页。
④ ［日］村田喜代子:《云南的妻子》，东京：讲谈社2002年版，第21页。
⑤ ［日］村田喜代子:《云南的妻子》，东京：讲谈社2002年版，第165页。
⑥ ［日］村田喜代子:《云南的妻子》，东京：讲谈社2002年版，第124页。

得以凸显和建构。可以说，敦子正是因为与英姬成为一体，才得以以摆脱外界的身份束缚、自我捆绑，告别男权压抑的姿态成功进入女性乌托邦的世界。

这一变异民俗上的“考卜拉”在小说中不止一对，无论是茶会上结识的“王夫人与翻译青玉”，还是“米诺村寨”中以茶为生的妇女，云南大地的女性均不再是男人手中把玩的、放在家里观赏的娇弱个体，而是彼此独立又能相互理解、赞赏和支持的群体。“对女伴身体美与精神美的发现与欣赏，实际上是自我发现、自我欣赏的一面反光镜，女人们在这种相互发现与相互欣赏中共享美的愉悦，分享自恋与互恋的乐趣。她们以这种同性结盟的方式筑起一道防范、回避异性侵入、伤害的围墙，一个精神的和审美的‘女儿国’。这种现象本身，就已经折射出封建父权制婚姻的先天性缺陷。”[①] 可以说，变异的“考卜拉”的产生是女性对抗封建男权制的一种方式，也是摆脱封建礼教和封建婚姻制度对自己压迫的一种策略。就敦子而言，她虽仍然处于被支配的附属地位，缺乏独立的人格和自立能力，进而无法把控自已的命运，但在云南这一女性乌托邦的世界里，女性结合的“考卜拉”作为一种情欲方式并非被限制在个人私密状态；她们不单是一群一起哭闹欢笑、相互陪伴的闺蜜，也不会真正被制度所压制。团结的“女儿国”反映了女性反抗传统、反抗男权、追求自由幸福的强烈愿望。正如小说所描写的，“女性与女性的婚姻本就是在那样的劳作之中诞生的。不是为了整日百无聊赖的对话，也不是为了每日夜间女性身体的柔软交合和温存，与其说是有爱的生活，不如说是两个人一起采取的战斗姿态，是劳动妇女们的团结……是只有片刻的女性乐园”[②]。

可以说，小说《云南的妻子》是在作者特别关注的云南独特的民俗视域下，将女性叙事与特定民俗语境有机结合的同时也将女性身体形象、女性行为形态、女性气质的塑造及性别认同理念很好地统一起来，建构了一个充满温情的女性世界，解构了看似合理的男权中心社会的政治体制。

---

① 刘思谦：《女人的船和岸》，河北教育出版社 2002 年版，第 131~132 页。

② ［日］村田喜代子：《云南的妻子》，东京：讲谈社 2002 年版，第 212~213 页。

四 结语

在日本现当代女性文学中，村田喜代子的作品关注社会、人生，捕捉日常生活中的各个方面，通过提出问题、描写事件的发生发展最后给人以启示，受到读者的喜爱。《云南的妻子》通过异域书写，借助云南少数民族中普遍流行的女性“亦娶亦嫁”的习俗，描写了日本女性与偶遇的中国翻译之间共建女性同盟的故事，揭示了文学作品与地方民俗之间相互依存的关系。作者通过异域写作的形式，向日本人讲述了云南独特的地理风貌和独特人文景观，通过中日女性的意外邂逅到“结盟”为一个共同体，描述了女性的自我觉醒、自我确立，同时通过缔结女性间的情谊，解构了异性婚姻的合法性，彰显了作者反叛既有制度的女性主义思想。在这一过程中，云南杂糅丰富的异文化起到了关键作用，作者通过云南民俗发现了描写女性故事、表现女性自由解放的有利通道。可以说，正是不同国家、不同文化、不同民俗之间的互看和互用，以及借助民俗采取的反传统的女性主义文化策略，建构了这部优秀作品。

论抗战时期在华日本反战作家的韩国叙事

牛林杰　刘金*

20世纪上半期，日本发动的侵略战争给东亚地区各民族带来了深重的灾难，东亚各民族的反抗运动此起彼伏。中国作为东亚地区反法西斯战争的主战场和大后方，不仅凝聚了中华民族的抗日力量，也吸引了很多周边国家的仁人志士来华从事抗日运动，其中最有代表性的就是韩国人在华进行的抗日独立运动和日本反战人士在华开展的反战活动。

朝鲜半岛沦为日本殖民地之后，韩国人民的反抗运动就未曾停止过，从个人刺杀行动到有组织有规模的抵抗运动，1919年终于爆发了全国规模的三一独立运动，此次运动体现了韩国人民民族意识的觉醒。由于日本殖民者的残酷镇压，大批朝鲜半岛的仁人志士流亡中国，在中国从事抗日独立运动，并得到了中国政府和人民的大力支持。中国抗战全面爆发后，朝鲜半岛的抗日武装力量与中国军队并肩作战，为抗日战争的最终胜利做出了重要贡献。

抗战时期中国作家很早就开始关注韩国人在中国开展的抗日斗争，创作了大量以韩国抗日独立运动为主题的文学作品。近年来笔者在整理东亚抗日叙事文献过程中，发现抗战时期在华日本作家也创作了一些以韩国抗日独立运动为主题的文学作品及评论。在朝鲜半岛沦为日本殖民地的背景下，日本作家以韩国抗日斗争为题材进行文学书写实属罕见。

---

* 牛林杰，山东大学外国语学院教授，博士生导师；刘金，鲁东大学文学院讲师。

这些珍贵的文学史料对于我们了解抗战时期东亚各国之间的互动关系具有重要意义。

一　在华日本反战同盟及其文艺创作

日本帝国主义发动全面侵华战争后，遭到中日两国人民的强烈反对，但日本国内的法西斯高压统治迫使进步的反战作家流亡中国，在中国的抗日根据地开展多种形式的反战活动。在华日本反战作家队伍不断壮大，先后成立了日本士兵觉醒联盟和在华日本人反战同盟，他们有组织、有规模地开展反战宣传活动，部分日本反战人士还直接加入中国军队对日作战，为中国抗战的胜利做出了积极贡献。

在华日本人反战同盟（以下简称“反战同盟”）是抗日战争时期经中国共产党改造和教育的被俘日本士兵组成的一支反战队伍，他们活跃于敌后战场，并享有“日本八路”的美誉，开展了多种形式的反战活动，后发展为日本人民解放联盟。1940 年 3 月，日本共产党领袖野坂参三秘密来到延安，在其领导下，一批经过八路军教育改造的日本士兵森健、高山进等人组织成立了在华日本人反战同盟延安支部。随后华中各抗日根据地也相继建立日本人反战同盟支部，从事对日军的宣传教育和瓦解争取工作。1942 年 8 月，华北地区的日本反战组织统一整合为在华日本人反战同盟联合会。随着中国抗日战争节节胜利，日寇在中国的统治开始瓦解，反战同盟意识到自己的任务不仅是帮助中国人民反抗日本法西斯的侵略，而且应该争取日本人民自身的解放，于是 1944 年 4 月正式发展为日本人民解放联盟。1945 年 8 月日本帝国主义宣布无条件投降后，日本人民解放联盟盟员积极参与敦促日军投降、收缴日军武器、处理日军俘虏等事务。1945 年 9 月，中共中央在延安欢送日本友人回国，反战同盟随即宣告解散。

反战同盟在中国抗日战争中的地位和作用是不容忽视的，它是中国共产党统一战线的体现，是在中国共产党帮助下成立、发展、壮大起来的一支反战队伍。在反战同盟的积极宣传下，大批日本士兵逐渐认清了战争的本质，而且思乡之情日渐浓厚，厌战情绪在年轻士兵中迅速扩散，日军士气和战斗力也随之下降。虽然这个组织仅存在了六年，但它在与中国人民的共同战斗中结下了深厚的情谊，在中日两国人民友好史和东亚地区和平发展史上留下了光辉的一页。

在反战同盟开展的形式多样的反战活动中，文艺活动尤其值得关注，可以说他们填补了日本反战文学的空白。在日本发动全面侵华战争期间，整个日本文坛军国主义化，法西斯军部对左翼文人进行残酷镇压，无产阶级作家纷纷“转向”，甚至出现了一个所谓的“转向时代”[①]。在此背景下，反战文学在日本几乎销声匿迹，少数坚持反对法西斯主义的左翼作家流亡中国，继续用手中的笔作为武器，控诉日本法西斯的暴行。流亡中国的左翼作家代表人物有鹿地亘、池田幸子、绿川英子、青山和夫等，他们通过散文、诗歌、戏剧等多种文艺形式宣传反战思想。吕元明先生把这些在特殊环境下产生的反战文学称为“在华日本反战文学”。[②]

鹿地亘是在华日本反战作家的杰出代表，他创作了大量反战诗歌、散文以及话剧，表达了对日本发动的侵略战争的痛恨和对中国抗日运动的支持。特别是他创作的话剧多次在中国各地公演，引起了广泛关注，最著名的是他创作的三幕话剧《三兄弟》，这部戏剧于 1940 年 3~6 月先后在桂林、柳州、重庆公演。

池田幸子也是一位热爱祖国但反对军国主义的反战作家，作为鹿地亘的夫人，她全力支持鹿地亘的反战活动。她在《西崽的故事》《武汉行》等文章中认为，中日两个民族之间没有仇恨，面对战争，两国人民都更希望和平，她呼吁更多的日本反战人士到中国来。池田幸子的反战活动基本上都是与鹿地亘一起进行的，作家萧红曾作《记鹿地夫妇》一文，回忆了抗战时期与鹿地亘夫妇在上海患难与共的日子。

另外一位在华日本反战作家是长谷川照子（绿川英子），她用温婉的日语对日军进行广播，唤起日本士兵的思乡之情，促使他们早日觉醒。朝鲜诗人安偶生评价她是带给人间永久和平的和平鸽，是逃出了法西斯牢笼的和平鸽，她温柔的播音“向同胞们把真理预言”，能带来“电闪雷鸣”，

---

① 王向远：《日本有“反战文学”吗？》，《外国文学评论》1999 年第 1 期。

② 参见吕元明：《被遗忘的在华日本反战文学》，吉林教育出版社 1993 年版。

能把“制造痛苦的狼心，打得粉碎、撕得干净”①。绿川英子还在《新华日报》上发表反战文章和反战诗歌，其激情澎湃的政论文最为精彩。她的《爱与憎》《失去了的两个苹果》《赵老太太会见记》等文学价值较高的作品都是在华期间完成的。在《爱与憎》一文中，她写道：“我爱日本，因为那里是我的祖国……我爱中国，因为它是我新的家乡，在这儿我的周围有着许多善良和勤劳的同志。我憎恨，我竭尽全力憎恨正在屠杀中国人民的日本军阀。”长谷川照子把对自己祖国的热爱同对其他民族的爱和尊重相提并论，说明她不是一个狭隘的民族主义者，而更像是一个向往世界和平的国际主义者。她站在人道主义的制高点，抨击战争的罪恶，她不仅是写作政论文的高手，还是反战诗人，更是情感细腻的散文家。她的作品被翻译成中文，在当时的报刊上广泛刊登。

“茫茫四野弥黮暗，历历群星丽九天。映雪终嫌光太远，照书还喜一灯妍。”这是郭沫若赠长谷川照子的一首七言绝句。诗中的“照”字，一字双关。“绿色之星”是世界语者佩戴的标志，“照子”是绿川英子的原名。郭沫若在诗中把长谷川照子比作寒夜中一颗闪亮的星、一盏明亮的灯，用自己的光芒照耀着身边的同志，可见郭沫若对她是何等赞扬。茅盾在《现代翻译小说选》“序言”中谈到绿川英子时评价道：“日本一位作者为反战同志之在我大后方者，不妨说，这可代表日本的‘流亡作家’日本国内文坛近年正气销歇，除仰军阀鼻息，作侵略者号筒外，亦无可观。”②由此可见，当时中国文人对长谷川照子的文学创作和反战活动都给予了高度评价。

二　在华日本反战作家的韩国书写

（一）对三一运动的认识与书写

日本于1910年8月通过“日韩合并”直接占领了韩国。沦为殖民地

① ［朝鲜］安偶生：《和平鸽》，［日］绿川英子：《暴风雨中的细雨》，中国报导社1941年版。

② ［日］山田敬三、吕元明：《中日战争与文学》，东北师范大学出版社1992年版，第64页。

的韩国丧失了主权和自由，人民苦不堪言，但也由此激发了韩国人民的民族意识和主权意识。1919 年 3 月 1 日，终于爆发了全国性的抗日独立运动，史称“三一运动”。当时直接参与的民众达 200 多万人，运动的浪潮很快就波及全国各地，示威暴动一直持续了半年之久。面对韩国人民的独立运动，日本殖民者进行了残酷的镇压，调集增援部队逮捕、虐杀参与运动的革命人士达四万余人。日军镇压之残忍、扫荡之彻底，令人发指。虽然三一运动以失败告终，却体现了韩国人民反抗日本帝国主义统治争取民族独立的坚强决心。三一运动不仅是韩国人民的民族解放运动，而且也是东方被压迫民族解放运动的重要组成部分，它为弱小民族反抗殖民统治树立了榜样。

韩国三一运动给中国人民莫大的冲击和启发，中国的进步知识分子马上做出了回应。3 月 23 日，陈独秀在《每周评论》上发表了《韩国独立运动之感想》一文，高度赞扬了韩国独立运动的意义，并对遭受镇压和迫害的韩国民众表示同情，指出:“此次韩国独立运动，伟大、诚恳、悲壮，有明了正确的观念，用民意不用武力，开世界革命史的新纪元。”傅斯年在 1919 年 4 月 1 日《新潮》第 1 卷第 4 期、周恩来在 1919 年 7 月《南开月报》等分别发表文章，号召中国人民学习韩国人民义无反顾的抗日精神。中国人民对韩国三一运动的关注是基于中国自身生死存亡的问题，对韩国独立运动的关注也激发了中国民众的反抗精神，可以说韩国人民为中国人民的反抗斗争树立了榜样。

抗日战争期间，韩国三一运动也成为在华日本反战作家关注的对象。1938 年 3 月 1 日，鹿地亘在朝鲜义勇队举行的“三一节”纪念活动上做了题为《三一节纪念祝词》[①] 的演讲。他首先肯定了韩国三一运动的伟大意义，肯定了独立运动人士光荣而伟大的斗争精神，“因为日本的侵略，遂使亚细亚的历史，不，世界史上产生了除开西班牙人民的反法西斯主义者战争以外，从来没有看见过的新的光荣”。东亚人民面对日本军国主义的野蛮扩张奋起反抗，“亚细亚五万万的居民制造出任何历史时代也没有过的民

① ［日］鹿地亘讲:《三一节纪念祝词》，冯乃超译，《朝鲜义勇队通讯》第 6 期，1939 年。

族合作的世界，这是由各民族解放的血相连起来的，我们就拿这个血盟的合作，宣誓打倒法西斯主义的日本，撕破远东的黑夜实现新东亚的光明”。反法西斯斗争是所有先进革命人士的必然选择，也是光荣而伟大的选择，他慷慨激昂地说道：“我们确认这个光荣！以这个光荣为己任！正因为这样，我们强烈认识到我们今天所负的解放世界人民的责任的重大性。”在反日斗争中，我们是先锋队，“我们早已经不是黑暗历史裹面的落后的东亚居民，而是强烈意识到世界史任务的革命的东洋各民族的结合体！是民族革命的联合军”。最后，鹿地亘指出抗战必将胜利的光明前景。就在三一运动纪念日这天，鹿地亘带领朝鲜义勇队队员庄严宣誓，为着最后的胜利而继续奋斗，相信帝国主义的覆灭即在眼前！

1942 年 3 月 1 日，即三一运动爆发 23 周年纪念日，以青山和夫为代表的日本革命协议会发表了《祝朝鲜三一革命纪念》一文，回顾了三一运动的始末及其伟大的历史意义。他认为，三一运动虽然被日军残酷镇压，但是韩国民族的反抗精神却被完全点燃，韩国的独立运动一直在前进。青山和夫对韩国志士百折不挠的精神致以最诚挚的敬意，指出韩国人民的反抗使日本法西斯胆战心惊，有着同样目的的日本反战人士坚决支持韩国人民争取独立自由，愿意与韩国进步人士团结起来，一起反抗日本法西斯的暴行。他在纪念祝词中呼吁：“今日世界反法西斯阵营已牢固……作为法西斯牺牲品的我们日本劳动民众，与贵队坚决地携起手来，给残虐无比的日寇以最后一击。”①

日本反战作家有关韩国三一运动的评论文章透露出对韩国独立运动的肯定和对革命者的敬佩之情。他们对韩国民众民族意识的觉醒欢欣鼓舞，认为反法西斯战争的队伍中又多了一个战友。他们坚信，随着韩国无产阶级的崛起，在国际无产阶级友人的帮助下，韩国必将实现民族独立。

（二）对朝鲜义勇队的认识与书写

韩国三一运动失败后，迫于日本殖民主义者的残酷镇压，大批韩国

① 日本革命协议会：《祝朝鲜三一革命纪念》，《朝鲜义勇队通讯》第 41 期，1942 年。

爱国志士和革命青年流亡中国，寻求在海外发展抗日独立力量。九一八事变后，韩国抗日团体受到中国国内民族统一战线的影响，逐渐团结起来并形成了两大集团——光复战线（包括朝鲜国民党、大韩独立党、朝鲜革命党）和民族战线联盟（包括朝鲜解放同盟、民族革命党、朝鲜革命者联盟）。1938 年 10 月 10 日，民族战线联盟改编为朝鲜义勇队，他们活跃在遍地烽烟的华北前线，除直接对敌作战和从事宣传工作外，还创办了自己的机关刊物——《朝鲜义勇队通讯》，积极宣传抗日斗争和统一战线。朝鲜义勇队参加中国的抗战，是国际义勇军参加中国抗战的先声，不但是为了朝鲜民族的自由解放，为了中华民族的自由解放，而且是为了全世界被压迫民族和被压迫民众的自由解放，为了保障全世界的和平。①

朝鲜义勇队作为援助中国抗日战争的一支国际力量，受到反法西斯战线各阶层的广泛关注和支持。在 1940 年朝鲜义勇队成立两周年之际，青山和夫发表了《朝鲜义勇队的两周年》② 一文，对朝鲜义勇队给予高度评价，他写道："在中国抗战中成长的朝鲜义勇队，是国内韩国革命团体联合起来的最优秀的组织和最有力的实践队伍。"他们在抗战的前线和后方，配合中国军队瓦解日本侵略军的行动，特别是对敌宣传工作成绩突出，加深了中朝民族间的友谊。青山和夫明确指出了朝鲜义勇队在东亚抗战中的重要地位及其历史意义。次年，日本反战作家又发表了朝鲜义勇队成立三周年纪念祝词，文中回顾了崔益铉、金秀敏、孙秉熙、安重根、尹奉吉等韩国义烈的斗争史，认为秉承先烈革命意志的朝鲜义勇队又在中国的抗日战场上做出了突出贡献，对朝鲜义勇队三年来不屈不挠的斗争流露出敬佩之情，认为"贵队是韩国民族的先锋队，是其他各革命团体及革命同志的模范"③，指出在中国政府的帮助下，既能不辱使命地完成韩国革命的任务，又能在携手中日军民的反抗斗争中把"日本军阀一概埋葬在地球之外"，

① 尹澄宇：《论朝鲜义勇军的成立》，《民大半月刊》第 1 卷第 6~7 期，1938 年。

② ［日］青山和夫：《朝鲜义勇队的两周年》，《朝鲜义勇队通讯》第 38 期，1940 年。

③ 日本反战同盟：《朝鲜义勇队成立三周年纪念祝词》，《朝鲜义勇队通讯》第 40 期，1941 年。

从而实现“中朝日三民族的自由解放”。

青山和夫也专门撰文表达了对朝鲜义勇队的尊敬之情。在《我们要学习朝鲜义勇队》一文中，他对朝鲜义勇队三年来的壮大发展感到欣慰，把朝鲜义勇队看作日本革命者的大哥，无论是在前线的对敌作战还是坚定的革命立场，都值得日本革命者模仿学习。“为朝鲜民族的独立解放而奋斗的战斗队伍和日本革命的劳动阶级间的密切联结”，这种“联结”在日本革命斗争史上也是具有空前意义的。青山和夫还特别强调要吸取朝鲜义勇队三年来的斗争教训，与朝鲜义勇队紧密合作，用积极的革命行动协助其反法西斯斗争，并以斗争的胜利来回报朝鲜义勇队给予的援助。①

在华的日本反战作家与朝鲜义勇队建立了紧密的联系，朝鲜义勇队队长金若山在一次会见时致辞称：“日本反战弟兄与我们朝鲜义勇队是同样反对法西斯的好朋友……亡国的朝鲜好似一个监狱，朝鲜的民众好比是囚犯，日本帝国主义任意宰割、屠杀……为了解放日本军阀压榨下的大众，我们要团结起来，打倒我们共同的敌人日本军阀。”② 在金若山队长的提议下，青山和夫还唱了一首日本民谣，获得了朝鲜义勇队队员阵阵掌声。

池田幸子深入朝鲜义勇队家属中，撰写了关于朝鲜义勇队家属的访问记。《朝鲜义勇队的家属》③ 一文记录了池田幸子在金若山队长的邀请下来到义勇队家属住所参观访问的情况。“大人们吃饭的食器洗得很干净，小孩们胸襟肮脏的一个也没有。这与视察俘虏收容所不同，不是特别做给我看的”，特别是将来还计划办托儿所，尽可能一切自给自足，生活秩序井然，这里恬静安然的生活让作者心情愉快而且印象深刻，就连往返“六十里的路程，简直不觉得疲倦呢”。池田幸子还访问了多位朝鲜义勇队家属，她以细腻的描写和感性的语言表达，让更多的人了解革命者及其家属的生活，从另一个侧面表达了反战作家对战争的厌恶和对韩国革命者的尊敬。池田幸子在华的反战活动基本上都是与鹿地亘一起开展

---

① ［日］青山和夫：《我们要学习朝鲜义勇队》，《朝鲜义勇队通讯》第 40 期，1941 年。

② 张恩铎：《欢迎日本战友》，《朝鲜义勇队通讯》第 39 期，1941 年。

③ ［日］池田幸子：《朝鲜义勇队的家属》，《东方战友》第 6 期，1939 年。

的，在政治性上鹿地亘虽然比池田幸子更坚定，但是池田幸子撰写的优美散文却是鹿地亘所不能及的。池田幸子用女性温柔的笔触表达了对所有受法西斯压迫的民族和人民的同情，同时也坚定地表明了她反战到底的决心。

（三）被压迫民族联合意识的觉醒

侵华战争全面爆发之后，日本进一步强化了对朝鲜半岛的残酷统治，使整个朝鲜半岛陷入黑暗的深渊。日本对韩国的殖民剥削和掠夺，非但没有为日本带来更多的利益，反而激起了更大范围的反日斗争。特别是东亚各民族联合抗战的意识也开始觉醒，世界反法西斯战线在东亚地区逐渐形成。

绿川英子深刻认识到中国抗战的胜利与韩国民族的解放和日本民族的解放是紧密相关的，[①] 她主张团结韩国的反法西斯力量，参与中国提出的抗日民族统一战线。另外，青山和夫为纪念七七事变爆发两周年发表的《日鲜台反法西斯斗争的新开展》[②] 一文，阐述了反法西斯斗争取得的新进展。他指出，这两年来中国反法西斯斗争的总体特征是法西斯势力的衰弱和国际反法西斯力量的增长以及中国抗战已经取得的牵制日本法西斯扩张的显著成果。特别是由日本、朝鲜、中国台湾民众反法西斯统一战线成立的日鲜台反军阀同盟，“是为日韩台各本地的革命解放运动的赞助团体……得到中国最高机构的认可，在中国努力本分地工作”。[③] 同盟的主力军朝鲜义勇队在前线各地开展游击战，日本反战兵士亦不断参与，在战场和战区活跃的同志达数千人之多。他同时指出，应该凝聚中国以及朝鲜和日本的反法西斯力量，“把战线上的反战斗争和内地的政治斗争结合起来；把局部的联合战线集中到中央的政治联合战线”。青山和夫认识到团结一切斗争力量的重要性，这与中国和朝鲜义勇队宣传的统一战线理论不谋而合。青山和

① ［日］绿川英子：《没有见过面的朝鲜的兄弟们》，《朝鲜义勇队通讯》第 6 期，1939 年。
② ［日］青山和夫：《日鲜台反法西斯斗争的新开展》，《战时日本》第 2 卷第 6 期，1939 年。
③ ［日］青山和夫：《日本革命民众的怒哮：我们的另一个胜利》，《战时日本》第 3 卷第 6 期，1939 年。

夫在多次在报刊上发表东亚地区各民族应该团结起来一致抗日的主张，他清楚地指出了朝鲜民族解放的光明前途和日本法西斯必将倒塌的命运，号召团结一切抗日力量，在将民族解放置于世界革命胜利的前提下加强民族互助。

三　结语

“中国人民抗日战争胜利，是近代以来中国抗击外敌入侵的第一次完全胜利。这一伟大胜利，彻底粉碎了日本军国主义殖民奴役中国的图谋，洗刷了近代以来中国抗击外来侵略屡战屡败的民族耻辱。”“在那场战争中，中国人民以巨大民族牺牲支撑起了世界反法西斯战争的东方主战场，为世界反法西斯战争胜利作出了重大贡献。”[①] 同时，中国人民抗日战争也得到了国际社会的广泛支持，在波澜壮阔的全民族抗战中，东亚各民族、各阶层、各团体同仇敌忾，共赴国难，谱写了一曲国际反法西斯斗争的胜利赞歌。抗战时期，受日本军国主义和殖民主义压迫的日本反战作家和韩国抗日独立战士流亡中国，在中国的抗战洪流中不期而遇。他们惺惺相惜，被彼此的革命意志鼓舞和激励着，并在中国抗日民族统一战线的号召下结成了跨越国界的抗日统一战线，携手对抗日本法西斯，最终实现了东亚各民族的独立和解放。在这一伟大历史进程中所形成的东亚抗日叙事是东亚各国文学的宝贵财富。从跨文化的视角阐明东亚抗日叙事的形成与发展的特点和规律，探讨作为整体的东亚抗日叙事在世界反法西斯文学乃至世界文化史上的价值及地位具有重要的理论价值和现实意义。

近年来，抗日战争时期中国作家的韩国抗日叙事、日本反战叙事以及韩国作家的中国抗日叙事等方面的资料整理和研究已经取得了一些成果，但抗战时期在华日本反战作家的韩国抗日叙事，相关资料的整理和发掘还只是刚刚起步。东亚各国的抗日叙事并非各自孤立的存在，而是在作家们

① 习近平:《在纪念中国人民抗日战争暨世界反法西斯战争胜利 70 周年系列活动上的讲话》，人民出版社 2015 年版，第 3 页。

相互交流、思想传播、作品译介与影响中展开的。因此，全面整理和发掘抗日语境下中朝、中日、朝日等东亚各国作家的跨界抗日叙事资料是深入研究“东亚抗日叙事”的根本前提。日本反战作家的韩国抗日叙事作为东亚抗日叙事的一个重要环节，其意义和价值显得十分重要。

近代汉城山东商人考*

刘畅 **

山东半岛与朝鲜隔海相望，自古以来，山东半岛居民与朝鲜居民就多有交往。明清时期，山东半岛在中朝交往中发挥了重要的作用，成为中朝之间经济文化交流的桥梁和援助朝鲜反击倭寇侵略的战略基地，同时山东半岛在西学对朝鲜的传播与中日朝商品贸易方面也起到了重要作用。① 特别是近代中朝通商以后，山东在中朝经济往来中更是扮演着极其重要的角色。烟台与朝鲜的贸易额曾一度占到中朝贸易总额的一半以上。在朝鲜从事贸易的华商②也大部分来自山东，这部分人即今天韩国华侨的始祖。因此，近代山东与朝鲜半岛关系研究有着非常重要的历史价值和现实意义。

以往学术界多认为仁川是华商势力最集中的地区，针对华商和韩国华侨的研究也多以仁川为中心。③ 诚然仁川地区的华人数量较多，但从相关档案资料的统计来看，19 世纪 80~90 年代，华商主要居住在汉城，而山东商人是主力。但遗憾的是，有关朝鲜汉城的山东商人研究到目前为止还相

---

* 本文根据原载于《韩国学论集》2012 年总第 49 集之论文修改而成。

** 刘畅，山东大学外国语学院韩语系主任，副教授，博士生导师。

① 参见朱亚非:《论明清时期山东半岛与朝鲜的交往》,《山东师范大学学报》(人文社会科学版) 2004 年第 5 期。

② 中韩两国的学术界一般将在朝鲜的清朝商人称为“清商”，但从当时的档案文件来看，正式的称呼应该为“华商”，为与史料保持一致，文中使用“华商”这一称呼。

③ 参见李玉莲:《仁川华侨社会的形成和展开》，仁川文化财团，2008 年。

当薄弱。杨昭全利用《清季中日韩关系史料》对1882~1910年朝鲜的华侨进行了统计，其中有部分内容涉及旅居汉城的山东商人情况。① 这一研究可谓有关本主题的最初尝试。韩国有关近代清朝商人的研究取得了一定成果，但多未对其籍贯进行细化，而是从整体上对华商进行研究。② 马仲可从社会科学的角度对山东华侨进行了研究，其中部分内容涉及在汉城的山东华商的情况。③ 学术界针对汉城的山东商人研究较少是由多方面的原因造成的。中韩关系研究在我国史学界还没有受到足够的重视，相关史料的发掘工作还很不够。而中韩两国学者间由于语言和地域的关系经常出现闭门造车的现象，在研究中很少引用对方的成果。

台北"中央研究院"近代史研究所档案馆最近公开的档案史料对于本研究的深入起到了非常关键的作用。涉及朝鲜山东商人的档案主要有总理各国事务衙门全宗的《朝鲜档》和《驻韩使馆保存档案》两部分，其中《朝鲜档》的5045份文件，于1972年出版为《清季中日韩关系史料》，而《驻韩使馆保存档案》部分则为首次公开。

本文将在现有研究的基础上利用档案资料对中朝近代通商以来山东商人进住汉城的人数进行考察，并对其变化原因进行分析，从而找出旅居汉城的山东商人的特点，进而深化近代山东与朝鲜半岛关系史研究。

一 《中朝商民水陆贸易章程》的缔结与陈树棠时期的山东商人

传统时代，朝鲜长期闭关锁国，19世纪以前与西欧国家很少接触。但

---

① 参见杨昭全、孙玉梅:《朝鲜华侨史》，中国华侨出版公司1991年版。

② 参见［韩］李源明:《韩国与中国的贸易关系——以清商的海路贸易和走私为中心》，首尔国立大学硕士学位论文，1967年;［韩］陈清全:《李朝末期的韩中贸易研究》，庆熙大学硕士学位论文，1972年;［韩］谭永盛:《朝鲜末期的清国商人研究》，檀国大学硕士学位论文，1976年;［韩］金钟国:《朝鲜后期对清贸易一考察》，《震檀学报》1977年总第43期;［韩］李星宽（音译）:《19世纪末在朝鲜的清商活动研究》，《全北史学》2008年总第32期。

③ 参见［韩］马仲可:《山东华侨研究》，新星出版社2005年版。

19 世纪以后，西方列强进入东亚，打开了中国和日本的大门，而朝鲜也未能幸免。1876 年，朝鲜被迫与日本签署了《江华岛条约》，即《朝日修好条规》，从此朝鲜门户洞开。

《江华岛条约》缔结后，日本加紧了对朝鲜的经济渗透和军事控制，激起了朝鲜民众的强烈反感。在朝鲜统治集团内部，闵妃与大院君争夺权力的内讧愈演愈烈。① 1882 年 6 月，朝鲜爆发了旨在反对日本军制和闵氏政权的壬午兵变。为此，日本向朝鲜派遣了四艘军舰和一个步兵大队。清政府为与日本抗衡，在水师提督丁汝昌和道员马建忠的指挥下，广东水师提督吴长庆率领 3000 多名清兵搭乘三艘军舰抵达马山浦。与清军同行的还有 40 名商人，负责向驻朝清军提供生活必须品，但在清军驻朝的两年多里，他们也与当地的朝鲜人进行商业往来。由此可见，华商最初是借助清政府“兵商同一政策”进入朝鲜的。② 由于当时的兵船是从中国南方调来的，有学者认为这 40 名商人主要是南方商人。③ 但相关档案显示兵船曾经在烟台靠岸，④ 因而也不排除这 40 名商人来自山东的可能性。但无论他们来自哪里，这 40 名商人的活动都将为山东商人进入朝鲜打下一定的基础。

1882 年 10 月，清政府与朝鲜签署了《商民水陆贸易章程》。此章程的缔结在近代中韩关系史上有着极其重要的意义，依此章程朝鲜开放海禁，两国开展海上贸易，同时两国商民可至对方开放口岸经商定居。这为两国人民定居经商提供了法律保证，特别是在章程的保护下中国商人可以进入朝鲜首都汉城。汉城对外开放这一事件史称“汉城开栈”。1883 年，仁川开埠通商，打开了山东与朝鲜交流的窗口，中国商人开始正式进入朝鲜。另外，根据章程第一条，清政府考虑“朝鲜口岸初开，中国商民前往经营贸易自必日臻繁盛，时有彼此交涉事件……”⑤，特派陈树棠为总办朝鲜商

---

① 参见徐万民:《中韩关系史》(近代卷)，社会科学文献出版社 1996 年版，第 24 页。

② 参见秦裕光:《华侨》，韩国《中央日报》1979 年 9 月 21 日。

③ 参见李玉莲:《仁川华侨社会的形成和展开》，仁川文化财团 2008 年版，第 45 页。

④ 参见《护朝鲜事已派拨兵轮驶往烟台听候调遣》，台北“中央研究院”近代史研究所档案馆藏，01-25-009-01-015。

⑤《奏派二品衔候选道陈树棠为总办朝鲜商务委员》，台北“中央研究院”近代史研究所档案馆藏，01-25-012-01-043。

务委员对中朝贸易进行管理。

1883 年 9 月 16 日，陈树棠抵达汉城，17~18 日接见华商及朝鲜政府关员，20 日正式开始处理朝鲜商务事宜。① 他在 1885 年 9 月离任前的两年里为朝鲜华商做了大量工作。他在汉城设立了中国总办商务委员公署，又分别在仁川、釜山和元山设立商务分署。他又在仁川清国租界的划定，朝鲜与上海之间定期航运线路的开通，在华商的护照颁发及土地、房屋的购买，清人的居留保护方面做了大量工作。② 陈树棠的外交活动为初期华商在朝鲜的经营营造了非常宽松的环境。

从 1883 年起，依据《派员办理朝鲜商务章程》，朝鲜商务委员在每年年底要将朝鲜华商的往来及纳税情况上报总理各国事务衙门。台湾所藏档案显示：1883 年，汉城一共有华商 59 人，他们分布于 19 家店铺中。其中，山东商人 41 人，在全部华商中占 69%；山东店铺共有 13 家（中华兴、和兴顺、汇记、和祥、恒泰兴、公和顺、仁丰栈、复祥盛、永源顺、福有号、德兴成、公盛和、福兴），在全部华商店铺中占 68%。麻浦是汉城的内港（今属汉城地区），当地共有 24 名华商，他们共开设了 4 家店铺，而其中山东商人开设的店铺有 3 家（裕昌、德祥、协源顺），共有 18 名商人。③ 韩国《中央日报》曾报道山东店铺公盛和的老板，说他于 1883 年 10 月来到汉城，时年 33 岁，刚到汉城时仅从国内带来了货值 60 两的各种杂货，开业不到一个半月就在中部长通坊购置了 13 间（62 平方米）店铺；另一家山东店铺利成信在从 1883 年 9 月至 1884 年的一年多时间里，共购置了 450 余间（2000 余平方米）店铺。④

在 1883 年仁川开埠及汉城开栈的当年，就有几十名山东商人来到汉城开设店铺，而且无论是在人数还是在店铺数量上，在全部华商中均占有一定的优势。其原因在于山东半岛的烟台与仁川港之间有了定期航线，帆

---

① 参见《朝鲜商务委员陈树棠申报行抵汉城及开办馆务日期》，台北“中央研究院”近代史研究所档案馆藏，01-25-013-02-002。

② 参见［韩］孙祯睦：《韩国开港期都市变化过程研究》，一志社 1982 年版，第 203 页。

③ 参见《陈树棠申呈光绪九年份华商到汉城麻浦仁川三处人数及完纳海关进出口税并船钞银数》，台北“中央研究院”近代史研究所档案馆藏，01-25-013-02-029。

④ 参见秦裕光：《华侨》，韩国《中央日报》1979 年 9 月 21 日。

船及客轮之运行，使华商来往更加频繁。另外，陈树棠对华商的支持也很大，韩国华侨泰裕光在回忆录中也对陈树棠赴任后的工作给予了积极评价。[①] 因此，可以说，山东商人初到汉城时在陈树棠及清军的庇护下生意是比较顺利的。

1884 年，在汉城的华商总人数达到 352 人，较 1883 年有了大幅增长，其中有字号的商人 164 人，分布在 48 家店铺，而没有字号从事小贸易者多达 188 人，总数超过有正规店铺者；其中，山东商人总数达到 234 人，占 66%，山东商人中有字号的商人 110 人，分布于 37 家店铺，而没有字号的商人也多达 124 人。[②]

另据此档案，在汉城的山东店铺与 1883 年相比有了很大的发展，像中华兴、公盛和号等 1883 年开设的店铺，从人员数量看，在山东店铺中是最大的，共雇用了 5~6 人，而其他山东店铺普通雇工人数为 3~4 人。另外仍处于创业阶段，仅有 1~2 人的店铺也占有很大的比重。虽然 1884 年山东华商大幅增加的原因是多方面的，但陈树棠的活动无疑起到了关键的作用，可以将其视为清政府鼓励国内商人投资朝鲜的要因。并且，1884 年甲申政变失败后，华商在朝鲜的实力呈现出凌驾于日商之上的趋势。[③] 在朝华商地位的提高将必然吸引更多的商人进入朝鲜。这些华商当中出身山东者，由于地理上、历史上的优点比较容易移到朝鲜来，可是商业规模并不大。规模较大者可以从事山东和仁川之间的贸易，而一般的山东商人都从事朝鲜国内的商业。[④] 但我们更应该清楚地看到，一部分资本较多的山东人可以经营店铺。尽管如此，没有店铺只靠小贸易维持生计者仍占大多数。由此可见，在朝鲜的山东商人并不全是富用者，为生计投奔于此地者也并非少数。

---

① 参见秦裕光:《旅韩六十年见闻录》,（台北）南亚彩色印制有限公司 1983 年版，第 13~14 页。

② 参见《咨送光绪十年份在韩华商名册及关税数目清折》，台北“中央研究院”近代史研究所档案馆藏，01-25-018-01-008。

③ 参见秦裕光:《旅韩六十年见闻录》,（台北）南亚彩色印制有限公司 1983 年版，第 20 页。

④ 参见［韩］马仲可:《山东华侨研究》，新星出版社 2005 年版，第 38 页。

1885 年，汉城的华商数和山东商人数分别是 111 人和 55 人。[①] 这一数字较 1883 年相比有所增长，但与 1884 年相比降幅较大。有学者认为，造成这一现象的原因在于 1884 年仁川的清国租界划定以后，在陈树棠鼓励下大部分商人已经于 1884 年来到朝鲜。[②] 笔者认为档案上的数字是针对当年在汉城华商的统计，若 1884 年以后在朝鲜的华商总数没有减少，1885 年华商的统计数字不会变少，所以 1885 年华商人数的减少与 1884 年大部分商人已大规模入朝似乎没有必然联系。而该年度旅居汉城之山东商人减少的根本原因在于汉城商业形势的混乱。1884 年李范晋事件和李顺喜事件发生后两国民间诉讼事件不断，1885 年以后，中朝两国的民间债务纠纷接连发生，又有多起针对商店和住宅的盗窃事件，而朝鲜政府的行政能力也值得怀疑。同时，日本人也于 1885 年开始入驻汉城。[③] 当时正是中朝政府围绕“汉城撤栈”与否进行激烈交涉的时期，再加上种种对华商不利事件的发生，必然使一部分原有华商放弃在汉城的经营而回国，来汉城的山东商人也相应减少。另外，1885 年 6 月驻朝鲜的清军全部撤出，华商从此失去了军事力量的保护。这也在很大程度上影响了山东商人投资朝鲜市场的决心。

二　袁世凯及徐寿朋时期的山东商人

1885 年 10 月，袁世凯替代陈树棠负责管理朝鲜事务，他不仅掌管着朝鲜的通商事务，而且参与朝鲜的内政外交，成为朝鲜王国的实际支配者。经过他与朝鲜政府的交涉，华商可以在汉城继续经营、居住。而且，他还在 1889 年以保护华商为理由，在德寿宫附近增设了一块中国人居留区域，并设立清国警察署。袁世凯赴朝后采取强硬措施，不仅对朝鲜政府专横跋扈，就连对当地的华商也采取强硬态度。但他在朝鲜期间所采取的行动，

① 参见《咨送光绪十一年份朝鲜仁川各口及汉城华商名册》，台北“中央研究院”近代史研究所档案馆藏，01-25-020-02-021。

② 参见李玉莲:《仁川华侨社会的形成和展开》，仁川文化财团 2008 年版，第 78~79 页。

③ 参见［韩］孙祯睦:《韩国开港期都市变化过程研究》，一志社 1982 年版，第 182 页。

对于华商实力的增长起到了非常关键的作用。[①]因此可以说，1885 年袁世凯赴任到中日甲午战争爆发前，正是朝鲜华商发展的关键时期。

到 1889 年，汉城的华商店铺达到 100 家，人数则达到 513 人。其中，山东人开设或雇用山东人的店铺有 60 家，而完全没有山东人参与的店铺仅有 16 家[②]。当年山东商人和各店铺所雇用的山东人总数达到 230 人，另外住在各店铺和旅馆中的小商人和一般劳工也有 140 多人，山东人在华人中占到了 70% 以上。不仅山东商人的店铺在全部华商店铺中占有绝对的优势，而且在汉城的山东人也占到了半数以上，因此可见此时山东人在汉城华商中的优势更加明显。山东人的店铺一般由 3~7 名同乡组成，多的有 10 名，少的只有 1 名。并且在山东商人开设的店铺中雇用外乡人的情况非常少，更未见到雇用朝鲜人的店铺，这一做法对严守商业秘密起到了积极的作用。

此后，1891~1893 年汉城的华商人数基本保持上升态势，1891 年为 751 人，[③] 1892 年为 957 人，[④]到 1893 年，汉城的华商店铺总数达到 142 家，商人为 1254 人，资产总额超过 35 万两。北洋大臣李鸿章在上报总理衙门的奏折中指出，朝鲜"近年商务日盛，户口甚繁"[⑤]。虽然此间的档案未对汉城的山东商人进行详细统计，但从华商总人数的增加可以推知山东商人的数量无疑也在增加。

1894 年，中日甲午战争爆发，袁世凯于六月十七日穿便服，经仁川回国，清公使馆变成了一座空宅。与此同时，清国的警察也纷纷撤回国内，

---

① 参见［韩］孙祯睦:《韩国开港期都市变化过程研究》，一志社 1982 年版，第 188、206 页。

② 这 16 家分别是双顺和、怡泰号、广泰亨、同顺泰、怡泰洋行、安昌洋行、福星面包房、成衣铺、润记行庄、谨记、彤成号、来利、复新号、桂洞机房、琉璃瓦厂、五香居，主要由中国南方商人开设，主要由广东、浙江、江苏和直隶商人构成。

③ 参见《咨送光绪十七年份朝鲜各口华商清册》，台北"中央研究院"近代史研究所档案馆藏，01-25-029-02-029。

④ 参见《咨送朝鲜汉城等处铺户人数清册》，台北"中央研究院"近代史研究所档案馆藏，01-25-031-01-025。

⑤ 参见《咨送光绪十九年份朝鲜各口华商总数清册》，台北"中央研究院"近代史研究所档案馆藏，01-25-032-02-015。

华商纷纷回国，仁川开往山东的船只几乎全部满员。[①] 而日商则在政府和军队的保护下涌入朝鲜开设店铺，将日本商权扩展到朝鲜各地。1895 年战争结束以后，华商开始大规模返回朝鲜与日本商人展开商业竞争。[②] 但到 1910 年底，在汉城的华商人数为 1828 人，而日本人有 34468 人，战后华商的势力虽然很快恢复，但与日本势力相比已经大为衰退。[③]

陈寿明接替唐绍仪于光绪二十四年（1898）十二月被委任为驻朝鲜商务总办，他对 1899 年驻朝鲜使馆对当年在朝华商的户籍进行了统计。[④] 通过这份详细的档案资料可知：在汉城除部分广东商人、浙江商人和直隶商人外，山东商人在人员和店铺数量上均占有绝对的优势。山东人共有 744 人，除去 10 名菜农、9 名在店铺中暂居者和 48 名一般居住人员外，共有 677 名山东人从事商业活动，他们分布于 124 家店铺中，平均每家店铺的雇员为 5.5 人。此时山东商人店铺的规模有了一定的发展，这些店铺主要分布在汉城的北大街、二宫街、草洞、大贞洞、红夏门和大西门一带。山东商人在汉城的店铺不仅在数量上有了较大的发展，而且经营范围也大有扩展之势。山东商人不仅从事传统的商业贸易，而且开始专营饮食业和服务业，奶铺、肉店、药店、磨房和火食铺的数量不容忽视。

全部 744 名山东人中，登州府 626 人，占总数的 84%；莱州府 100 人，占 13%；青州府 6 人；济南府 5 人；曹州府 2 人。此外，住在山东店铺和旅馆中的外地人也有一些。由此可知，当时在朝的山东人大多来自登州府。再对登州府人的籍贯进行细化可知，612 人中福山县 205 人，宁海县 201 人，黄县 78 人，蓬莱 73 人，文登 22 人，莱阳 13 人，荣成 8 人，招远 4 人，栖霞 4 人，海阳 3 人，来自福山县、宁海县、黄县和蓬莱四地的山东人合计占 91%。

由此可见，大部分在朝山东人原籍为山东登州府和莱州府的沿海地

① ［韩］孙祯睦：《韩国开港期都市变化过程研究》，一志社 1982 年版，第 209 页。

② 参见《京城府史》第 2 卷，韩国首尔京城府 1934~1941 年版，第 645 页。

③ 参见［韩］孙祯睦：《韩国开港期都市变化过程研究》，一志社 1982 年版，第 209~210 页。

④ 参见《华商人数清册：华商户口名册》，台北“中央研究院”近代史研究所档案馆藏，01-41-056-04。

区，其中来自福山县和宁海县者最多。这两个区域加上黄县和蓬莱县正是现在烟台管辖的区域，因此可知当时在汉城的山东人基本上均来自烟台。出现这种现象的主要原因在于沿海地区的山东人可以利用便利的海上交通到达朝鲜。不仅山东有这种现象，当时在朝鲜的浙江人和广东人也多是因为有中朝航线才得以前往朝鲜的。而与此相反，若从山东内陆的济南等地前往朝鲜则交通相当不便，所以在朝鲜的山东人来自山东内陆地区者非常少。

利用此档案考察山东人的年龄结构，可知年龄最小者 12 岁，最大者 68 岁，但全体山东人的平均年龄仅为 30 岁。由在朝山东人的年龄呈年轻化的趋势可知他们来朝鲜的目的多为赚钱，而此处并非享乐之地。而其中商人的平均年龄则仅为 29 岁，在朝山东商人主要由年轻人构成。但大部分店铺中都有一位年长者，而其他成员则多为年轻人，即大部分山东店铺存在“一老多小”的现象。有趣的是，在朝鲜种菜的山东人年纪偏大，平均年龄为 42 岁。

三 结语

通过以上分析可知，壬午兵变以后华商开始进入朝鲜，1882 年中朝《商民水陆贸易章程》的缔结正式打开了中朝贸易的窗口，特别是“汉城开栈”为华商进入朝鲜市场提供了法律保障。随即山东商人借助地理上的优势开始进入汉城。在最初的几年间，由于陈树棠的外交努力和清兵的保护，山东商人在汉城的实力开始逐渐壮大，但并不是所有的山东商人都很富有，有的只能从事小买卖。而没有店铺的小生意人的数量也不容忽视。袁世凯接办朝鲜商务以后，采取强硬措施对华商进行保护，此间山东华商的人数和店铺数都取得了长足的发展。中日甲午战争之前，山东商人在汉城地区的全部华商中已占有绝对的优势，没有山东人参与的华商店铺寥寥无几。中日战争期间在朝鲜的华商受到日本商人的排挤，但战后很快就恢复了实力，而且山东商人在汉城的实力与战前相比更为强大。

大部分山东华商来自山东的沿海地区，其中来自烟台者占绝大多数。

并且他们都很年轻，平均年龄仅有三十来岁。但一般的山东店铺都有一位年长者，即“一老多小”现象比较普遍。并且山东人开设的店铺人数一般不会超过 10 人，3~7 人的店铺比较常见。山东商人开设的店铺很少会雇用外乡人，更不会雇用当地的朝鲜人。

本文通过对台北“中央研究院”所藏档案的考察，分析了在汉城的山东商人的情况。本文对学术界的贡献主要有以下三点：第一，通过对档案资料的分析，首次梳理了近代通商以来汉城山东商人的店铺情况，这为深入研究山东与朝鲜的经济交流提供了一定的参考；第二，首次提出 19 世纪 80~90 年代汉城华商主力是山东商人的结论，赋予了长期受学术界冷落的汉城山东商人研究应有的学术价值；第三，首次对汉城山东商人的籍贯进行了分析，进而得出汉城山东商人主要来自烟台的结论，从而明确了烟台在近代中韩交流中的地位。

朱子《小学》在中韩两国的传承

——以《小学》版本为中心

陈媛 *

目前国内关于《小学》版本研究的最新成果是对 4 种元刻本何士信《小学集成》与朝鲜翻刻元刻本进行比较，以揭示版本异同之处。[①] 韩国学界对《小学》版本的研究较为丰富，主要有对朝鲜朝时期《小学》刊行情况及版本的研究、[②] 对《小学》注释书刊行情况及版本的研究，[③] 以及对《小学》谚解本的研究。[④]

本文以上述研究成果为基础，首先考察朱子《小学》问世之后到清末刊行的《小学》版本及注释书的版本，并揭示《小学》在中国各朝代传承的特征，另外还将对韩国现存《小学》版本再次进行全面考察与整理，在对现有成果加以完善的同时把握朝鲜朝《小学》传承的情况及特点，并与中国进行比较研究。通过比较，可以从《小学》版本的角度揭示朱子学从南宋至 19 世纪末在东亚不断扩散传承的脉络。

---

* 陈媛，山东大学外国语学院副教授，硕士生导师。

① 参见［韩］金定炫：《〈小学集成〉元刻本及朝鲜翻刻元本研究》，复旦大学博士学位论文，2011 年。

② 参见［韩］申政烨：《朝鲜时代〈小学〉的刊行及版本》，庆北大学硕士学位论文，2008 年。

③ 参见［韩］崔敬勋：《朝鲜时代刊行的朱子著述及注释书的编纂》，庆北大学硕士学位论文，2008 年。

④ 参见［韩］申政烨：《朝鲜时代刊行的〈小学〉谚解本研究》，《书志学研究》第 44 辑，2009 年。

一 宋元明清时期《小学》的传承

1187 年朱子与其弟子刘清之（1134~1190）共同辑成《小学》，之后宋元明清历代儒学者不断对其进行注解和刊印。《小学》一书在不同历史时期的传承情况如下。

（一）宋代版本

宋代《小学》版本大部分已经佚失，其详细情况难以掌握。不过据现有资料，对宋代《小学》版本做如下整理。

1187 年 3 月，朱子与刘清之编纂完成《小学》之后，朱子门人真德秀（1178~1235）即刊印了《小学》（以下称此本为真德秀本）。黄榦在写给李公晦的书信中曾讲道："真丈所刊《近思》《小学》皆已得之，'后语'亦得拜读。'先《近思》而后四子'，却不见朱先生有此语。"[①] 不过真德秀于何时何地刊行《小学》，无从知晓。[②] 根据南宋赵希弁的《郡斋读书志》和陈振孙的《直斋书录解题》记载的相关内容，可以推测其卷数。

> 小学之书四卷：右朱文公先生所编也。有内篇，有外篇。其宏纲有三，曰立教，曰明伦，曰敬身。明伦则有父子君臣夫妇长幼朋友之品，敬身则有心术威仪衣服饮食之目。又采摭古今经传书史之所纪载，曰稽古，曰嘉言，曰善行，以广其教而实其事。小学之工程，大学之门户也。（《郡斋读书志》卷 5《附志》）
>
> 小学书四卷：朱熹所集古圣格言至论，以教学者，皆成童幼志进学之序也。内篇曰立教明伦敬身稽古，外篇曰嘉言善行。（《直斋书录解题》卷 9，儒家类）

---

① （南宋）黄榦：《勉斋集》（四库全书本）卷 8《复李公晦书》。

② 真德秀刊印《小学》的时间只能大致做一推测，真德秀生卒年代为 1178~1235 年，黄榦生卒年代为 1152~1221 年，而《小学》最终完成时间为 1187 年，将三个时间综合考虑，推测出真德秀本刊行时间在 1187~1221 年。

朱子在1185年寄给刘清之的信中提到："《小学》见此修改……而末卷益以周程张子教人大略及乡约杂仪之类，别为下篇。凡定著六篇，更数日方写得成。恨仲叔不能等候得，后便当附呈也。"[①] 信中朱子在与刘清之探讨《小学》修改方案，由信件内容可知朱子最初将《小学》订为6篇，不过并未提及卷数。只是根据两篇引文可知当时《小学》的结构与现存版本相同，基本为4卷6篇。如此，真德秀本也应该是4卷6篇。

之后，饶鲁（1193~1264）将朱子作《小学题辞》分为10节并加以注解。他是否注解了《小学》全文，不得而知，不过何士信的《小学集成》收录了饶鲁的《小学题辞》注。饶鲁注本是至今所知宋代唯一的注释本。

如上所述，黄榦、真德秀、饶鲁等均为朱子的弟子或再传弟子，这说明《小学》最初是由朱子门人编纂、刊刻，并由他们首先来阅览。例如，朱子与其弟子陈淳等一起讨论过《小学》，[②] 而黄榦则求得真德秀所刊《近思录》《小学》来阅读。南宋末学者王应麟（1223~1296）指出："朱文公编小学书，其答刘子澄谓：'古乐府及杜子美诗可取者多，令其喜讽咏，易入心，最为有益。'今本乐府及诗皆不取，岂修改而删之欤。"[③] 这也说明王应麟阅览了《小学》，同时也可看出南宋时期朱子门人之外的学者已经开始关注《小学》。从宋代目录书《郡斋读书志》与《直斋读书录解题》收录《小学》来看，《小学》已经不只在朱子门人中传阅。但从笔者目前对《小学》版本的调查结果来看，尚未发现流传至今的宋代版本。这一方面当然是因为宋代至今年代久远，大部分版本已经散失，另一方面也说明宋本数量有限，《小学》在宋代尚未广泛流传。总之，南宋时期《小学》的读者以朱子门人为主，虽然朱门之外有一定流传，但并不广泛。另外，宋本《小学》以四卷本为主，且多为《小学》原本而非注释本，这是与宋代以后《小学》的传承相比最大的区别。

---

① （南宋）朱熹：《晦庵先生朱文公文集》（四部丛刊本）卷35《答刘子澄》。

② 《朱子语类》105:20，问："小学实明伦篇，何以无朋友一条？"曰："当时是众编类来，偶无此尔。"淳（61·70岁）。《朱子语类》105:21，安卿问："曲礼'外言不入于阃，内言不出于阃'一段甚切，何故不编入小学？曰："此样处，遗落也多。"又曰："小学多说那恭敬处，少说那防禁处。"义刚（64以后）

③ 王应麟：《困学纪闻》卷18。

宋代《小学》版本较少，且流传不广，与当时的政治环境也有一定的关系。因南宋朝廷内部的政治斗争，淳熙（1174~1189）至宁宗庆元（1195~1201）年间“党禁”不断，理学被定为“伪学”，程学成为攻击和非难的焦点，朱子学也遭受很大的冲击。① 这成为《小学》主要在朱子门人中流传的主要原因。

（二）元代版本（含宋末元初版本）

元代《小学》版本较之宋代大量增多。不过元代版本亦多已散佚，掌握其基本信息较为困难，只能姑且对其版本情况做以下整理（见表 1）。

表 1　元代《小学》及《小学》注释书、讲解书

书名	时间	编/注者	刊印者	卷数	备注
文公先生小学明说便览	未详	夏相	未详	6卷	南京图书馆藏，《中国古籍善本书目》
小学大义	1254	许衡	萧鸣凤	1卷	《鲁斋遗书》
小学句解	宋末元初	熊禾			《四库全书》
文公先生小学集注大成		熊禾		6卷	《中国古籍善本书目》
	宣德九年（1434）	熊禾	梅隐精舍	6卷	中国国家图书馆藏
小学语录	1249~1293	刘因			《钱志》
小学书纂疏		李成已		4卷	《千顷堂书目》
小学标注		熊朋来			《千顷堂书目》
诸儒标题注疏小学集成		何士信		10卷	附明杨士奇跋文*
注朱氏小学书	元贞乙未（1295）	于景龙			有元代戴表元序文
小学资讲		夏珼**		12卷	《千顷堂书目》
文公小学		朱熹		6卷	日本东洋文库藏
小学纂释		吴谈懋		10卷	《千顷堂书目》
小学书阙疑	1311年之前***	韩准			《钱志》

① 参见余英时:《朱熹的历史世界》，生活 · 读书 · 新知三联书店 2004 年版，第 670~685 页。

续表

书名	时间	编/注者	刊印者	卷数	备注
标题音训直解小学书				4卷	《关东现存宋元版书目》
小学标题驳论		萧斡			《钱志》
小学训解		黄常****		10卷	《千顷堂书目》

* 杨士奇《东里续集》(四库全书本)卷 18《小学集成跋》记载：古人小学之教不行于后世，晦庵先生搜辑传记以为此书，有功于学者甚大。建安何士信纂集诸家之说，以为集成，又有功于此书甚切。盖义理度数随在着明不待以考求也。读小学者必不可无，吾家所有共三册。

** 一作“夏煦”。

*** 元吴海《闻过斋集》(四库全书本)卷 5 记载，岁辛亥三月二十四日行台侍御史韩公卒于福州光泽里寓舍。辛亥年为 1311 年，故其成书在 1311 年之前，目前尚无更翔实的文献可考。

**** 一作“黄裳”。《千顷堂书目》载：“(黄常)字叔彝，江陵人，洪武初常州府学训导。”由此可知黄常为元明间人，此书完成于元明间。《朱子全书》将此书视为元代版本。参见朱杰人、严佐之、刘永翔主编:《朱子全书》第 13 册，上海古籍出版社、安徽教育出版社 2002 年版，第 385 页。

首先需要予以说明的是，《善本书室藏书志》中有一段关于《文公先生小学明说便览》的记载：

> 《文公先生小学明说便览》：前有文公《小学书题》及题辞十节，更列《弟子受业之图》，至《衿鞶笥楎椸图》，凡五十有四，与四库本《家山图书》相合，惟缺首叶《右小学本旨》一图。①

由此可知，《小学明说便览》与《家山图书》是版本不同、内容相同的书籍。四库全书中收录有《家山图书》，据《四库全书提要》所载，《家山图书》有多种版本，内容由图与图解构成，详细记录了由入学到成人所要经历的冠婚丧祭等仪礼，以及礼乐射御书数等六艺相关仪节。相较而言，《小学》较侧重义理，而此书则侧重于名物度数，从内容来看，二者互

① (清)丁丙:《善本书室藏书志》卷 15，子部儒家类，光绪辛丑(1901)本，第 333 页。

为补充。[1]两书同时修习，对于在具体实践人伦之事中涵养本源将大有裨益。此书未著作者姓名，“钱曾《读书敏求记》曰:《家山图书》晦庵私淑弟子之文，盖逸书也。李晦显翁得之于刘世常平父，刘得之于鲁斋许文正公”[2]。若此条记录确实，则《家山图书》为许衡之前即宋末元初所辑。而夏相的生卒年未详，只能依据《善本书室藏书志》中所记书前有“题辞十节”，将《小学题辞》分为10节并加以注释的是饶鲁，从而推测夏相为饶鲁同时期或之后的学者[3]。至此，我们只能断定《小学明说便览》与《家山图书》为不同版本的同一本书，成书于宋末元初。

另外，朝鲜宣德己酉（1429）本何士信《小学集成》中收录有《小学书图》一卷，“小学书图”字样下有“建安后学何士信纂”几个字。但查看书中图与图解，与《家山图书》相差无二。何士信的生卒年代不详，不过《小学集成》大量引用熊朋来（1246~1323）《小学标注》的内容，所以何士信应与熊朋来生活于同一时期或之后。但夏相与何士信谁先完成各自著述尚无法分辨，因此“小学书图”的作者究竟为谁，目前不能断定。不过最重要的是宋末元初出现了以图来解说《小学》的方式，与《小学》内容互为补充，使《小学》更易于理解。《家山图书》作为实现《小学》义理的具体方式，从六艺、行礼等具体的事的角度，对《小学》进行了补充完善。这也说明了《小学》得到了进一步的传播与扩散。

许衡（1209~1281）于1254年在京兆讲学，彼时他为学生讲论《小学》，并将讲义辑为《小学大义》。此书为一卷，记录了他对《小学》的理解。许衡继承了朱子的小学论，认为《小学》不仅是童蒙之书，还是与穷理工夫要同时进行的、成人也要修习的一般性的理学修养书。他说:“《小

① 《四库全书提要》,《家山图书》一卷，子部儒家类。“是书诸儒相传互有增损，行世者非一本欤。然要其指归则一也。其书先图后说，根据礼经依类标题，词义显著。自入学以至成人序次冠昏丧祭宾礼乐射御书数诸仪节，至详且备……盖朱子小学一书详于义理，而此则详于名物度数之间。二书相辅而行，本末互资，内外兼贯，均于蒙养之学深有所裨，有不容以偏废者焉。”

② 《四库全书总目》（清乾隆武英殿刻本）卷92《家山图书》。

③ 《朱子全书》称夏相为宋人。参见朱杰人、严佐之、刘永翔主编:《朱子全书》第13册，第386页。

学》、四书吾敬信如神明，自汝孩提便令讲习，望于此有得，他书虽不治无憾也。”① 他不仅如此教育后代，而且自己也切实地用《小学》、“四书”来修身和教导弟子。② 许衡令其弟子“使无大小皆自《小学》入”，“先生亦旦夕讲诵不辍”。许衡的老师姚枢（1201~1278）辞官之后，回到辉州（今河南境内），刊印了《小学》、“四书”等经典。③ 许衡则是从其师姚枢处承继的《小学》。④ 从姚枢与许衡的事例来看，元代士大夫在未借助国家之力的情况下积极传承和弘扬包括《小学》在内的朱子学。上文曾言及宋代《小学》主要在朱子门人间流传，因此《小学》也主要流传于朱子弟子主要的活动区域——中国东南一带。而到了元代，至姚枢、许衡，士大夫已将《小学》传播至北方。

与宋代相比，元代《小学》版本较为丰富和多样化。从内容上来看，元本《小学》多为注释本。除表 1 中《文公小学》不能确定是否为原本外，其余所知版本均为注释本。这些注释本又可分为两类：一类是注解《小学》中章句的，如《小学句解》《小学书纂疏》《小学纂释》《小学训解》《小学标注》《注朱氏小学书》《小学集注》《小学音训直解》等；另一类为对《小学》内容进行讲解说明的，如《文公先生小学明说便览》《小学语录》《小学资讲》《小学标题驳论》《小学书阙疑》等。不仅如此，元本《小学》的构成也多样化，有 4 卷本、6 卷本、10 卷本和 12 卷本。内容与构成的多样化，说明与宋代相比《小学》在元代得到了更多儒学者的关注，也得到了更为广泛的传播。

（三）明代版本

明前期，朱子学在思想界逐渐占据主导地位，⑤ 特别是永乐帝在位时期

① （元）许衡：《鲁斋遗书》（四库全书本）卷 9《与子师可》。

② （元）许衡：《鲁斋遗书》（四库全书本）卷 14《先儒议论》。“至许鲁斋专以《小学》、四书为修己教人之法，不尚文辞，务敦实行，是则继朱子之统者，鲁斋也。”

③ （明）黄宗羲：《宋元学案》，中华书局 2007 年版，第 3004 页。“枢一切拒绝，因辞职去。携家往辉州苏门山，作家庙，别为室奉孔子及宋儒周程张邵司马六君子像，刊《小学》、四书并诸经传注，以惠后学。”

④ （明）黄宗羲：《宋元学案》，中华书局 2007 年版，第 2995 页。

⑤ 陈来：《宋明理学》，华东师范大学出版社 2005 年版，第 169 页。

刊行了一系列“大全”，这对东亚的朱子学产生了巨大的影响，对《小学》的传承也起到了积极作用。明代《小学》版本整理如下（见表2）。

表2 明代《小学》及《小学》注释书、讲解书

书名	时间	编/注者	刊印者	卷数	备注
小学旁注	元末明初	朱升			《千顷堂书目》
小学训义	洪武年间（1328~1398）	吴从敬*			《千顷堂书目》
文公小学注	永乐年间（1403~1424）	蒋明			《千顷堂书目》
小学集解正误	永乐年间	陈祚			《千顷堂书目》
小学讲义	永乐年间	仰瞻			《千顷堂书目》
小学集解	宣德八年（1433）	吴讷	翠岩堂刻	10卷	中国国家图书馆藏
	1466~1538	吴讷	夏尚朴序	10卷	钦差重刊
文公先生小学集注大成	宣德甲寅（1434）	熊道轩	刘剡校对		统合二熊、何士信、吴讷之书
小学集注	1461年之前	刘实		6卷	
小学句读，又称“小学集注”或“小学增注”	成化癸巳（1473）	陈选		6卷	
	弘治乙丑（1505）	陈选	王鏊	6卷	中国人民大学图书馆藏
	嘉靖甲午（1534）	陈选	霍冀	6卷	中国国家图书馆藏
	嘉靖乙未（1535）	陈选	台州刊	6卷	《群碧楼善本目录》
	嘉靖丙辰（1556）	陈选	李德用	6卷	安徽省博物馆藏
	万历戊戌（1598）	陈选	李多见	6卷	台湾藏
	万历戊戌（1598）	陈选	曹璜	6卷	中国国家图书馆藏
	万历戊午（1618）	陈选	沈自章	6卷	北京大学图书馆藏
	崇祯乙亥（1635）	陈选	内府刻本	6卷	《中国古籍善本书目》
	崇祯年间（1628~1644）	陈选	古吴朱君聘	6卷	中国国家图书馆藏
小学集说	成化丙午（1486）	程愈		6卷	会通诸家注释
小学集注大全	1450~1524	王鏊	王鏊序	10卷	统合吴讷、陈祚、陈选之书
小学章句	1465~1518	王云凤		4卷	《千顷堂书目》
小学释诗	1479~1542	吕柟			以诗诠释《小学》

续表

书名	时间	编/注者	刊印者	卷数	备注
文公小学**	嘉靖乙未（1535）	张明道校 叶稠图释	吴江县儒学刊		台湾“中央图书馆”藏
古文小学	1466~1560	湛若水		7卷	台北图书馆影像数据，新编小学书
小学广义	1476~1544	钟芳		1卷	《千顷堂书目》
小学集注		周寅			正德《嘉善县志》
小学衍义	1524~1597	耿定向		2卷	《千顷堂书目》
小学新编摘要略	1544~1609	刘元卿		1卷	中国国家图书馆藏
文公小学	万历三十七年（1609）		赵良相	6卷	中国国家图书馆藏
新刊官板注解文公小学正蒙		袁鲸		6卷	中国国家图书馆藏
古小学通记	明末	刘宗周		4卷	《浙江通志》，新编小学书
古小学集记	明末	刘宗周		9卷	《浙江通志》，新编小学书
小学疏略		江旭奇			《千顷堂书目》
小学衍义		江旭奇			《千顷堂书目》
小学翼赞诗		张洪		6卷	《千顷堂书目》
文公先生小学书解	明	朱熹		4卷	《中国古籍善本书目》
小学集注指南大全		周汝寿补注	雨花斋	6卷	中国国家图书馆藏
小学撮要		王崇献		6卷	《千顷堂书目》
小学集注		王三聘			《明史》有记录
小学汇纂又蒙训		陈其蒽			《明史》有记录
续小学		李镆			《明史》有记录，新编

*《江西通志》（四库全书本）卷 86：吴从敬，贵溪人，洪武初以荐授晋府长史，著有《康衢集》《小学训义》《诗集大成》《古文孝经集义》。

** 此书是不是《小学》原本尚不能断定，须进行进一步查证。

将表 2 与表 1 进行对比可以发现，明代《小学》相关版本较之元代的 16 种有大幅增加，多达 32 种。与元代相比，明代版本具有以下特征。

第一，出现了新形式的版本。特别是陈选首次将《小学》加以句读，辑成《小学句读》。陈选用顿号对《小学》原文划分句节。陈选本是迄今发现的版本中重刊次数最多、收藏处最多、中韩日等东亚各地区发现最多的版本。

第二，明代版本中官刻本居多。至明代《小学》教育已经纳入官府教育，并已普及，因此《小学》的各种文本才得以由官府主导刊印。其中，吴讷的《小学集解》在1466~1538年由官府主持重刊。据夏尚朴序，钦差提学南畿侍御对《小学集解》重新校正。① 之后，1535年吴江县儒学刊印了《文公小学》。1635年重刊陈选的《小学句读》，此本在《中国古籍善本书目》中被称为“内府刻本”。对于政府刊刻陈选《小学句读》一事，清代陆陇其文集中也有记载。② 另外，尚有袁鲸所编6卷本《新刊官版注解文公小学正蒙》。

第三，明代儒学者视陈选的《小学句读》为善本，极为重视。明代《小学》版本较为丰富，其中陈选的《小学句读》有10种，占版本总数的三分之一。《中国古籍善本书目》中收录了15种《小学》，其中7种为陈选本。不仅如此，王鏊的《小学集注大全》、程愈的《小学集说》均引用了诸多陈选的注解。

（四）清代版本

表3 清代《小学》及《小学》注释书、讲解书

书名	时间	编（注）者	刊印者	卷数	备注
小学分节		高熊征		2卷	将原文分章节
小学集注	清初	魏裔介			
小学集解	1630~1692	吴讷	陆陇其	6卷	重刊吴讷本

---

① （明）夏尚朴：《东岩集》（四库全书本）卷2《重刊吴氏小学集解序》：“注小学者无虑十数家，然详者失之支离，简者失之疏略。独海虞吴氏《集解》视诸家为善，旧刻于某处，惜岁久板蚀字多残缺，建阳书肆传刻亦复讹舛。钦差提学南畿侍御某君重加校正，命某郡守某君刻于郡斋，而以序属予。”

② （清）陆陇其：《三鱼堂文集》（四库全书本）卷4《小学集解跋》：“崇祯时，诏以陈氏小学注颁学宫，集注始显，而集解罕有传者。”

续表

书名	时间	编（注）者	刊印者	卷数	备注
小学句读	康熙三十六年（1697）	陈选		6卷	中国国家图书馆藏
	雍正丁未（1727）	陈选	御刻	6卷	《御定小学集注》
	乾隆庚子（1780）	陈选	御刻	6卷	重校《御定小学集注》
	同治二年（1863）	陈选	盱眙吴棠	6卷	中国国家图书馆藏
	光绪十五年（1889）	陈选	山东书局	6卷	中国国家图书馆藏
	光绪三十三年（1907）	陈选	学部图书局	6卷	中国国家图书馆藏
小学集解	康熙辛卯（1711）	张伯行	正谊堂刻	6卷	融会诸家注释
	道光三十年（1850）	张伯行	云南何桂珍	7卷	中国国家图书馆藏
	1851~1911	张伯行		7卷	中国国家图书馆藏
小学摘义	1679~1751	李果			千顷堂书目
小学衍义		张伯行		86卷	清史稿
小学集解		黄澄		6卷	章分句释，间附己意
小学纂注		高愈		6卷	删定陈选本
	乾隆戊辰（1748）	高愈	尹会一	6卷	
		高愈	陈弘谋	6卷	云南重刊
小学纂注		彭定求		2卷	清史稿
小学句读记		王建常		6卷	陈选本为底本，各条下附诸书注释
小学浅说		郭长清		1卷	清史稿
小学大全解名		陆有容 谢庭芝 沈眉同		6卷	清史稿
续小学		叶真		6卷	清史稿，新编小学书

续表

书名	时间	编（注）者	刊印者	卷数	备注
小学抄注便读	道光十二年（1832）	哈国平		2卷	中国国家图书馆藏
小学	光绪七年（1881）		津河广仁堂	7卷*	中国国家图书馆藏
小学	光绪十年（1884）	朱熹		6卷	中国国家图书馆藏
小学	光绪二十年（1894）		吴桥官廨	6卷	中国国家图书馆藏
小学节本	光绪三十一年（1905）		学务处排印局	2卷	中国国家图书馆藏

*《小学》原文 6 卷,《辑说》1 卷。

清代《小学》版本有两个明显的特征。其一,《小学》一书的地位较前代有很大提升。清代之前虽有官刻本，却没有皇帝下令颁布的版本。雍正五年（1727），雍正帝命令大臣以陈选《小学句读》为底本，重加校对，并亲自作《御制小学序》，将书名定为《御定小学集注》。雍正帝通过此举，希望更多士人学习《小学》，将《小学》进一步推广。乾隆帝则将《御制小学集注》再次校正，收入《四库全书》。其二，清代学者注释《小学》时，将卷数统一为 6 卷。表中标为 7 卷的，正文也为 6 卷，另一卷为《辑说》。而两卷本《小学分节》《小学便读》《小学节本》及一卷本《小学浅说》并非《小学》的注释本，而是其辅助理解《小学》的解说书。只有彭定求《小学纂注》一种为两卷。

南宋至清代,《小学》在传承过程中呈现出几个明显的特征。

第一，随着时间的推移,《小学》版本逐渐增多。目前可知的宋本只有真德秀所刊的一种，元代则增加至 16 种，至明代多达 30 种。清代之前的版本在清代依然流行，清代学者新编 20 余种。这说明学者对《小学》的关注随着时间的推移不断升温。若从读者层面来看,《小学》首先流行于朱子门人间，并由朱子门人刊行，进入元代则由朱子学派学者许衡、何士信等注解和刊印。明代，不仅朱子学派学者，心学派学者湛若水

（1466~1560）、刘宗周（1578~1645）等对《小学》也甚为关注，并依据他们的理学理论重新编纂小学书。清代，不仅士大夫阶层甚至皇帝也极为关注《小学》，从而《御制小学集注》得以出现。换言之，不仅士大夫阶层而且皇权也积极参与了《小学》注释书的编纂和传播。《小学》依靠国家权力，在全国得以推广。总之，《小学》的刊行与教育首先在朱门之内进行，之后得到朱子学派学者关注，再之后又在心学派学者中产生强烈反响，同时官府和皇权也积极参与进来。这样，从南宋到清末《小学》不断地传播和扩散。朱子学的理论层面自明中期以后遭到诸多批判，与之相伴的是明后期至清代学者探究儒学的性质发生了改变，尽管如此，如《小学》这般朱子学实践性的教育反而不断传播和扩散。

第二，《小学》版本的形式日益丰富。目前为止尚未发现宋代有注释本；至元代出现了注释本、以图来讲解《小学》的版本，以及“阙疑”“驳论”等解说《小学》的版本；明清则又有讲义、释诗、指南、分节、解名等新形式出现。《小学》版本形式的多样化说明对《小学》的解释愈加细化，后代学者对《小学》解释的视角也愈加多样化。

第三，《小学》的构成经历了从 4 卷本到 4 卷本、6 卷本、10 卷本再到 6 卷本的变化。宋代版本以 4 卷本为主，元代则是多种并存，明代统一为 6 卷本。明代虽然偶有 4 卷本和 10 卷本，但数量极少。清代《小学》的注释本则完全确定为 6 卷本。

第四，《小学》的传播与不同时代的政治状况有极为密切的关系。南宋后期的“党禁”对《小学》的传播产生了一定的影响。“（元太宗）至元二十四年（1287），立国子学”，并规定国子学内“凡读书，必先孝经、小学、论语、孟子、大学、中庸”①。这在一定程度上促进了《小学》的传播。明代前期朱子学在思想界占据了统治地位，科举以《四书集注》为主。②在此影响下，《小学》得以更迅速地传播，其官刻本频频出现。清代《小学》依靠皇权得以扩散。康熙帝曾以《小学》内容为题考试天下士子，

① 《元史》卷 81，中华书局 1974 年版，第 2029 页。

② 侯外庐、邱汉生、张岂之主编：《宋明理学史》（上），人民出版社 1997 年版，第 17 页。

还令大臣将《小学》翻译成满文，只是满文本未及刊刻。[①] 雍正皇帝承康熙之志，1727 年命臣下重校陈选《小学句读》并付刊刻，还作《御制小学序》，定书名为《御制小学集注》。乾隆皇帝又于 1780 年命大臣再次校对《御制小学集注》，并将其收录于《四库全书》中。经过清代诸位皇帝的努力，至清末《小学》一直有新的版本出现。要言之，《小学》的传播与政治有着紧密的关系，虽在其诞生初期传播多受限制，但之后随着朱子学官学地位的确立，《小学》也得以更加迅速、广泛地传播。

二 朝鲜王朝《小学》的传承

朱子《小学》传入朝鲜的时间尚不明确，应该是高丽末伴随朱子学传入。[②] 朝鲜朝时期，《小学》与《朱子家礼》一起成为初学者学习的入门书。[③] 至于朝鲜朝时期《小学》的刊行情况，目前韩国学者已经整理出《小学》相关版本 70 余种，[④] 刊刻 130 多次。[⑤] 以这些研究为基础，笔者又做了更为详尽的调查，新发现 10 种版本，现整理如下（见表 4）。

---

① 陈选注:《御定小学集注》(四库全书)，《御制小学序》:“皇考圣祖仁皇帝尝特颁谕旨，令有司兼以命题课士，海内士子固已咸知诵法矣。又命尚书顾八代一人翻译清文，日进呈览钦定，三年而后成，嘉惠后学之心，至深且厚。当曰未经刊刻颁行。朕敬承皇考遗志，特命校对授梓，以资肄习。”

② [韩] 申政烨:《朝鲜时代〈小学〉的刊行及版本》，庆北大学硕士学位论文，2008 年，第 414 页。

③ [韩] 李俸珪:《从涵养论及教育过程来探究朝鲜性理学的特征》，《退溪学报》第 128 辑，2010 年，第 111~122 页。

④ 目前关于《小学》版本整理的研究主要有：[韩] 申政烨:《朝鲜时代刊行的〈小学〉谚解本研究》，《书志学研究》第 44 辑，2009 年；[韩] 申政烨:《朝鲜时代〈小学〉的刊行及版本》，庆北大学硕士学位论文，2008 年；[韩] 崔敬勋:《朝鲜时代刊行的朱子著述及注释书的编纂》，庆北大学硕士学位论文，2008 年；[韩] 郑豪勋:《朝鲜后期小学刊印的情况及特征》，庆北大学硕士学位论文，2008 年。此外，还有《奎章阁图书韩国本综合目录》中收录的《小学》其他版本。《奎章阁图书韩国本综合目录》中编辑者、编辑时间未详的版本，本论文不做收录。这些版本的题目现整理有《小学抄略》《小学抄略内篇》《小学抄略外篇》《小学抄略谚解内篇》《小学抄略谚解外篇》《小学童子文》《小学之书》。

⑤ 虽然有 70 多种，但其中 27 种版本的详细信息尚不甚明确，有待日后进一步查证。相信经过进一步查证，刊刻的次数也会增多。

表 4 新发现的《小学》相关版本

书名	时间	著者	刊行处	卷数	备考
小学口诀	1455~1468	世祖			崔恒跋，《太虚亭集》
小学便蒙	1537	崔世珍		4卷	朝鲜王朝实录
小学集注（宣政殿训义）	1744	英祖	中央		英祖亲制序文，朝鲜王朝实录
小学续编	1623年以前	成浑			朝鲜王朝实录
小学考证	1694年以前	朴世采			朝鲜王朝实录
小学读书记		朴世采		1卷	朝鲜王朝实录，增补文献备考
小学箚疑	1724年以前	李喜朝		1卷	《芝村集》
小学札记	1726年以前	金榦		2卷	增补文献备考
小学注	1747年前后	宋文钦			整理出朱子本注
小学补笺	1801	丁若镛		1卷	茶山跋

注：因篇幅所限，本文不对所有朝鲜朝流行的《小学》版本进行整理和收录。表中只整理了笔者新发现的 10 种版本，这 10 种版本尚未出现在目前的研究中。其他朝鲜朝《小学》版本可参见［韩］申政烨:《朝鲜时代〈小学〉的刊行及版本》，庆北大学硕士学位论文，2008 年;［韩］崔敬勋:《朝鲜时代刊行的朱子著述及注释书的编纂》，庆北大学硕士学位论文，2008 年。

《小学便蒙》并非笔者最早发现的版本。韩国学者认为这本著述是专为儿童学习汉文而编。但笔者认为其作为小学阶段的教育用书，对习得儒家仪节、涵养心性仍有一定的意义，从这一角度出发，笔者将其收录于此表。

由表 4 及目前研究成果所整理的版本来看，《小学》在朝鲜传播过程中体现出以下特征。

第一，至 17 世纪初朝鲜流行的是由中国传入的版本。当时传入朝鲜的版本主要有何士信的《小学集成》、陈选的《小学句读》、程愈的《小学集说》、吴讷的《小学集解》、陈祚的《小学集解正误》《小学书图》等。朝鲜刊行中国版本的情况是：何士信《小学集成》9 次，程愈《小学集说》19 次，程愈的注解应是当时朝鲜最为流行的。[①] 中宗时期刊行的《翻译小学》也是以程愈《小学集说》及何士信《小学集成》为底本，且重刊了 5

① 本文下如此论断，仅是根据目前的研究成果及笔者的调查。以后随着进一步的调查可能会发现新的再刊本，届时再进行补充。后文所论及的刊行次数也是如此。

次。其他版本刊印情况是陈选《小学句读》1 次，吴讷《小学集解》2 次，《小学书图》1 次。朝鲜朝儒学者虽然对陈祚、高愈、许衡、黄裳等的注释书多有阅读，但尚未发现刊印记录。[①] 可见中国当时最为流行的是陈选本，而朝鲜朝韩国最流行的则是程愈本。

第二，《小学》在朝鲜朝时期的传播是在国王和政府主导下展开的。由目前韩国学者及笔者整理的版本信息来看，国王亲自编纂的有世祖（1455~1468）的《小学口诀》，[②] 英祖 1744 年的《小学集注（宣政殿训义）》[③] 及 1766 年的《御制小学指南》。因王命而编辑的有乙亥字《翻译小学》（1518）、经书字《小学谚解》（1588）（17 世纪后期，在校正《小学谚解》后刊印的新版《小学谚解》也是因王命而作）、戊申字《小学谚解》（1744）三种。此外，1694 年刊行的李珥所辑《小学集注》中有“御制序文”，此版本亦是受王命而刊。众多版本之中，《御制小学指南》是英祖 73 岁高龄之时经筵讲论《小学》后编辑而成。[④] 中国清代仅有皇帝命令而颁行的陈选《小学句读》一种。可见与中国相比，韩国更加重视《小学》。

以表 4 及现有研究成果为依据，笔者发现朝鲜朝时期中央政府主导刊印《小学》多达 40 余次，由地方政府主导刊印的《小学》有 10 种 [⑤]（见表 5）。

---

① 朝鲜刊印中国版本的次数主要根据申政烨《朝鲜时代小学的刊行与版本》（第 121~126 页表 14 至表 19）、《朝鲜时代刊行的小学谚解本研究》（第 121~126 页），以及崔敬勋《朝鲜时代刊行的朱子著述及注释书的编纂》（第 144~145、149~150 页）、郑豪勋《朝鲜后期小学刊印的情况及特征》（第 111~143 页）整理。

② 崔恒：《太虚亭文集》卷 2《文集丛刊》，《经书小学口诀跋》a_009_202b：“恭惟我殿下万机余间，暂定口诀，四圣之旨，炳如指掌。又以《小学》尤切于学者入道之门，亦自定诀。诗则命河东君臣郑麟趾，书则蓬原君臣郑昌孙，礼则高灵君臣申叔舟……”

③《英祖实录》，《行状》：“二十年甲子春正月，纂《小学宣政殿训义》……二十二年丙寅春二月，王召文学臣语之曰：‘昔人以读书为求放心，有旨哉。予自纂《小学训义》，每端居躬念世宗以东方圣人，制作礼乐，今予何敢望？……’”

④ 英祖：《御制小学指南》（1766），延世大学中央图书馆藏，《御制小学指南序》：“先以小学题辞诵而书之，随节附予意。其于内外六编，只举篇题首章，亦附予意。噫！此乃暮年复讲作一指南之意，而其于童蒙，庶几为行远升高之一助云尔。”

⑤ 此处整理的这 10 种《小学》版本，有 5 种以《小学》为书名。1740 年以前在咸营、岭营刊印的《小学》为《小学集成》还是《小学诸家集注》抑或是其他版本，尚未有定论，有待进一步查证。

表 5　朝鲜朝时期地方政府刊行的《小学》

书名	年代	著者	版本	刊行处	卷数	备考
小学	1427		郑孝文刊版	江源道		江原道监司承世宗
小学集成	1744	何士信	木版	完营	10卷	
	1759年以前	何士信	木版	全州	10卷	完营册板目录
	1864	何士信	木版	完营	10卷	刊记: 藏书阁
小学诸家集注	1745	李珥	戊申字翻刻	黄海监营	6卷	
	1745	李珥	戊申字翻刻	安东府	6卷	
小学	1750		洪启禧字本	忠清监营	6卷	
小学	1740年以前		木版	咸营		册板置簿册
小学	1743年以前		木版	岭营		三南所藏册板
小学	1753		木版	广州府	6卷	

据目前笔者统计，地方政府与中央政府共刊印《小学》达 50 次，占到朝鲜朝刊印《小学》次数的三分之一，可见朝鲜政府对《小学》的重视。在朝鲜朝政府的主导下，《小学》在首尔、江源道、黄海道、忠清道等地广泛流传。

第三，《小学》在朝鲜得以本土化。《小学》传入之后，为更易于阅读和理解，朝鲜士大夫对其进行了“悬吐”和“谚解”。由表 4 及目前的研究成果推断，15 世纪之前仅有《小学》悬吐本，16 世纪之后出现了谚解本。目前所知的最早的悬吐本为 1420 年庚子字《小学大文》。1518 年，又有朝鲜语《翻译小学》。《翻译小学》以何士信《小学集成》为底本，而 16 世纪与 17 世纪的《小学谚解》均以程愈《小学集说》为底本。英祖曾说：“训义弗过训蒙学者，而国有方语，教妇人之道，匪谚解莫能晓也。”① 因有当地语言，若要在朝鲜百姓中普及《小学》则必须进行翻译。借助悬吐、翻译、谚解，《小学》在朝鲜朝得以本土化，上至国王、士大夫，下至

① 《小学谚解》，英祖命译，1744 年版本，刊印年代不详，韩国国立中央图书馆藏，《御制小学谚解序》。

庶民、妇女均可阅读。承载了朱子理学思想的《小学》在朝鲜社会中打破了汉文识字阶层的界限，在民众中广泛传承，使朝鲜儒教社会的基石更加坚实。

第四，除朝鲜王朝编辑、刊行《小学诸家集注》等丰富多样的注释书外，还出现了个人根据自己的理解对《小学》章句加以解释的讲解书，如朴世采的《小学考证》《小学读书记》，李喜朝的《小学劄疑》，金榦的《小学劄记》等。“读书记”“劄疑”“劄记”等形式的著述，记录的均是著者在日常生活中践行《小学》内容之后的体会和想法，即朝鲜士大夫并未止于阅读和理解《小学》内容，而是将《小学》的内容直接在日常生活中实践，以涵养自身的心性。

各种版本中，《小学便蒙》的性质有所不同。目前虽未见其书传世，但依据《朝鲜王朝实录》的记载可知，崔世珍为使蒙童更易于学习汉文而将《小学》的内容重新编辑，所成之书便是《小学便蒙》。[①] 可见，《小学便蒙》并非《小学》的注释书或讲解书，但通过对书中文章的学习，亦可以对《小学》的内容有切身体会，从而涵养心性。由这一事例可以看到《小学》在朝鲜社会自然地传播和扩散的一个侧面。那么《小学便蒙》也不能仅仅视为教授儿童汉文的学习书，也可以说是一种《小学》教育书。

三 《小学》在中韩两国传承的异同之处

以上分别考察了《小学》在中国宋元明清时期、韩国的朝鲜朝时期传承的具体情况及特征，通过比较可以发现《小学》在两国传承过程中的异同之处。

其相同之处，主要有三点。首先，中国和韩国传统社会中曾流行一些相同的版本，即何士信的《小学集成》、陈选的《小学句读》、程愈

① 《中宗实录》卷86，中宗三十二年［（1537）丁酉］十二月十五日（庚申）条：“上护军崔世珍，以《韵会玉篇》《小学便蒙》入启曰：‘……我国以《小学》教子弟，而内篇则皆圣贤可法之事，外篇则似不紧于小儿之学，而亦不能遍读，故臣类抄其中可法之事，分作四卷以进，非有所增损于本篇也。简略而便易，若命刊行，则庶有补于小儿之学也。’”

的《小学集说》及吴讷的《小学集解》。这些版本至清朝末期都在流传，在朝鲜朝则主要流行于17世纪前期。16世纪末，李珥将当时朝鲜流行的中国本《小学》注释书全部整理、筛选、补充，辑成较为完备的朝鲜本注释书——《小学诸家集注》，17世纪中期以后李珥的注释本取代了各种中国版本成为当时朝鲜最为流行的版本。可见，朝鲜社会主流的善本并非中国版《小学》，而是朝鲜儒学家对几种中国版本补充再编而成的朝鲜本。

其次，两国的统治阶层都非常重视《小学》。这体现在两个方面：一是中国与朝鲜均有多种官刻本；二是国家最高统治者均以“御制”的形式再刊或再编《小学》注释书。上文也曾论及清代康熙皇帝与乾隆皇帝都曾重校陈选《小学句读》，颁布《御制小学集注》；朝鲜朝世祖、英祖等也曾直接下令刊印《小学》注释书。

最后，作者未直接注解《小学》，而是将之前学者们的注释书综合、筛选，重新整理后辑成新的《小学》注释本。元代何士信的《诸儒标题注疏小学集成》即主要采用了饶鲁的《小学题辞注》、李成己的《小学纂疏》、熊朋来的《小学标注》等的注释，以及张载、二程、朱子、许衡等的言论。明代熊道轩所著《文公先生小学集注大成》则将熊朋来的《小学标注》、熊禾的《小学句解》、何士信的《小学集成》、吴讷的《小学集解》综合整理、去粗取精编辑而成。[①] 程愈的《小学集说》也是如此。程愈参照前辈学者的注解，“于知己者辨质其是非，订正其讹舛”，而集成《集说》。[②] 此外，还有王鏊将吴讷的《小学集解》、陈祚的《小学

① 朱杰人、严佐之、刘永翔主编:《朱子全书》第13册，第488页。《明宣德刻本文公先生小学集注大成书后》:“近代豫章、勿轩二熊氏为之标题句解，建安何氏为之集成，予宗叔翰林文江刘先生子钦之门人海虞吴公讷又为之集解。友生熊道轩潜心是书，芟繁就简，辑而一之，名曰小学集注，请予校之。”

② （明）程愈:《小学集说》，朝鲜训练都监字版，朝鲜仁祖七年（1629）刊行，2a~2b页。《小学集说序》:“命分理河道于济，退食之暇辄取是书而读之，参考诸家之注，间有不能无疑者，僭不自揣而欲会通其说。幸济为南北往来之要津，日接天下士大夫，而于知己者辨质其是非，订正其讹舛，退而又得济人李晦之李继宗相与研究众说之精当而不咈乎本义者，随而录之，以为集说。”

正误》、陈选的《小学句读》统合而成《小学集注大全》。① 这些集成注释本一方面揭示了《小学》注释的发达，另一方面也说明时代变换，越发展至后代注释书不断增多，注释《小学》的学者对朱子的儒学思想及《小学》旨趣也产生了不同的理解。对如此庞杂繁多的《小学》注解进行点校，纠正谬误，发扬《小学》中蕴含的朱子学的旨归，这样一个儒学的工程由后代学者承担并完成。何士信、熊道轩、程愈等后代学者的著述正是以前代学者的成就为基础，将朱子的思想及《小学》思想解释得更为缜密、明确。

中国的各种版本传入朝鲜之后，朝鲜学者在中国儒学家成果的基础上，按照自己的理解方式编纂了新的注释书，最具代表性的是李珥的《小学诸家集注》。李珥以何士信《小学集成》、吴讷《小学集解》、陈祚《小学正误》、陈选《小学句读》、程愈《小学集说》为基础，对现行注解进行补充完善，从而辑成一部更加完备的注释书，之后，《小学诸家集注》又经过了沙溪金长生（1548~1631）、尤庵宋时烈（1607~1689）以及同春堂宋浚吉（1606~1672）等李珥弟子、再传弟子的校正和完善。金长生的校正称为《小学集注考订》，宋时烈又在《小学集注考订》中加入了自己对《诸家集注》的修改。这可谓《小学》在朝鲜儒学学派的传承中逐渐成为朱子学视角中更为严密的定本的一个实例。② 若谓李珥的《小学诸家集注》是朝鲜历史上对《小学》的第一次完善，那么金长生及其弟子宋时烈、宋浚吉的校正则是对《小学》的第二次完善。即使至朝鲜朝后期，对《小学》注释的补充和完善也从未停止。

《小学》在中国与韩国传承中的不同之处，主要有两点。其一，《小学》传入朝鲜之后出现了一些中国未曾有过的新形式的版本，即悬吐本和

---

① （明）王鏊：《震泽集》（四库全书本）卷1《小学集注大全序》："小学集注大全凡十卷，集解作于海虞吴公讷，正误作于吴郡陈公祚，增注作于天台陈公选，盖古小学之教后世不及睹矣……吴公字诂章，释初学甚有赖，而其间亦或不能无误，且亦有未备者。故又不能无待于两陈，必合三君子之作，而后小学之义明且备。若子朱子可谓有功于后学，三君子可谓有功于朱子也。"

② ［韩］李俸珪：《从涵养论及教育过程来探究朝鲜性理学的特征》，《退溪学报》第128辑，2010年，第110页。

翻译本（包括谚解本）。这些版本的出现一方面意味着《小学》在朝鲜的本土化，另一方面也让我们看到朝鲜士大夫为使《小学》在一般百姓及女性中扩散和普及所做的努力。因为这些努力，在实现朱子学的儒教社会方面，朝鲜的文化水平在当时达到了亚洲的最高层次。①

其二，明代有《古文小学》《古小学通记》《古小学集记》等书名中含有“古文”或“古”字的版本，朝鲜则没有。湛若水在《古小学序》中讲道：“先王之风息而教弛，教弛而后二学亡……自二教弛，而皆逸于戴记也。大学之逸也，其篇全，而程氏表之；小学之逸也，其篇散，未有会而聚之以复古者。”② 湛若水认为朱子所纂《小学》并非原小学书，若要复原古小学书，便要从《戴记》中选取章句。湛若水将自己编纂的小学书命名为“古文小学”，这一方面反映他认为自己的《古文小学》乃三代之小学书，另一方面则体现了他要区别与朱子《小学》的意志。湛若水之外，刘宗周也纂辑了《古小学通记》《古小学集记》，他在《古学经序》中说道：“宋儒朱子乃始表章大学中庸，配论孟为四书，而复著小学，补遗经之缺，即其分门别类，引喻精微，有老师宿儒所不能究者，则亦朱子之小学而非古文小学也。”③ 他还认为朱子《小学》中有汉代以后及宋代儒学家的相关内容，并非纯粹的古文小学。因此，他要承朱子纂《小学》之志，编纂一部真正的古文小学书。他在自己编纂的小学书书名中特别加一“古”字，以彰显朱子《小学》非古代之小学，他所辑的才是复原古代小学书的著述。从思想史的角度来看，这两位心学派学者提出了不同于朱子《小学》的问题意识，编纂新的小学书，使东亚的小学论及小学教育更加丰富和多样化。

---

① 不仅《小学》而且“四书”等朱子的其他经书自中国传入朝鲜之后，也均刊印了悬吐本和谚解本。这意味着朝鲜统治者站在朱子学的立场上用朝鲜的语言对儒学经典加以体会，以确立在朝鲜社会实现朱子学理念的基石。经过这些努力，儒学进一步本国化，文盲阶层也有了接触儒学的可能，从而使朝鲜在实现朱子学的儒教社会层面达到当时东亚的最高层次。关于传入朝鲜的“四书”等朱子的其他经书的悬吐本和谚解本，可参考崔敬勋的《朝鲜前期朱子著述的刊行研究》《朝鲜时代刊印的朱子著述及注释书的编纂》和俞英玉的《校正厅本四书谚解的经学研究》。

② （明）湛若水：《湛甘泉先生文集》（清康熙二十年黄楷刻本）卷 17《古小学序》。

③ （明）刘宗周：《刘蕺山集》（四库全书本）卷 9《古学经序》。

不同于中国的情况，从朝鲜版本的书名来看，未见有反映否定或反对朱子《小学》的倾向。岭南学派与畿湖学派的学者们都积极致力于接受和完善《小学》。这一点从退溪李滉《圣学十图》中的《小学图》与李珥的《小学诸家集注》中可见一斑。不过非朱子学派学者，如茶山丁若镛（1762~1836），为使其弟子能更好地理解《小学》，对《小学》的注解进行了补充和完善而辑成《小学补笺》。[①]不仅如此，他还编辑成《小学枝言》一书，此书亦是将其对《小学》原文或注释存有异议的部分提取出来，加以纠正或补充。[②]也就是说，丁若镛既非朱子学派学者，也不同于中国的心学派，他积极接受和弘扬了《小学》。

但丁若镛对《小学》完善的方式不同于中国的朱子学派学者，他对《小学》的经文也进行了批判。例如，朱子经文中引用了“伯夷叔齐”的典故，丁若镛直言“伯夷叔齐饿于首阳而已，何尝饿死”(《小学枝言》《稽古》)，而中国的儒学者只是对《小学》的注解进行了补充，或者是完全摒弃了朱子《小学》新编小学书。丁若镛则不仅对注释还对经文进行了批判和完善，使《小学》成为更为严密的定本。因此，可以说，与中国相比，韩国朝鲜朝学者超越学派的界限，更加积极地完善和使用《小学》。

四 结语

综上所述，本文考察整理了宋元明清时期流行的70余种《小学》版本，并进一步分析了《小学》在不同时期传承的特点。此外，在韩国学者研究成果的基础上，笔者又发现了10种朝鲜朝时期的《小学》版本，分析了《小学》在朝鲜朝传承的特点。通过对《小学》在中韩传承的情况加以

---

① 丁若镛:《诗文集》第十四卷,《跋小学补笺》,《韩国文集丛刊》第281册，第310页b面。“右小学补笺一编，余所作也。辛酉孟春，儿曹读小学，将以应讲也。先儒注小学者非一家，然其笺释尚有未备，余述旧闻以补之。”不过此书已经散失，其内容难以得知。

② 参见［韩］金炳燦:《茶山的小学理解与小学枝言》,《东洋哲学》第1辑，1990年，第220~246页;［韩］郑日均（音译）:《茶山丁若镛的“小学”论——以〈小学枝言〉为中心》,《茶山学》第6号，2005年，第210~248页。

对比，发现中国心学派学者存在复原古代小学书的问题意识，在此问题意识下编纂了完全不同于朱子《小学》的小学书，进而丰富了东亚的小学书；而朝鲜的儒学家不断努力进行《小学》的本土化，并积极地继承和弘扬朱子《小学》，这些举措成为在朝鲜社会实现东亚最高水平的理学社会理念的基石。

论韩国文献《东文选》中的梅意象

王丽媛*

在东亚古代诗文创作中，咏梅有着悠久的历史传统。在中国，梅常常被赋予高洁、孤傲、飘逸、不屈的品质，苏轼、王安石、李清照、朱淑真、林逋等文人通过创作咏梅诗表达了自我对美好生活和理想的向往。与中国有着共同文化基因的韩国，在与中国的文化交流过程中曾积极学习、借鉴、吸收古代中国的梅文化。

朝鲜朝成宗六年（1475）由徐居正等人编纂的《东文选》是一部官撰诗文选集，收录了三国时期至朝鲜前期五百余位朝鲜文人创作的诗文作品，数量多达 5000 余篇，其中有诗歌、辞赋、奏议、序、跋等 55 种文体，共计 130 卷 45 册。①《东文选》的编写目的有两个，一是经典咏流传，二是风雅与政通。经典咏流传是指保存朝鲜的经典古诗文，风雅与政通则指的是使文学与政治互通，达到文以辅政的目的。据笔者统计，在韩国这部早期的汉诗文选集中，直接以梅命题的诗文有 11 篇，与梅相关的诗文共有 91 篇，梅意象出现的频次高达百余次。《东文选》是古代韩国重要的文学史料，反映了朝鲜半岛文学与中国文学相互交流的历史事实。探究《东文选》中的梅意象是探寻东亚文化的共同基因中不可或缺的一环，具有重要意义。

---

* 王丽媛，山东大学外国语学院亚非语言文学专业博士研究生。

① 고경식 외:『高丽朝汉文学论』, 서울 : 민속원 , 2004, p.140.

一　梅意象的寓意

古代文人在吟咏梅花时，很少孤立地去描写梅花的形、色、香，而重在写“梅格”，即梅花的风骨、气质、节操。梅之所以得到古代文人士大夫的青睐，不仅是因其外在的形态美，更重要的是它被赋予了某种人格的精神寓意。① 本文拟从梅喻春、寄情、言志、悟禅的方面分析其内在的思想意蕴。

（一）梅喻春

梅花花开时节一般是在冬春之交，梅花花开预示着春天来了，梅花早已成为春的标志。因此，梅花在诗中成为报春的天使、坚贞的化身，也正因如此，梅得到了冠绝群芳的清誉。②《东文选》中以梅喻春的诗文有十余首，梅多与桃、柳、细草、融雪、春江等物象并喻，表达寒冬已过，新春即来。

1.梅桃并喻

梅花与桃花都是春天的象征，梅花与桃花共同出现，多寓意大地回春、万物复苏。周邦彦在《瑞龙吟》中写道：“还见褪粉梅梢，试花桃树。”李邦直也在七言律诗《新到干川诸公来访次韵》中写道：“小桃犹未放新红，早梅先发荒园中。”在两位诗人眼里，梅花是报春的使者，先于桃花开放，在满园的荒芜之中，盛开的梅花预示着春天即将到来。再如，七言律诗《梅花》写道：“东君试手染群芳，先点寒梅作淡妆。玉颊爱含春意浅，缟裙偏许月华凉。数枝犹对撩人艳，一片微回逐马香。正似清溪看疏影，只愁桃李未升堂。”梅花盛开之时，桃李还未开放，凌寒开放的梅花揭开了春天的序幕。诗人将梅花与桃花做对比，梅花先于桃花开放，更加凸显其报春的特质。

---

① 参见徐登光：《冷淡合教闲处着，清难难遣俗人看——中国古代文学中梅意象初探》，《十堰大学学报》（社会科学版）1994 年第 4 期。

② 参见于素香：《乐府诗中的“梅”意象》，《西藏民族学院学报》（哲学社会科学版）2008 年第 3 期。

2.梅柳并喻

范成大在《春怀》中写道："柳颦梅笑各相恼，诗债棋雠俱见寻。"柳颦梅笑凸显了春天的生机，梅柳并举象征着春天的到来。卞仲良在七言律诗《宁海》中写道："二月江城霁景迟，芳洲散策动春思。少年流落伤豪气，半日娱欢遇旧知。梅柳开时难把酒，楼台多处谩题诗。京华北望几千里，每赋菰亭独自悲。"该诗以"梅柳开时"喻指江城的二月，在生机盎然的春天，诗人却无人把酒言欢，用梅柳的生气反衬自己的孤寂。"风帆海天阔，梅柳古乡春"，在释卍雨的诗歌《送日本僧文溪》中，梅和柳是春天典型的植物，喻示着春天将至。七言绝句《野步》中"小梅零落柳僛垂，闲踏青岚步步迟。渔店闭门人语少，一江春雨碧丝丝"，梅花开始凋落，垂柳迎风摇曳，喻示着春天已经到来。

3.梅雪并喻

白雪消融，寒梅盛开，正是冬春更替的季节。五言律诗《闲斋同中虑偶吟》中有诗句"雪尽春光动，山围暮色多。懒从生计薄，闲爱旧知过。古井初消冻，寒梅正结花。团圞风味足，赊酒更煎茶"，以"雪尽梅开"喻指初春。金仁馆《廉侍中悌臣第盆梅》曰："一见处惊眼不尘，青裙缟袂照人新。隔窗风雪徒为恶，好向华堂已报春。"梅花不惧风雪的凌厉，凌寒盛开，梅花盛开喻指凛冬即将过去，春天就要到来。梅花是报春的使者。

4.梅江并喻

春波涌动，江畔梅花盛开。古代韩国文人在春日的昭阳江畔创作了一系列吟咏梅花的诗文，如邢君绍在《春州昭阳江行次韵》中写道："傍江官柳闲野梅，景物欣欣似慰怀。"李弁也作有诗歌《昭阳行》："千金笑与早春梅，一展谢傅东山怀。江边又筑子陵台，一竿明月印石苔。"赵浚在《春日昭阳江行》中写道："春城城里无生烟，昭阳江头十月天……亭前玉树临风梅，脉脉似慰王人怀。"李先齐《春日昭阳江行》诗曰："我来又见发春梅，东西役役每劳怀。"待梅花开时，冰已消融，春江是时节更替的标志，梅花则是春意来临的象征。

在梅与桃、柳、江、雪等物象并举喻春之余，报春的梅花还与春雨、春草、燕子等春日特有的物象共同出现。《东文选》中收录有诗歌《旅寓》，此诗中有“梅牕春色早，板屋雨声多”，诗人将梅花与春雨并举，描绘了春雨淅沥、梅花盛开的春日独有的景色。《复次韵》中有诗句写道：“小梅早惨风和苑，细草初茸日暖坡。”梅花与细草并举，是早春的象征。成侃《宫词》诗曰：“阴阴帘幕燕交飞，日射晴窗睡起迟。急唤小娃供颒水，海棠花下试春衣……朝来试步梅花下，脸上胭脂懒未匀。”春燕双飞、春梅盛开，诗人将梅花与燕子并举，喻指春天到来。

（二）梅寄情

《东文选》中以梅寄情的诗文有近十首，这些诗文的主题多与交游、出使、征战有关，这些梅意象流露出诗人婉曲复杂的难言心态。

1.相思之怨

古代韩国女子借梅花表达了对心上人的爱怨。七言绝句《怀金海旧游》写道：“燕子楼前燕子回，郎君一去不重来。当时手种梅花树，为问东风几度开。”前一句写屋檐下燕子双飞来去还，但是“我”的郎君却一去不复还，通过与成双成对的燕子做对比，表达了作者对郎君离去的哀怨与期待；后一句写“我”与郎君昔日种下梅花树，为的是与郎君共同迎接春日到来，梅花成为“我”与郎君情感联系的纽带，见梅如见君，梅是“我”与郎君的信物，如今郎君离去，“我”唯有把对郎君的思念之情寄托于梅花，抒发了相思之怨。

2.怀乡之伤

古代韩国诗人借梅花抒发了离乡之哀伤，表达了对故乡的思念之情。《东文选》中收录的诗词《忆故乡》，其中有诗句曰：“水畔梅花雪里开，夜深明月上楼台。此间着我诗应妙，闲跨驴儿归去来。”“梅花”与“明月”都是思乡的意象，在江畔的楼台边，只见梅花凌霜盛开，明月登上楼台，此情此景之下，诗人想到了阔别许久的故乡，顿时有感而发，便作此诗，以此表达对故乡的思念之情。《庭梅》写道：“故园还有临溪树，应待西行万里人。”故乡的梅花正等待离人归来，故乡的一景一物都是游子的牵挂，借梅化的意象寄托游子的思乡之情。

“梅”与边庭将士的关系尤为紧密，“梅”也成为一个专门曲调，常被用来表达乡关之思。五言律诗《使金过兔儿岛镇宁馆》写道："前途余几里，晚色渐微茫。天外北风黑，地中西日黄。妇人能走马，童子解骑羊。一曲梅花落，声声断客肠。"兔儿岛即今辽宁省盖州市西南的仙人岛，此诗是诗人出使金国时所作。"《梅花落》本笛中曲也"（郭茂倩《乐府诗集》），笛声响起，总能勾起人的离愁别绪。《梅花落》的曲声勾起离人的缕缕乡愁，表达了诗人身处异国对故乡的思念之情。七言绝句《扈驾丹山途中》写道："三韩神器保盈成，入相兼提十万兵。黑纛黄旗映山去，穿云一曲落梅声。"此诗为出征途中所作，浩浩荡荡的三韩大军整装出发，《梅花落》的曲声忽然穿云入耳，征人思念家乡，挂念故乡的亲人，梅与征人的感情剪不断理还乱，梅寄托着将士们的思乡之情。

梅花成为古代韩国文人表达相思之怨、怀乡之伤的情感载体。《东文选》中的梅意象表达了闺中女子的相思之怨、孤苦离别之情，同时寄托了游子的思乡之情，抒发了游子的羁旅行役之叹，颇具深刻的感染力。

（三）梅言志

《东文选》中以梅言志的诗文有十余首，古代文人借梅花寄托自己的人格理想，标立高尚纯洁的精神世界。

1.淡泊高洁之志

梅花生于隆冬腊月，因颜色素雅又具淡香而被称为"清客"，蕴含洁白、高尚，因此古往今来深受许多文人墨客的喜爱。① 梅花之所以深受人们喜爱，是因为它超脱凡俗，不与众芳争春。七言绝句《梅花》写道："姑射冰肤雪作衣，香唇晓露吸珠玑。应嫌俗蕊春红染，欲向瑶台驾鹤飞。"梅花以露为食，以雪为衣，生于严冬，不与群芳争春，不随波逐流，不哗众取宠，不媚于世俗的精神成为诗人高洁品性的写照。《哭李侍中嵒黄桧山韵》诗曰："清高嗜好异时人，种竹移梅手自亲。再整朝纲方有望，忽归仙府问何因。风摧玉树悲凉日，雨打琼花寂寞春。一路泥丸先后耳，不须哀痛肺生尘。"此诗写李侍中如梅花一般淡泊高洁的品格，国家的兴亡正是得

---

① 参见［韩］安亨在：《韩国的梅花》，《北京林业大学学报》2001 年第 23 卷特刊。

益于李侍中这般贤臣，表达了诗人对李侍中的赞美之情。

2.傲骨铮铮之质

古代韩国文人作诗词多借咏梅表明自己与梅花一样斗雪开放、不畏严寒。七言律诗《梅花》写道:“庾岭侵寒拆冻唇，不将红粉损天真。莫教惊落羌儿笛，好待来随驿使尘。带雪更妆千点雪，先春偷作一番春。玉肌尚有清香在，窃药姮娥月里身。”在寒冷彻骨的山岭上，一袭红梅凌寒盛开，飘落的雪花更渲染出梅花的风姿。诗歌《苦寒》写道:“朔吹摇空岁暮天，飕飕老屋读书毡。一寒到骨那能解，万事关心只自煎。衾铁夜深明积雪，樵山市近绝炊烟。诗人耐冷今犹古，拟访梅花涧水边。”深夜里朔风呼啸着从长空中袭来，吹动着郊外残破的老屋，窗外飞雪飘落，诗人独坐在寒冷的老屋中读书，最后一句写诗人也要像涧边的梅花那样不畏严寒，凌霜盛开，借梅花傲寒的品性表明自己不畏艰险的决心。权适在七言绝句《安北寺咏竹》中写道:“大雪漫天万木摧，琅玕相映一枝梅。不如六月炎蒸酷，呼召清风分外来。”诗中梅有着冰魄雪魂，能傲霜斗雪，在冰天雪地傲然吐蕊。该诗借梅花傲立风霜凸显了诗人傲骨铮铮的文人品格。

《东文选》中的梅花意象反映古代韩国文人崇尚梅花一般傲骨铮铮的风骨气韵，追求梅花一般淡泊高洁的人生志趣，同时他们的咏梅诗也促进了梅的人格化过程，使梅这一意象逐渐居于清高雅韵的盟主地位。

（四）梅悟禅

高丽时期（918~1392），佛教盛行，甚至到了“香灯处处皆祈佛，萧管家家尽祀神”（安晌《晦轩实记》）的程度。佛教在高丽的广泛流行，必然会反映在当时的文学作品中。[①]《东文选》收录了从高僧元晓一直到高丽末期 29 位僧侣的共 191 篇诗文。这部分诗文占了全篇的 4.4%，僧侣作者占了 13.6%。[②]《东文选》中以梅悟禅的诗文有近十首，一部分是僧人所作的诗文，另一部分是寄赠僧人的诗文，还有一部分是禅院题记的诗文。

---

① 参见敖英:《高丽文人诗中的佛教观：以三位诗人作品为例》,《原道》第 35 辑，湖南大学出版社 2018 年版，第 175 页。

② 고경식 외:『高丽朝汉文学论』, 서울 : 민속원 , 2004, p.152.

1.僧人所作的诗文

高丽僧人长居于远离尘嚣的深山之中，山中的草木花树经常成为其吟咏的对象，因此“溪水”“白雪”“枫叶”“明月”“竹林”“野梅”等物象经常出现在僧人的咏物诗中。释宏演的五言诗《分题得九曲溪送友》曰：“溪花处处发，溪水曲曲清。花发惜年华，水清宜濯缨。眷言诗书地，悠悠櫂歌声。千年武夷诗，怀哉考亭名。高蹈继前辙，宁负平生盟。岁晚此翱翔。梅竹冰雪明。”释卍雨《送日本僧文溪》写道：“相国古精舍，洒然无位人。火驰应自息，柴立更谁亲。枫岳云生屐，盆城月满闉。风帆海天阔，梅柳古乡春。”僧人在山中清净修道，梅花清雅、超然物外、脱俗出尘的气质便成为僧人的追求。

2.寄赠僧人的诗文

李穑《雪梅轩赋为日本释息牧叟作》写道：“夫孰知雪也、梅也、吾师也，情境交彻，针芥相随，罔或须臾之离也耶？若夫一枝璨璨，千山皑皑，飞鸟自绝，游蜂不偕，消尘滓于气化，浩大极于心齐，实有助于所学，宜其扁于高斋。今岁月之几何，阻情境之俱佳，异日沉疴去，蹇步平，鸣蓝舆于石径，当一赏以忘情。”梅花生于霜雪时节，此时飞鸟自绝，游蜂不至，正是万物俱静清心修行之时，僧人以雪梅为师，希望像屹立于皑皑白雪中的梅花一样静心修行。李岊的七言绝句《寄息影庵禅老》写道：“浮世虚名是政丞，小窗闲味即山僧。个中亦有风流处，一朵梅花照佛灯。”诗歌前半句写入世之人追求的皆是浮世虚名等尘俗之事，闲适淡然的心境、不与世俗争高下的姿态则是出世之人的修行之道。修行之人应潜心礼佛，梅花的影子映衬在佛灯的光辉之下，梅花便成为僧人静心悟禅的象征。

3.禅院题记的诗文

《东文选》中收录有诗人在禅院中所作或为禅院作题的诗文，如《无隐庵记》《大和楼记》《书云岩寺》等。《无隐庵记》写道：“师之所居，则无隐庵也。东亭既爱其人，又乐其有梅竹水石之胜。至于今，不能忘于怀，使予记其庵。”《大和楼记》云：“蔚为州，东南际巨海，去王京最遐。距州之西数里，有大川南流，东折而入海。其东折也，水尤宏阔而澄深，曰黄龙渊。其北石崖截然壁立，亦南迤东回，有山岿然。峙于水南，名葩，异卉，梅，竹，山茶，经冬馥郁，曰藏春坞。新罗之时，始置寺于北崖之上，曰大和。”姜淮伯《断俗寺见梅》写道：“一气循还往复来，天心可见腊前梅。自将鼎鼐调羹实，谩向山中落又开。”《书云岩寺》写道：“昨夜山梅一枝发，山中老僧不知折。”可见，禅院多修建在梅花盛开的山崖上，因山崖攀登不便，故人迹罕至，僧人可在此远离尘世的清净之地静心修行，山崖上不与世俗争胜的梅花，也成为礼佛之人崇尚的植物。

梅花超然物外、脱俗出尘的隐逸气质与僧人静心修道、潜心礼佛的心态相契合，《东文选》中的梅意象展现了僧人追求清净无为、与世无争的生活状态，梅花也成为悟禅的象征。

二　梅意象的艺术表达

在咏物词创作中，不同的艺术手法和表现技巧在某种程度上对咏物词的基本面貌产生了深刻的影响。[①]《东文选》中的梅意象离不开古代韩国文人的用心雕琢。下面拟从用典、拟人、比喻、衬托等修辞手法的层面分析其艺术表现方式的特点。

（一）化用典故

1.姑射仙人

关于姑射的文字记载最早见于《庄子·逍遥游》：“藐姑射之山，有神人居焉。肌肤若冰雪，绰约若处子。不食五谷，吸风饮露，乘云气，御飞龙，而游乎四海之外。其神凝，使物不疵疠而年谷熟。”姑射为中国古代传说中的神话人物，后演变为“天姿灵秀，意气殊高洁”的掌雪之神。七言绝句《梅花》中有“姑射冰肤雪作衣，香唇晓露吸珠玑。应嫌俗蘂春红染，欲向瑶臺驾鹤飞”，化用冰肌玉骨姑射仙人的典故来凸显梅花白、瘦、香、冷的特点。

① 参见路成文：《宋代咏物词史论》，商务印书馆 2005 年版，第 57 页。

2.林逋咏梅

林逋喜爱梅花，有“梅妻鹤子”之称。《东文选》中李穑的《答胥有仪》引用了林逋咏梅的事迹，诗曰：“少年负奇志，悲歌击唾壶。慨我少良友，踯躅燕山隅。焉知豪杰士，隐沦沽与屠。外虽被短褐，内或怀明珠。远慕燕昭王，贤士来于于。徘徊金台侧，隆基如覆盂。奈何荆轲子，贾祸督亢图。流俗岂知此，游侠竞撐蒱。最喜得吾子，知非山泽癯。当路莫予识，哦诗伴蜜殊。秋风起西陆，白露萎菰芦。江南有寒梅，绝句传林逋。桃李岂不好，与子慎趍途。”

3.梅花落

“梅花落”是汉乐府二十八横吹曲之一，传为西汉李延年所作，是古代笛子曲的代表作之一，曲调悲凉，使人听后易幻化出梅花飞舞、随风飘落的景象，成为眷恋宗国、羁旅乡思的意象之一。①《使金过兔儿岛镇宁馆》写道：“前途余几里，晚色渐微茫。天外北风黑，地中西日黄。妇人能走马，童子解骑羊。一曲梅花落，声声断客肠”。七言绝句《扈驾丹山途中》曰：“三韩神器保盈成，入相兼提十万兵。黑纛黄旗映山去，穿云一曲落梅声。”崔溯《春日昭阳江行》中有诗句“谁家玉笛吹落梅。令人无端感旅怀”，亦化用“梅花落”的典故来表达思乡之情。

（二）亦物亦人

古代咏梅诗词总是亦梅亦人、梅我融洽、主观和客观高度统一，即常用拟人的修辞手法表现梅花的物象与意象特征。如《东文选》中收录有七言律诗《梅花》，诗曰：“东君试手染群芳，先点寒梅作澹妆。玉颊爱含春意浅，缟裙偏许月华凉。数枝犹对撩人艳，一片微回逐马香。正似清溪看疏影，只愁桃李未升堂。”写梅花生在冬春交替时节先于群芳盛开，是报春的使者，再将梅花的花瓣拟作美人的玉颊，写梅花身着缟裙在月光下散发出阵阵清香。将梅花拟人化，生动形象地描写了梅花素洁、香冷的特点。另有《梅花》诗曰：“庾岭侵寒拆冻唇，不将红粉损天真。莫教惊落羌

---

① 卢燕新：《李白诗中的汉横吹曲与其“故园”情》，《内蒙古大学学报》（哲学社会科学版）2021 年第 5 期。

儿笛，好待来随驿使尘。带雪更妆千点雪，先春偷作一番春。玉肌尚有清香在，窃药姮娥月里身。”点点白雪附在梅花的花瓣上，是朵朵梅花精心勾勒的淡妆，梅花随风在月光下摇摆并散发出缕缕清香，恰似月宫中的嫦娥翩翩起舞。诗人赋予梅花人格化的特征，收到使梅花拟人化的效果；郑道传五言律诗《咏梅二首》曰：“久别一相见，楚楚着缁衣。但知风味在，莫问容颜非。镂玉制衣裳，啜冰养性灵。年年带霜雪，不识韶光荣。”梅花以冰露为食，霜雪为衣，但仍不畏严寒，独自盛开，表达了诗人对梅花的赞美之情。权汉功《瀛国公第盆梅》诗曰：“玉瘦琼憔意未平，出尘仙骨更轻盈。细看不是春风面，万里明妃雪里行。”梅花冰肌玉骨，盛开在霜雪之中，不与万物争春，虽然饱受风雪摧残，但香气不减，恰似在皑皑雪坡上行走的明妃，孤傲顽强。诗人运用拟人的修辞手法，凸显了梅花轻、冷的特点，表达了诗人对梅花的喜爱之情。

（三）喻举他物

1.以喻绘景

《东文选》收录有七言绝句《江天暮雪》，诗曰：“柳絮飞空欲下迟，梅花落地亦多姿。一樽且尽江楼酒，看到蓑翁卷钓时。”诗人将“柳絮”“梅花”比作“飞雪”，生动形象地描写了梅花如白雪般轻盈、洁白的特点。七言绝句《新春感怀》曰：“新年万物俱含新，九见鹄峯龙岫春。草池未碧不成梦，梅花满枝如笑人。中原安得息豺虎，北阙几时来凤麟。形迹从教犹碌碌，谩倾浊酒偕比隣。”诗人用“满枝的梅花”比喻“嬉笑的人群”，突出了梅花的生机，使梅花的形象鲜明生动。

2.以喻说理

李穑《雪梅轩赋为日本释息收叟作》曰：“雨露均是泽也，农桑焉重；桃李均是花也，富贵焉宜。夫孰知雪也、梅也，吾师也，情境交彻，针芥相随，罔或须臾之离也耶？若夫一枝璨璨，千山皑皑，飞鸟自绝，游蜂不偕，消尘滓于气化，浩大极于心齐，实有助于所学，宜其扁于高斋。今岁月之几何，阻情境之俱佳，异日沉苛去，蹇步平，鸣蓝舆于石径，当一赏以忘情。”诗人将“白雪”“梅花”比作自己的老师，意在学习雪梅耐得住寂寞、沉心静气的品格。七言律诗《苦寒》曰:“朔吹摇空岁暮天,飕飕老屋读书毡。一寒到骨那能解,万事关心只自煎。衾铁夜深明积雪,樵山市近绝炊烟。诗人耐冷今犹古,拟访梅花涧水边。”诗人用梅花耐寒的品格鼓励自己也要像梅花那样不畏严寒,刻苦读书。这些抽象的比喻使本来复杂的道理变得具体形象、通俗易懂。

(四)以宾衬主

古代诗人很少孤立、径直地描写梅花,而总是把它放在与其他事物的联系中来刻画,以收事半功倍之效。[①]

1.两物相比

《东文选》收录的七言绝句《梅花》写道:“东君试手染群芳,先点寒梅作澹妆。玉颊爱含春意浅,缟裙偏许月华凉。数枝犹对撩人艳,一片微回逐马香。正似清溪看疏影,只愁桃李未升堂。”诗人将“梅花”与“桃李”做对比,写梅花先于桃李开放,不与群芳争春,是早春已至的象征,突出了梅花的淡泊、孤傲。七言绝句《梅花》诗曰:“姑射冰肤雪作衣,香唇晓露吸珠玑。应嫌俗蕊春红染,欲向瑶臺驾鹤飞。”诗人将“梅花”与“俗蕊”做对比,写梅花在严冬盛开,是因为不想与繁花俗锦争春,突出了梅花高洁、超凡脱俗的品格,表达了诗人不与世俗同流合污、志趣高洁的人生理想。

2.造景铺色

在《东文选》中,权适的七言绝句《安北寺咏竹》写道:“大雪漫天万木摧,琅玕相映一枝梅。不如六月炎蒸酷,呼召清风分外来。”在万木冻折、大雪纷飞的背景中,梅花孤根暖回,一枝花开,展现出顽强的生命力。金仁馆在《廉侍中悌臣第盆梅》中写道:“一见初惊眼不尘,青裙缟袂照人新。隔窗风雪徒为恶,好向华堂已报春。”窗外飞雪肆虐,盆中梅花凌寒盛开,将梅花的孤傲风骨展露无遗。《题兰坡四咏轴末》诗曰:“予惟世俗之于松竹,于梅兰,但见其苍苍而已,粲粲猗猗而已,亦知其妙有会于

① 参见陈宏硕:《论古代咏梅诗词的思想内蕴和表达艺术》,《武汉教育学院学报》(哲学社会科学版)1994年第50期。

此心者乎。方其霜雪霾天，火云烁空，郁彼松竹，挺然独秀，阳德之所钟也；冰崖石裂，众卉扫地，梅萼始敷，盈盈馥馥，春意之盎然也。”在春寒料峭、众芳摇落之时，梅花凌寒盛开，凸显了梅花冲寒开放、不畏严寒的特点，同时写梅花花团锦簇，向寒而生，突出了梅花的生机。

古代韩国文人通过化用典故、亦物亦人、喻举他物、以宾衬主的艺术手法，一方面抒发了对梅的喜爱之情，另一方面借梅花身披霜雪、独立于寒风之中的风骨与姿态彰显了他们孤傲不屈、淡泊高洁的气质与品格，从中我们可以看到古代韩国文人卓越的汉文能力，也可以感受到他们受汉文化影响之深。

三　结语

古代韩国汉文学不仅载体是汉字，而且诗文中使用的意象与修辞几乎都来自中国古典文学，其与中国古典文学一脉相承、互为表里，但又有着自身的独特面目。《东文选》中的梅意象是古代韩国汉文化对中国汉文化吸收与继承的反映，展现了中韩文化之间的密切联系，同时在发展的过程中又保留了本民族的特色。两国古代汉文学花开并蒂、异苞同心，共同促进了东亚古代汉文学的繁荣。

下编 东亚法制合作

网络恶意不兼容的法律构造与规制逻辑

——基于《反不正当竞争法》互联网专条的展开

孔祥俊*

网络环境下的兼容和不兼容，本质上属于开放与封闭的选择问题。无论是国内还是国外，互联网平台为维护平台秩序和用户利益，往往通过平台协议选择开放或者封闭，构建符合自身需求的平台生态环境。我国互联网底层创新相对缺乏，互联网平台同质化严重，导致应用层面的市场竞争异常激烈，以至于"屏蔽""封禁""封杀""封锁""二选一"等涉网络不兼容现象，不断成为我国互联网产业竞争的热点，经常引起讨论和争论。鉴于此，本文以《中华人民共和国反不正当竞争法》(以下简称《反不正当竞争法》)中的"恶意不兼容"规制为主题，兼及其他法律相关规定的关联性适用。

一 "恶意不兼容"的规范结构

2017年修订的《反不正当竞争法》增设第12条，对网络不正当竞争行为作出专门规定，此即网络不正当竞争的专门条款，俗称"互联网专

---

* 孔祥俊，法学博士，上海交通大学凯原法学院教授，博士生导师。

条”。[①] 互联网专条对于网络不正当竞争行为作出例示性即列举加概括的规定，前三项列举了三种类型化的网络不正当竞争行为，其中第（三）项规定了“恶意不兼容”行为，即“恶意对其他经营者合法提供的网络产品或者服务实施不兼容”。相比而言，该条第2款前两项的两类行为[②] 具有更强的确定性，即其明显来源于对此前特定案例的归纳与提炼，所采用的行为特征表述具有封闭性和准确性，适用对象和适用条件明确，而恶意不兼容条款在行为特征表述上相对模糊，适用范围具有不确定性。

“恶意不兼容”条款自《反不正当竞争法修订草案》（2017年2月22日全国人民代表大会常务委员会第二十六次审议）首次写入“互联网专条”[③] 后即未再变动。从该条款的规定及其所述规范语境（上下文）看，可以对其规范结构做如下分析。

（一）构成“恶意不兼容”的背景因素

《反不正当竞争法》第12条第2款序言规定，“恶意不兼容”是经营者“利用技术手段”，“通过影响用户选择或者其他方式”，实施的“妨碍、破坏其他经营者合法提供的网络产品或者服务正常运行的行为”之一。据此，利用技术手段、“通过影响用户选择或者其他方式”及“妨碍、破坏其他经营者合法提供的网络产品或者服务正常运行的行为”，

---

① “根据互联网领域反不正当竞争的客观需要，增加互联网不正当竞争行为条款，规定经营者不得利用技术手段在互联网领域从事影响用户选择、干扰其他经营者正常经营的行为，并具体规定应予禁止的行为（第十四条）。”参见《关于〈中华人民共和国反不正当竞争法（修订草案）〉的说明——2017年2月22日在第十二届全国人民代表大会常务委员会第二十六次会议上》，http://www.npc.gov.cn/zgrdw/npc/xinwen/2017-11/07/content_2031329.htm。

② 即“未经其他经营者同意，在其合法提供的网络产品或者服务中，插入链接、强制进行目标跳转”，“误导、欺骗、强迫用户修改、关闭、卸载其他经营者合法提供的网络产品或者服务”。

③ 国务院法制办公室公开征求意见的《反不正当竞争法（修订草案送审稿）》（2016年2月25日）第13条即为互联网专条，但无恶意不兼容的规定；国务院报请全国人大常委会审议的《反不正当竞争法（修订草案）》将《反不正当竞争法（修订草案送审稿）》第13条修订为第14条，增加恶意不兼容行为，即将第（四）项修改为“（四）恶意对其他经营者合法提供的网络产品或者服务实施不兼容”。

均属于考量是否构成“恶意不兼容”的背景性要素，可以自动读入行为的界定和法律的解释。

（二）“恶意不兼容”行为的构成

在“恶意对其他经营者合法提供的网络产品或者服务实施不兼容”中，法条规定的构成要素有三：（1）恶意（bad faith）；（2）其他经营者合法提供的网络产品或者服务；（3）不兼容。“其他经营者合法提供的网络产品或者服务”要素显然易于判断，因而“恶意”“不兼容”要素成为判断此类行为的核心要素。“恶意”是主观因素，而“不兼容”则是客观因素或者行为特征。

结合第12条第2款“序言”规定，恶意不兼容是指经营者“利用技术手段，通过影响用户选择或者其他方式”，“恶意对其他经营者合法提供的网络产品或者服务实施不兼容”。其中，“利用技术手段”是为了彰显互联网不正当竞争的独特性，本意是将其作为与其他不正当竞争行为的区别性特征。[①] 但是，实际上未必能够十分准确地达到此目的。在法律适用中通常不需要特别关注和考量“技术手段”。“恶意对其他经营者合法提供的网络产品或者服务实施不兼容”，本身就是“妨碍、破坏其他经营者合法提供的网络产品或者服务正常运行”的一种形式，亦即“妨碍、破坏其他经营者合法提供的网络产品或者服务正常运行”的具体化，通常不再需要单独判断是否“妨碍、破坏其他经营者合法提供的网络产品或者服务正常运行”。

---

① 国务院法制办公室公开征求意见的《反不正当竞争法（修订草案送审稿）》（2016年2月25日）第13条采用的序言是“经营者不得利用网络技术或者应用服务实施下列影响用户选择、干扰其他经营者正常经营的行为”，采用的限定词为“利用网络技术或者应用服务实施”。《反不正当竞争法（修订草案）》第14条即限定为“不得利用技术手段”。采用该限定词的原因和目的是网络领域的不正当竞争行为既有传统不正当竞争行为在网络领域的延伸，又有“网络领域特有的、利用技术手段实施的不正当竞争行为”，前者适用其他相关规定，而后者属于互联网专条第2款规定的行为。这些行为“不同于传统经济领域内的不正当竞争行为，属于随着网络技术发展出现的新情况”。参见王瑞贺：《中华人民共和国反不正当竞争法释义》，法律出版社2018年版，第42~43页。

尽管如此，第 12 条第 2 款“序言”规定仍构成恶意不兼容条款的体系基础和解释背景，界定了其基本调整方向，是其体系解释的有机组成部分。

二 “恶意”的构成和判断

（一）“恶意”的事实与价值二重性

“恶意”是一种主观状态和主观定性。[①]“恶意”既是一种主观要件，也是事实要件，即体现的是主观性事实；又是一种评价性要件，体现的是是非标准和价值取向。“恶意不兼容”规定中的“恶意”具有双重属性，但以价值性为主导。或者说，“恶意”由“故意”和“主观上的恶性”所构成。故意属于事实范畴，即希望或者放任不兼容行为发生的主观状态，性质上仍属于中性的事实。“主观上的恶性”则是对故意进行的进一步评价和限定，即除具有故意外，还具有不正当的主观意图或者目的，而意图或者目的的不正当性属于价值评价的范畴。当然，不正当性的评价仍需要基于一定的事实。

就互联网专条中的“恶意不兼容”而言，立法者将此种行为限定为“恶意”的“不兼容”，是因为不兼容本身未必不正当，但以一个确切的词语限定其禁止范围并非易事，于是选定了“恶意”这一兼具主观性和评价性的限定词。“恶意”自带否定性色彩，而且有足够的灵活解释余地，以其限定此类行为确实比较保险。但是，究竟如何界定和如何具体认定，立法者在当时亦未必有预想好的清晰认识，大概率只是以一个大而化之且又不会出差错的词语完成条文的表达。至于将来如何界定和认定，交给执行者去决定。据笔者长期的参与经验，这种解读符合立法的惯常逻辑，也不悖于立法与司法的分工。既然立法者对于“恶意”未作明确的预想，那么对其解读无非是既要考察“恶意”的一般法律含义，又要结合网络不正当竞争的实际，在一般与特殊相结合的基础上求得妥当的解释。鉴于此，有必要首先探讨“恶意”的一般界定，然后再寻求其特殊含义。

---

① 参见［英］L.B. 科尔森：《朗文法律词典》，法律出版社 2003 年版，第 36 页。

（二）"恶意"的一般界定

大体上说，"恶意"的界定有两种情形：一种仅指故意，即为故意的同义词；另一种则指除"故意"外还有进一步的恶性。例如，恶意"指知道某种事实。是善意的对称。不是道德上所谓恶的意思。但作为例外来说，也有指有侵害他人的意思的场合"①。如《民法典》中恶意串通中的"恶意"，达到故意即可。②就涉及恶意的法条结构而言，相关行为的界定为"主观要素 + 客观行为"，其中主观要素为故意即可。

通常而言，"恶意"是一种否定性或者负面性的主观状态和意图。例如，按照《布莱克法律词典》的界定，恶意是"善意"的反义词，它并不简单是坏的判断或者过失，而是指由于不诚实目的或者道德不正当（moral obliquity）而有意做不当之事（the conscious doing of a wrong）。③恶意是"用于行为不诚实者心理状态的一个术语，即其明知缺乏权利，或者相反，不相信他的行为具有合法正当性"。恶意是指"蓄意或者故意实施违法行为"。恶意还经常与不诚实联系起来。例如，恶意"以不诚实（dishonesty）为特征"④。

在民法和知识产权法中，对于"恶意"有不同的理解和界定，有些属于理论上的界定分歧，有些则属于法条语境的差异。

例如，2013 年修订的《中华人民共和国商标法》（以下简称《商标法》）增加了"惩罚性损害赔偿"规定⑤，2019 年修订为"一倍以上五倍以下"。在此，"恶意"和"情节严重"被作为确定惩罚性赔偿的要素。为"显著

---

① ［日］我妻荣编辑：《新版新法律学辞典》，董璠舆译校，中国政法大学出版社 1991 年版，第 2 页。

② 《中华人民共和国民法典》第 154 条规定："行为人与相对人恶意串通，损害他人合法权益的民事法律行为无效。"

③ *Black's Law Dictionary*, fifth edition, p.127.

④ ［英］戴维・M. 沃克：《牛津法律大辞典》，北京社会与科技发展研究所组织翻译，光明日报出版社 1989 年版，第 578 页。

⑤ 2013 年修订《中华人民共和国商标法》第 63 条第 1 款规定："对恶意侵犯商标专用权，情节严重的，可以在按照上述方法确定数额的一倍以上三倍以下确定赔偿数额。"

提高侵犯知识产权的违法成本，把法律的威慑作用充分发挥出来”[①]，《民法典》第1185条[②]规定虽未采用“恶意”的表达，却以“故意”作为主观因素，加上“情节严重”要素。此后，新修订的《中华人民共和国专利法》（以下简称《专利法》）、《中华人民共和国著作权法》（以下简称《著作权法》）均采取如此表达，具体体现在2020年修订的《专利法》第71条第1款[③]以及2020年修订的《著作权法》第54条第1款。[④]上述法律规定经历了由“恶意”到“故意”的转变，但立法者显然并无改变惩罚性损害赔偿主观要件含义的意图，此时先前的“恶意”与后来的“故意”并无实质性差别，即《商标法》第71条第1款的“恶意”本来也是作故意理解，并另行规定“情节严重”要素，即法律惩罚的是故意实施的情节严重的侵权行为，不再额外要求主观上的恶性。[⑤]换言之，故意实施情节严重的侵权行为，足以引发惩罚性赔偿，无须再以额外的主观恶性限缩其适用范围。[⑥]

① 黄薇主编:《中华人民共和国民法典侵权责任编释义》，法律出版社2020年版，第66~67页。

② 《中华人民共和国民法典》第1185条规定:“故意侵害他人知识产权，情节严重的，被侵权人有权请求相应的惩罚性赔偿。”

③ 2020年修订《中华人民共和国专利法》第71条第1款规定:“对故意侵犯专利权，情节严重的，可以在按照上述方法确定数额的一倍以上五倍以下确定赔偿。”

④ 2020年修订《中华人民共和国著作权法》第54条第1款规定:“对故意侵犯著作权或者与著作权有关的权利，情节严重的，可以在按照上述方法确定数额的一倍以上五倍以下给予赔偿。”

⑤ 这种理解在司法解释中也得到印证。例如，《最高人民法院关于审理侵害知识产权民事案件适用惩罚性赔偿的解释》（法释〔2021〕4号）第1条第2款规定:“本解释所称故意，包括商标法第六十三条第一款和反不正当竞争法第十七条第三款规定的恶意。”

⑥ 这大概是立法习惯所致。我国立法习惯于单独使用“情节严重”的表述，将“恶意”中的“恶性”涵盖于“情节严重”之中，“恶意”也就与故意别无二致。美国的惩罚性赔偿习惯于将“故意”与“恶意”并列，在“故意”之外又另外要求“恶意”。如美国的《统一商业秘密法》（1979）和《商业秘密保护法》（2016年）以及州商业秘密法均规定，对于“故意（willful）和恶意（malicious）侵占”的情形，可以在不超过补偿性损失两倍的数额内给予惩罚性赔偿。在Roton Barrier, Inc. v. Stanley Works（79 F.3d 1112,1120(Fed.Cir.1996)）中，法院认为，“故意”和“恶意”首先包括知道不当行为（bad acts），但仅此还不够，还需要证明更多的内容。鉴于侵犯商业秘密大多发生于竞争的背景之下，可以区分为“恶意驱动”（motivation by malice）与“竞争驱动”（motivation by competition）。获得惩罚性赔偿的支持，必须表明（证明）具有实际恶意（actual malice）。Rowe & Sharon K.Sandeen, *Trade Secret Law*: *Cases and Materials*, West Academic Publishing, 2020, pp.262–263.

但是，在商标法中，其他使用恶意的场合，其恶意的解读则可能超出了故意。例如，《商标法》第45条第1款规定，已经注册的商标，“对恶意注册的，驰名商标所有人不受五年的时间限制”。该“恶意注册”同样在故意的基础上另有主观上的恶性要求。该规定源于《保护工业产权巴黎公约》有关规定。有关权威性解读认为，巴黎公约的恶意不仅要求知道，而且有侵占商誉的意图，亦即恶意的认定具有两因素或者两个要件。如保护知识产权联合国际局（世界知识产权组织前身）原局长博登浩森在具有广泛影响的《保护工业产权巴黎公约指南》中，对于《保护工业产权巴黎公约》中有关恶意抢注驰名商标的规定做了如下解读：“在申请注册或使用和驰名商标相抵触（冲突）的商标的人知悉有驰名商标，并且可能是有意从驰名商标和他所注册或使用的商标之间可能的混淆获得利益，则通常就有恶意存在。”①

综上，总体上说，“恶意”具有两种基本含义，在具体法条中可能有不同的界定和解读，关键取决于“恶意”条款的相关语境和相关行为的法律特性，以此确定其所在法条中的具体含义。“恶意不兼容”中的“恶意”界定，要根据法条语境及反不正当竞争法的特质进行界定。

（三）“恶意不兼容”中“恶意”构成的两要素

就法律规定的语境和行为本身的性质而言，“恶意不兼容”中的“恶意”不应当与“故意”画等号，即不限于故意，即除故意以外，还有“恶性”即不正当性的含义和要求。首先，“恶意”包含故意，故意是“恶意”的首要含义，无故意即无“恶意”。其次，仅“故意”还不够，“恶意”还包括故意以外的恶性，即不正当竞争法意义上的可谴责性。当然，这种恶性不是世俗道德（日常生活道德）意义上的善恶中的“恶”，而是竞争法（反不正当竞争法）意义上的非正当性或者可谴责性。例如，非为正当竞争目的或者正当竞争利益，专以损害他人而实施不兼容行为。最后，故意和

① ［奥］博登浩森：《保护工业产权巴黎公约指南》，汤宗舜、段瑞林译，中国人民大学出版社2003年版，第61页。

恶性构成“恶意”中的事实要素和价值评价因素。因此，“恶意”是指“故意＋恶性（意图或者目的的不正当性）”。

对于“恶意不兼容”行为以“恶性”限定故意的范围，而不是将此处的恶意等同于故意，至少有以下三个核心原因。

首先，竞争法理念的必然产物。无论是反垄断法还是反不正当竞争法，都是以维护竞争自由为根本原则，以禁止特定竞争行为为例外。法律禁止以外的竞争活动都属于自由竞争的空间。但是，两者的调整定位和理念各不相同。反垄断法之所以有市场支配地位的要求，是因为同样的竞争行为对于一般经营者可以实施，但禁止或者限制具有市场支配地位的企业进行实施，即经营者因具有市场支配地位而负有更大的责任，其竞争自由受到必要的限制。换言之，竞争行为的反竞争性与特定主体相关联，一些行为并不固有反竞争性，只是因为支配企业实施才具有反竞争性。非支配企业实施同样的行为，反而属于正当的竞争行为。[①] 反不正当竞争法只是禁止特定范围的市场竞争行为，而且以维护商业伦理为目标，原则上允许经营者的竞争自由。但是，两部法律在调整上有必要保持必要的和足够的间隔性空间，以便容纳更充分更多的竞争自由，而不是进行密不透风的递进式调整。

就网络产品或者服务的兼容而言，无论是兼容还是不兼容，原则上都属于竞争自由的范畴，法律只是在特殊条件下和特定范围内禁止不兼容行为。兼容和不兼容通常都是故意实施的，如果将故意作为禁止不兼容的标准，显然会使禁止的范围太宽，有悖竞争自由原则。因此，有必要以恶意对不兼容的禁止范围进行限定。

其次，市场竞争的损害中性决定的。市场竞争具有独特的损害观，即市场竞争是一种“损人利己”的行为，竞争与损害相伴而生，如影随形。一般而言，市场竞争产生的损害亦即竞争性损害是中性的，不具有是与非的色彩。这就是损害中性，即竞争行为的损害或者说由竞争行为给其他竞争者造成损害是常态，损害本身通常不构成评价竞争行为正当性的倾向性

① 孔祥俊：《反垄断法原理》，中国法制出版社 2001 年版，第 538 页。

要件，只有特定的损害才成为不正当竞争的考量因素。[①]

例如，美国《不正当竞争法重述(第三版)》[②]第1条（一般原则）的规定[③]被认为对于不正当竞争行为采取“负面清单”或者“负面列表”的做法，使得行为人仅需对列举的行为所造成的损害承担责任。这种竞争性损害观念派生于自由竞争原则，且竞争性损害还被归结为竞争“特权”。[④]在美国法院的判例中，这种竞争性损害的观念是普遍接受的竞争法理念。如在Roton Barrier, Inc. v. Stanley Works案[⑤]中，联邦巡回上诉法院认为，如果出于竞争，即使具有进攻性（agressive）和残酷性（ruthless），也并非不正当行为（not improper conduct）。在Composite Marine Propellers, Inc. v. Van Der Woude案中，联邦第七巡回上诉法院指出，就其本性而言，竞争“是残酷的（ruthless）、无原则的（unprinciples）、无情的 (uncharitable) 和不宽恕的（unforgiving）。这对于社会有益”。这些竞争属性决定了竞争必然损害其他经营者。亚当・斯密的理论就是这样说的。[⑥]类似地，市场

① 参见孔祥俊:《论反不正当竞争的基本范式》,《法学家》2018年第1期；孔祥俊:《反不正当竞争法新原理・原论》，法律出版社2019年版，第198~204页。

② 美国法律协会根据历来的判决要旨整理汇编所形成的法条式陈述。

③ 该条明文规定，除非符合特别的规定，“凡从事商业或者贸易在商业关系中造成他人损害的，不需要对该损害承担责任”。

④ 即“本条所体现的原则常常被泛称为竞争‘特权’（a ‘privilege’ to compete）……主张因竞争而遭受损害的人必须确定按照本条列举的情形有足以使行为人承担责任的事实”。该规定开篇即申明反不正当竞争奉行自由竞争原则，维护自由竞争是其基本原则。如其注释所说:“自由从事商业活动以及自由竞争预期客户的惠顾，是自由企业制度的根本前提。”“竞争自由必然意味着损害市场上的其他参与者的商业关系的可能性。”本条旨在开宗明义地“表达促进竞争的根本规则，以确保无论是新的进入者还是已有竞争者均不仅因参与市场的行为所造成的损害而承担责任”。“竞争自由默示一种可以诱使潜在客户与其本人而不与其竞争对手从事交易的权利。本条不仅允许销售商寻求一般性地分走竞争对手的业务，而且允许其分走特定竞争对手的业务。本条适用于与竞争对手直接竞争所造成的损害，也适用于因行为人决定进入或者继续其业务而遭受影响的其他人的损害。因此，行为人对于间接竞争对手所受的损害，以及对于行为人的市场活动给其他人的雇员或者供应商造成的损害不负责任。依据本条以及本重述所承担的责任仅适用于因被认定为不正当（unfair）的特定竞争方式所造成的损害。”*Restatement of the Law, Third, Unfair Competition §1, General Principles*, American Law Institute, 1995.

⑤ 79 F.3d 1112,1120(Fed.Cir.1996).

⑥ 962 F.2d 1263,1268,22 USPQ2d 1568,1572(7th Cir. 1992).

竞争的损害中性观念在英国也得到了广泛认同。[①]

我国司法同样承认竞争性损害的正当性。例如，在二维火不正当竞争案中，二维火在诉讼请求中声称，美团小白盒“非法侵入”其运营的二维火智能收银一体机系统，“劫持”该系统和商户的第三方支付流量，构成不正当竞争，但该请求未获支持。法院认为，“竞争的天性决定有竞争必有损害，但不是有损害就必然是不正当竞争”，“不正当竞争行为的成立需考虑市场竞争秩序是否受到破坏，或其他经营者或消费者的合法权益是否受到侵害”。“在迪火公司（二维火）与三快公司（美团小白盒）提供的产品与服务之间，消费者（即商铺经营者）可以自由作出选择。”“从长远来看，通过竞争，也敦促迪火公司和三快公司分别进一步优化自身提供的产品和服务，以更加贴合消费者的需求”，“本案中三快公司与迪火公司之间的竞争使得消费者的选择更加丰富，消费者利益并未受到损害”。[②]在“马顺仙与玫琳凯公司侵害商标权及不正当竞争纠纷案”中，法院认为，“市场竞争是在市场引导下动态进行的，由竞争产生竞争性损害是市场经济的常态，创新更多地来自经营者技术或商业模式之间的激烈竞争，竞争者在市场竞争中需要容忍适度的干扰和损害，实现消费者福利最大化，以此实现公共利益”。“市场竞争过程中，经营者不负有维护其他经营者商业模式的义务，不同的商业主体为了争夺商业机会势必会产生摩擦和损害，从而影响到其他竞争者的利益，故不能因为经营者商业模式受到影响或利益受损就推断竞争行为具有非正当性，须运用比例原则，权衡经营者、消费者、其他市场竞争者的利益后对经营者竞争利益受损进行正确认定。同时，基于商业机会的开放性和不确定性，只有当竞争对手不遵循诚实信用原则和违反公认的商业道德，通过不正当手段攫取他人可以合理预期获得的商业

---

① 例如，英国法官罗宾·雅各布（Robin Jacob）的如下说辞被广泛援引：“夺取他人的市场或者客户不构成侵权。无论是市场还是客户都不是原告自己的……不存在竞争侵权行为。” See Hodgkinson Corby Ltd v Wards Mobility Services Ltd[1995]F.S.R.169. See Christopher Wadlow, *The Law of Passing-off: Unfair Competition by Misrepresentation*, London: Sweet & Maxwell, 2011, pp.5–6.

② 杭州迪火科技有限公司与北京三快科技有限公司不正当竞争纠纷案，杭州市中级人民法院（2018）浙 01 民初 3166 号民事判决书。

机会时，才为反不正当竞争法所禁止。”[①] 在网易与多益著作权侵权及不正当竞争案中，法院认为，竞争自由是一项最基本的竞争政策。市场竞争中的相互争夺性损害是允许的和常态的竞争损害，对竞争行为的干预是例外。而对反不正当竞争法一般条款的适用，更应当秉持谦抑的司法态度，对竞争行为保持有限干预和司法克制理念，严格把握一般条款的适用条件，以避免不适当干预而阻碍市场的自由竞争。“造成损害是不正当竞争构成中的基本要素，无损害即无不正当性。市场竞争是一种争夺市场资源、抢夺商业机会的行为市场竞争行为具有天然的对抗性，必然会导致某一方市场参与主体交易机会的丧失，其利益受到损害。但构成不正当竞争的市场损害不是简单地损害竞争优势、商业机会等竞争利益，而必须是与反不正当竞争法的立法目的相协调，构成竞争性损害，特别是构成对于市场竞争机制的损害。”[②]

正是由于竞争性损害的中性，即便是故意的不兼容并给第三方造成损害，也并不当然具有不正当性，亦即故意不兼容不属于一概禁止的范围，因而需要以“恶意”作为限制性的主观要素。

最后，基于商业伦理的特殊考量。在世俗道德意义上，损人利己即为受到道德谴责和非难的“恶”或者“恶性”。但是，“恶意不兼容”中的“恶性”不是世俗意义上的“恶”，而是商业伦理意义上的“恶性”。反不正当竞争法中的“损人利己”是常态，也是市场竞争的特殊商业伦理的产物。商业伦理是竞争性损害正当性的伦理支撑。

诚实信用和商业道德是不正当竞争行为的核心判断标准。如在“山东食品公司与马达庆不正当竞争案”中，最高人民法院裁定认为，对于竞争行为的正当性，应该以其是否违反了诚实信用原则和公认的商业道德作为基本判断标准。“在规范市场竞争秩序的反不正当竞争法意义上，诚实信用原则更多的是以公认的商业道德的形式体现出来的。商业道德要按照特定商业领域中市场交易参与者即经济人的伦理标准来加以评判，它既不同于

① 马顺仙、玫琳凯公司侵害商标权纠纷案，浙江高院（2020）浙民终 479 号民事判决书。
② 广州网易计算机系统有限公司与广州多益网络股份有限公司、徐波著作权侵权及不正当竞争纠纷案，广州知识产权法院（2018）粤 73 民初 684 号民事判决书。

个人品德，也不能等同于一般的社会公德，所体现的是一种商业伦理。经济人追名逐利符合商业道德的基本要求，但不一定合于个人品德的高尚标准；企业勤于慈善和公益合于社会公德，但怠于公益事业也并不违反商业道德。”“公认的商业道德需要根据特定商业领域和个案情形具体确定，特定行业的一般实践、行为后果、交易双方的主观状态和交易相对人的自愿选择等都可能成为考虑因素。”[①] 在网络环境下，兼容与不兼容均属于网络市场竞争的常态，故意不兼容虽然会损人利己，但符合网络市场竞争的基本逻辑和商业伦理，并不有悖诚实信用和商业道德，因而不具有不正当性。只有特殊的网络不兼容有悖正当性，应当作出否定性评价，而构成违背商业伦理的“恶意”。因此，是否具有正当竞争利益，成为衡量不兼容是否符合商业伦理的判断标准，而不具有正当竞争利益的不兼容有悖商业伦理，构成“恶意”。

总之，由竞争所产生的竞争性损害是市场经济的常态，只是在例外的情况下才会将一些“过火”的竞争行为定性为不正当竞争。鉴于竞争性损害的普遍性，且竞争是有意为之，以故意作为“恶意不兼容”行为的构成要素，会使得此类行为的涵盖范围太宽，不符合市场竞争的天性和反不正当竞争的本意，故额外要求另行具有恶性，即以额外的“恶性”要求限缩其适用范围，提高其适用门槛。

（四）“恶意”的具体认定

学界和实务界对于不兼容中“恶意”的具体认定进行了初步的探索。例如，判断经营者实施不兼容行为是否存在恶意，需要考虑以下四个方面：第一，综合考量各方当事人及消费者利益，以及被控行为对市场竞争秩序所产生的影响，看是否符合比例原则；第二，实施不兼容行为者是否于合理时间内采取措施解决了不兼容情形；第三，实施不兼容行为是否出于防御（自力救济）目的；第四，实施不兼容行为是否偏离了行为者所提供的

① 山东省食品进出口公司、山东山孚集团有限公司、山东山孚日水有限公司与青岛圣克达诚贸易有限公司、马达庆不正当竞争纠纷案，最高人民法院（2009）民申字第1065号民事裁定书。

网络产品或服务的技术目的和经营目的。[①] 有人认为，“恶意”需要通过判断不兼容行为的具体属性、行为人及其竞争对手的行为表现，最终以客观证据来证明行为人存在“恶意”。[②] 可见，“恶意”的判断涉及诸多因素，具有较大的不确定性。但是，如何以确定的方式解决不确定问题，或者使不确定性变得尽可能确定，值得研究和尝试。

“恶意不兼容”中“恶意”的判断，关键是恶性的判断。恶性是指意图或者目的的不正当性，即主观意图和目的具有反不正当竞争法意义上的可谴责性或者反秩序性。经营者是否具有正当竞争利益，是认定是否具有“恶意”的核心要素。其具体认定可以考虑如下因素。

1.不兼容的行为与“恶性”不具有当然的推论关系

基于市场竞争的本性，兼容与不兼容都是网络经营者基于趋利避害以及成本与收益比较之后的自由选择，靠市场诱导而非法律威慑，通常不应当和不需要加以干预和强制。比如，平台的开放策略可以吸引第三方开发者入驻，向用户提供丰富多样的服务，从而增强用户体验。因此，如今越来越多的互联网平台选择开放平台模式，向第三方提供接口，供其为平台用户开发产品和应用，以实现平台、用户、第三方合作共赢的平台生态。甚至相关报道显示，彼此相互封闭系统多年的腾讯与阿里也极有可能于最近陆续将自己的平台系统开放给对方使用。[③] 这是竞争自由和市场机制的作用。因此，不兼容原则上是允许的，大多数具有正当性，不兼容行为与恶意之间不具有盖然性的推论关系。不兼容只是一个客观中立的事实，“恶意”则是另外的独立的主观事实，主观事实虽然需要事实支撑，但不是从不兼容的行为中推论而出。

例如，部分关于互联网专条的规范性文件建议稿提出：“经营者不得恶意对其他经营者合法提供的网络产品或者服务实施不兼容。由于技术、安全等合理原因，经营者为了满足兼容要付出不合理的代价和成本的除

① 参见刘炼箴:《“恶意不兼容”行为的竞争法规制研究》,《中国物价》2020 年第 8 期。

② 参见焦海涛:《互联网不兼容行为的规制路径选择》,《财经法学》2020 年第 5 期。

③ 谁受益谁受伤，归根结底是双方权衡利弊之后进行选择。参见《“阿里腾讯将世纪“握手”相互开放生态系统？影响有多大？谁受益？谁受伤？”》，https://www.sohu.com/a/477525428_170520。

外。”这种说法的逻辑显然存在问题，即将正当的不兼容作为一种除外情形，且其与禁止恶意不兼容不具有逻辑上的对应关系，亦即如果将正当的不兼容行为限定为“经营者为了满足兼容要付出不合理的代价和成本”的情形，并作为恶意不兼容的例外，就会使恶意不兼容的范围过于宽泛，也使正当的不兼容过于狭窄。不兼容是上位概念，且原则上具有正当性，恶意不兼容是下位概念，是例外。因此，恶意与不兼容相互独立，没有推论关系。

再如，在“奇虎诉百度案”中，北京高级法院判决认为，基于互联网领域公平、开放、共享和促进信息自由交流的原则，在百度使用robots协议允许国内外主流搜索引擎抓取内容的情况下，针对性和歧视性地对360搜索引擎采取阻断及阻断后的跳转行为，客观上增强或者维持了百度市场优势，而弱化360搜索引擎的市场优势并使其无法正常增长，构成不正当竞争。[①] 在“360诉百度案”中，一审法院认为，出于获取更多的流量及潜在用户的考虑，绝大多数网站不会使用robots协议禁止通用搜索引擎抓取，反而希望能够更快地被搜索出来并被展示于搜索结果前列（由此促成竞价排名等商业模式），百度公司限制360搜索引擎抓取，有悖主流做法和robots协议的初衷。而且，百度搜索引擎在市场份额上占据绝对优势，360搜索引擎市场份额较小，百度公司限制其搜索引擎抓取，客观上增强了自己的市场优势定位，而导致360搜索的用户满意度降低，损害其合法权益。据此，以设置robots协议的方式限制通用搜索的抓取应当具有合理、正当的理由，如涉及受访信息为内部和敏感信息、出于维护受访网站正常运行及维护公共利益等原因，否则构成不正当竞争。百度公司的限制抓取行为没有正当理由，因而构成不正当竞争。[②] 二审判决认为，涉案被诉行为是否构成不正当竞争，可以综合参考信息网络行业惯例、从业规范和自律公约及技术规范等，以是否违反特定行业普遍

① 奇虎公司诉百度网讯公司、百度在线公司不正当竞争案，北京市高级人民法院（2013）高民初字第3755号民事判决书。

② 百度在线网络技术（北京）有限公司等与北京奇虎科技有限公司不正当竞争纠纷，北京市第一中级人民法院（2013）一中民初字第13657号民事判决书。

认同的经济人伦理标准进行判断。《互联网搜索引擎服务自律公约》要求限制搜索引擎抓取需符合行业公认合理的正当理由，百度公司针对通用搜索引擎采取限制抓取措施应当具有合理、正当的理由，不能针对特定对象采取歧视性措施。百度公司的限制抓取没有正当理由，构成不正当竞争。① 在上述案件中，限制搜索引擎的抓取属于网络不兼容的范畴。通常而言，是否允许搜索引擎抓取属于网络经营者基于利弊权衡的选择自由，而且 robots 协议只是一种中立的限制抓取工具，不具有当然的价值评判性。事实上，绝大多数网站允许搜索引擎进行抓取，其本身就是基于赚取流量和获取潜在用户的市场利益考量的结果，显然不能以此作为拒绝抓取行为因与众不同而具有不正当性的判断依据。因此，通常情况下拒绝抓取不需要正当理由，因拒绝抓取相关经营者竞争优势的此消彼长，也属于竞争性损害的范畴。不过，对于拒绝通用性搜索引擎的抓取，上述判决却采取了以构成不正当竞争为原则、以有正当理由为例外的态度，这与常规的网络不兼容正当性判断不符。但是，其实质性判断依据则是被限制搜索引擎的通用性及由此形成的自律公约和行业惯例的特殊要求，实质上是针对通用性搜索引擎的特殊性采取了特别的政策选择，亦即此类判断标准是基于行业和被限制对象的特殊性而采取的政策取向，不是简单地采取原则性否定拒绝抓取的态度。而且，此种原则与例外的判断方式类似于反垄断法中滥用市场支配地位的违法性判断，但其深层次的具体判断依据实不相同。

2.“恶性”主要是意图或者目的的不正当性

“恶性”必然是不具有谋求正当竞争利益的意图和目的。在民事诉讼中，鉴于不兼容的正当性是原则，不正当属于例外，实施不兼容行为的意图或者目的的不正当性由原告承担举证责任。原告完成相应的举证责任之后，举证责任可以转换给被告，被告可以提出实施不兼容行为的正当理由。

例如，在美国联邦贸易委员会（FTC）及 46 个州诉 Facebook 反垄断

---

① 百度在线网络技术（北京）有限公司等与北京奇虎科技有限公司不正当竞争纠纷，北京市高级人民法院（2017）京民终 487 号民事判决书。

案中，FTC 指控 Facebook 对第三方开发商提供了 API（应用程序接口），允许它们接入并使用自己的部分功能和数据，但拒绝对竞争对手开放 API，并且禁止第三方利用 Facebook API 推广竞争对手的产品。哥伦比亚特区联邦法院对该项指控持否定态度，认为 Facebook 的行为在任何层面上都没有违法嫌疑。法官指出，哪怕 Facebook 真是一个垄断者，它仍然有权参与市场竞争，它没有任何义务帮助竞争对手。如果竞争对手开发了一个与 Facebook 功能类似的 App，而 Facebook 愿意对它开放数据，无疑会大大加快这个 App 的成长。可是，Facebook 为什么要这样做呢？FTC 在起诉状中称，内容社交平台 Path 的用户增速一度很快，可是一旦 Facebook 禁止它使用自己的 API（主要是账户登录和寻找好友功能），增速就一下子掉到了零。对于这个“证据”，法官不无讥讽地评论道：任何公司不都会做出这样的决定吗？哪怕 Facebook 是垄断者，它就不配保护自己的核心地盘吗？①

按照该判决，为保护自身的核心竞争利益而排斥竞争对手（软件不兼容）具有正当性。反不正当竞争法中的网络不兼容具有同样的道理。互联网平台毕竟是私人产品，开放平台模式是平台的经营自主权，不是法定义务，不具有向第三方开放的一般义务。如在“微博诉脉脉案”中，法院承认网络平台对其 API 接入具有控制权，即平台有权阻止他人使用其 API 接口或者对其不开放其 API 接口。②我国存在特定大型互联网平台之间的相互不兼容，如果拒绝兼容的互联网平台有需要保护的正当利益，就不构成恶意不兼容。比如，如果被拒绝的互联网平台进入拒绝兼容的平台，可能会损害其重要竞争利益，如破坏平台生态系统，显著增加平台运行成本，降低用户体验等，因平台生态系统属于可保护的竞争利益，此时为保护正

① FEDERAL TRADE COMMISSION, Plaintiff, v. Civil Action No. 20-3590 (JEB) FACEBOOK, INC., Defendant. Case 1:20-cv-03590-JEB Document 73（6/28/2021）.

② 在“新浪微博诉脉脉案”案中，一审、二审法院均以违背诚实信用原则和违反公认的商业道德为由，裁判被告擅自抓取微博用户信息的行为构成不正当竞争，并确立了三重授权原则。参见北京微梦创科网络技术有限公司诉北京淘友天下技术有限公司及北京淘友天下科技发展有限公司案，北京市海淀区人民法院（2015）海民（知）初字第 12602 号民事判决书；北京知识产权法院（2016）京知民终字第 588 号民事判决书。

当利益进行的不兼容不具有不正当性。再如，不希望竞争对手利用自己的平台获取流量，是对自己正当竞争利益的保护，由此给竞争对手造成损害的，不构成“恶意”。互联网平台在通常情况下没有无条件向他人开放的义务，只要有可资维护的正当利益，可以对于他人网络产品和服务的接入予以拒绝或者限制，此时并不构成恶意不兼容。只有具有市场支配地位，没有正当理由而限制或者禁止他人接入，才可能被反垄断法禁止。非为保护正当竞争利益，而主要以损害他人正当利益为目的进行不兼容，才可能构成反不正当竞争法禁止的恶意不兼容。

3.是否有正当竞争利益是衡量目的和意图正当性的核心标准

目的和意图是主观的，而竞争利益是客观的。主观的要素可以有客观的呈现方式，需要依据客观的要素进行判断，客观因素是确保“恶意”认定标准可操作的可靠保障。不正当意图和目的通常根据缺乏正当的竞争利益进行判断，亦即不是追求或者保护正当竞争利益，而是专以损害他人正当竞争利益为目的，即行为的目的只是或者主要是损害他人的竞争利益，即具有“恶意”。易言之，经营者本来具有自由竞争的权利（竞争特权），但行使该权利不是为了追求正当的竞争利益，而主要是为了损害他人的正当竞争利益，即可以认定为具有“恶意”。这种情形类似于民法上滥用权利的情形。[①] 这类情形的范围应当非常狭窄，而不是非常宽泛。

认定不兼容中的“恶意”，可以从多个方面考量是否具有正当竞争利益。例如，不兼容是否背离了经营者提供网络产品或服务的技术目的和经营目的；不兼容是否出于正当的防御目的；是否针对他人提供的违法或者不正当的网络产品或者服务，如针对他人非法收集信息；是否损害社会公

---

① 《中华人民共共和国民法典》第 132 条作出了禁止权利滥用的规定，广义上的权利滥用既包括没有其他目的而仅在于加害他人的权利行使行为，又包括其他违反公序良俗和诚实信用原则行使权利的行为。参见［德］卡尔·拉伦茨:《德国民法通论》，王晓晔等译，法律出版社 2003 年版，第 306~309 页。如果将网络经营者从事市场竞争的权利（所谓的“竞争权”）作为一种泛称的权利，其仅以损害他人为目的的网络不兼容，以及其他违反诚实信用和商业道德的不兼容，均可以认定为具有恶意。

共利益、有违公序良俗的行为[①]。

4.考量与反垄断法精神的协调性

鉴于反垄断法以维护竞争自由为目的，而适当限制具有支配地位（市场势力）的经营者的竞争自由，反垄断法与反不正当竞争法的调整之间应当具有较大的自由竞争的间隔空间，即可以纳入反垄断法调整范围的行为，因为不具有市场支配地位而不予禁止的，原则上属于自由竞争的范畴，即便再依据反不正当竞争法认定为不正当竞争，通常不宜再将是否具有市场势力纳入是否构成“恶意不兼容”的考量范围。而且，需要严格限定其构成要件，缩小反不正当竞争中的恶意不兼容范围，以更好地保持自由竞争的空间。

5.“恶性”与诚实信用和商业道德

以是否具有正当竞争利益为“恶意”的判断标准，是诚实信用和商业道德在禁止恶意不兼容行为中的具体化。如参与立法者所说，经营者是否存在“恶意”，可以从经营者实施的不兼容行为是否符合诚实信用原则和商业道德等要求进行综合考量。[②]诚实信用和商业道德毕竟都是抽象的原则和标准，在具体情况下需要落实为可操作性标准。以是否具有正当竞争利益衡量是否具有恶意，就是针对恶意不兼容的具体操作标准，即为保护正当竞争利益进行的不兼容，即使损害其他经营者，也不违反商业道德和诚实信用原则，不具有恶意。

市场竞争的商业伦理不同于追求政治价值的政治伦理以及用于日常生活的世俗道德（日常生活道德）。市场竞争和经营活动应当具有更高的自由度，商业伦理也更为宽松，而非经营性领域可能追求特别的价值和权益，可能对互联网企业的行为有更多更强的约束。比如，为保护表达自由和公众日常生活利益，可以对网络平台的不兼容有特别的限制和要求，但市场竞争中的“不兼容”，更多考量成本收益和市场效率等价值，更多交给市场主体进行自由决策和由市场自主调节。维护公平竞争则是建立在商业伦

① 《国务院反垄断委员会关于平台经济领域的反垄断指南》第 14 条第 3 款规定了平台经济领域经营者可以拒绝交易的正当理由，这些豁免事由基于经营者具有市场支配地位的前提，其范围相对狭窄。不正当竞争中的“不兼容”以经营者竞争自由为前提，不应当采取特定豁免事由的范式，构成正当竞争的情形居于主导。

② 参见王瑞贺：《中华人民共和国反不正当竞争法释义》，法律出版社2018年版，第45页。

理之上。“恶性”需要根据商业伦理进行判断。

当然，商业伦理又与行业惯例密切相关。违反行业惯例经常被解读为违反商业道德。如在“360 诉百度案”中，一审和二审法院认为，互联网搜索引擎服务自律公约要求限制搜索引擎抓取需符合行业公认合理的正当理由，使用 robots 协议限制抓取有相应的行业惯例，且 360 搜索引擎属于通用搜索引擎，而百度搜索引擎在市场份额上占据绝对优势，在百度使用 robots 协议允许国内外主流搜索引擎抓取内容的情况下，针对性地对 360 搜索引擎采取阻断及阻断后的跳转行为，违反诚实信用和商业道德，构成不正当竞争。[①] 在此，行业惯例的要求和被限制搜索引擎的通用性等因素，成为法院判断构成不正当竞争的核心依据。

6.抵消能力和平台转换难易的考量

大平台之间不兼容的正当性判断，应当考虑相互之间的抵消能力。借鉴反垄断经济学上的抵消力量理论，[②] 大平台之间的不兼容有利于平台加剧相互之间的竞争，且因被拒绝兼容的平台自身具有的巨大流量，不至于因被拒绝而陷于极为不利的竞争地位。况且，大平台都有庞大的消费者群体，相互之间的依赖性不强，且消费者在不同平台之间的转换比较便利，转换成本低，相互不兼容不会实质性影响消费者利益。消费者转换平台的便利性，或许又是另一种意义上的互联网兼容，也是更广范围内的竞争性互联互通。如果网络平台的消费者在不同平台之间的转换本来是便利的，为什么非要强制要求平台内的兼容？无论是从市场竞争机制、竞争生态还是从消费者利益的角度进行考虑，大平台之间的不兼容都有利于促进竞争。因此，此类不兼容更适宜认定为不具有不正当性。如果经营者具有市场支配地位，对其实施不兼容就需要另行严格限制，因为此时即缺乏平台转换的充分替代性等。这恰恰与反不正当竞争限制恶意不兼容的前提和基础不同，两者形成鲜明的对比。

---

① 参见百度在线网络技术（北京）有限公司等与北京奇虎科技有限公司不正当竞争纠纷，北京市高级人民法院（2017）京民终 487 号民事判决书。

② 参见［美］克里斯蒂娜·博翰楠、赫伯特·霍温坎普:《创造无羁限——促进创新中的自由和竞争》，兰磊译，法律出版社 2016 年版，第 30~31 页。

三 “兼容”和“不兼容”的行为构成

（一）“兼容”和“不兼容”的一般界定

“兼容”和“不兼容”的提法直接来源于互联网经济活动，“不兼容”显然与“屏蔽”“封禁”“封杀”“封锁”“二选一”等日常用语重叠、交叉或者关联。互联网专条采用“兼容”和“不兼容”的词语，则将描述互联网特定经济活动的术语法律化，上升为法律语言，但其界定应当首先考虑经济活动实际，即经济活动中的认识和情形。而且，随着技术和经济的发展变化，“兼容”和“不兼容”的范围和方式必然随之变化。

前些年的网络不兼容更多涉及单纯的网络产品和服务，随着平台经济的发展，网络不兼容又涉及复杂的平台生态系统。国内外的主流互联网平台都会通过各类服务协议，处理其与竞品及各种相关方的关系，维护平台系统。涉及平台不兼容的做法，常见的有以下几种：（1）屏蔽爬虫，即不让搜索引擎等第三方的网络爬虫抓取平台内容，包括页面、网页、图文等。如 2008 年淘宝在 robots.txt 协议中屏蔽百度蜘蛛的抓取，即淘宝网在网站根目录下的 robots.txt 文件中设置相关命令，禁止百度蜘蛛获取网页信息。淘宝认为此次屏蔽的主要是用户、成交等敏感信息。① 国外的互联网平台经常禁止搜索引擎等第三方抓取网页内容。如“Twitter 服务条款”规定，访问或使用服务时，非经 Twitter 提供的当前可用的已发布界面（并且仅根据适用的条款和条件），不得以任何方式（自动或其他方式）访问或搜索或者尝试访问或搜索服务，除非特别允许在与 Twitter 的单独协议中这样做。② 根据“LinkedIn 用户协议”，未经 LinkedIn 同意，禁止直接或通过第三方（如搜索引擎）复制，使用，披露或分发从服务获得的任何信息。③（2）行使开放和不开放平台的选择权，包括禁止第三方与平台直接竞争。

① 参见《淘宝宣布正式屏蔽百度搜索》，http://tech.sina.com.cn/i/2008-09-08/17022443143.shtml。

② https://twitter.com/en/tos#update，August 5,2021.

③ *User Agreement*，Febuary 1,2021，https://www.linkedin.com/legal/user-agreement?trk=hb_ft_userag.

即使平台选择开放，也并非必须向任何第三方开放。对于不遵守平台开放协议的第三方，平台予以拒绝或屏蔽。例如，平台协议约定平台上的第三方开发者不得与平台直接竞争，包括不得复制平台的核心功能、外观、不得分流平台用户等；[①] 对恶意开发者予以拒绝或屏蔽。（3）拒绝非法内容和不良内容。国内外互联网平台的服务协议、平台规则等一般都会对平台内容提出要求，并对非法内容和不良内容采取删除、屏蔽等措施。

网络环境下的不兼容，无非是网络中对于网络产品或者服务的屏蔽、封禁、拒绝等排斥性行为。"不兼容"的描述性就是源于并反映网络生活，不能脱离网络生活，并根据法律调整需求进行再加工和再过滤，仅此而已。

（二）"兼容"和"不兼容"的法律含义

大体上说，互联网领域的兼容和不兼容用语和规范肇始于经济生活，后来被行业协会规范和部门规章所接受，再后来又被互联网专条加以规定。

互联网专条中的"恶意不兼容"条款，与此前的行业自律公约和部门规章的规定具有直接的渊源关系。中国互联网协会于 2011 年 8 月 1 日发布的《互联网终端软件服务行业自律公约》第 17 条规定了终端软件的恶意排斥，即"恶意排斥是指某款终端软件在设计、安装、运行过程中，无正当理由，故意给其他合法终端软件设置障碍，妨碍用户安装或者使用其他合法终端软件"。该"恶意排斥"显然是"恶意不兼容"的前身。

① 例如，《Pinterest 开发者指南》要求开发者不得创建可再现 Pinterest 的核心功能、外观和使用感受的内容，以及会误导开发者与平台的联系的内容，通常仅能使用 API 数据帮助用户在 Pinterest 上取得成功，等等。参见 https://policy.pinterest.com/zh-hans/developer-guidelines。《Instagram 平台政策》要求开发者尊重其对 Instagram 功能的限制以及 Instagram 的外观和功能，不要提供试图改变或分流 Instagram 体验的服务。《Facebook 开放平台政策》要求开发者不得构建将分流 Facebook 用户作为主要目的的应用平台，不得抄袭 Facebook 已经提供的核心功能。参见 https://developers.facebook.com/policy/.https://www.instagram.com/about/legal/terms/api/。《微博平台公约》第 9 条规定，微博将专注于核心功能、平台基础服务及重点产品（包括但不限于账号、关系、消息流、搜索、支付、广告系统、应用框架、地理位置、相册、微吧、微刊），将不对外部第三方开放。参见 https://open.weibo.com/wiki/ 平台公约。

法律规范意义上的“恶意不兼容”规定首见于部门规章，即《规范互联网信息服务市场秩序若干规定》[①]第5条规定的“互联网信息服务提供者不得实施下列侵犯其他互联网信息服务提供者合法权益的行为”中，第3项规定的即为“恶意对其他互联网信息服务提供者的服务或者产品实施不兼容”。该规定对于“恶意不兼容”和“不兼容”的措辞和规定[②]，当为互联网专条“恶意不兼容”规定的直接由来。而且，“不兼容”的提法应当与2010年“3Q”大战涉及的“二选一”等软件排斥行为有关，该案曾引起各方对于网络不兼容的空前关注，也提升了对于规制不兼容行为的重视度。[③]了解网络“不兼容”的如此来源和规制背景，显然有利于准确把握其含义。

“不兼容”是一个描述性和开放性很强的术语，具有规范文本的不完全性和模糊性，留有“语义学上的判断余地”[④]。对其界定应当紧密结合网络社会实际和符合发展需要。

首先，区分核心含义与边缘含义。“不兼容”的核心含义是清晰的，边缘不清晰难以避免，其界定视情况而定。法律用语的不确定并不必然是其缺点，在不确定的同时又带来了调整的灵活性和涵盖力。就目前的互联网发展情形而言，兼容的基本含义是互联网平台允许其他经营者产品或者服务的接入或者交易。与此相适应，不兼容则是互联网平台拒绝其他经营者的产品或者服务的接入，即拒绝与交易相对人进行网络产品和服务的接入或者交易，包括有选择地阻断、屏蔽信息流通和网络链接。核心范围内的“不兼容”构成其典型情形。例如，互联网平台竞争中封禁链接、封闭API接口等行为，应当属于典型的“不兼容”。至于此类不兼容是否正当，则是另外一个问题。

鉴于“不兼容”含义的宽泛性和涵盖力，实践中完全可以视法律调

---

① 2011年12月7日中华人民共和国工业和信息化部第22次部务会议审议通过（第20号令），自2012年3月15日起施行。

② 据笔者所知，2017年《反不正当竞争法》修订过程中，工信部等有关方面是互联网专条的重要设计者。

③ 笔者亲历过相关事件，对网络不兼容的相关背景比较了解。

④［奥］恩斯特·A.克莱默:《法律方法论》，周万里译，法律出版社2019年版，第3页。

整的需求进行灵活把握，没必要作茧自缚。比如，“屏蔽”“封禁”“封杀”“封锁”“二选一”等所指的现象或许大多可以归入不兼容的范围。而且，互联网服务通常以相关的软件作为支撑平台或者服务载体，网络产品或者服务的不兼容通常表现为软件之间的不兼容和冲突。如终端软件拒绝在其设计、安装和运行过程中，允许其他终端软件在其平台或者系统中接入。除非构成广义的不兼容，一家大型即时通信平台对另一家大型电子商务平台在即时通信平台上的展示方式进行一定的限制，不一定构成不兼容，更可能构成差别待遇，但将不兼容作宽泛理解，也并非不可以纳入其中。

其次，注意法条之间的体系界限。互联网专条列举的各类不正当竞争行为，本身即形成各自的边界及对其他行为的限制。比如，在互联网专条规定的“误导、欺骗、强迫用户修改、关闭、卸载其他经营者合法提供的网络产品或者服务”中，关闭、卸载其他经营者的网络产品或者服务，未必不可以为“不兼容”的语义所包括，但因另有单独的规定，自然被排除在“不兼容”的范围之外。而且，同一部法律之内也存在法条之间的特别规定与一般规定的适用关系，已为特别规定包含的选项，优先于一般规定。而且，“不兼容”一词毕竟有很大的伸缩性，凡是能够纳入“不兼容”语义范围的行为，尽可能不再援引互联网专条的兜底规定及第 2 条一般条款的规定。如此可以确保对号入座的穷尽性、准确性和法律适用的确定性。

最后，围绕立法目的确定“不兼容”的含义和边界。“不兼容”条款主要以维护“互联网开放、包容的精神”为根本目的，[①] 对其边界的界定要符合立法宗旨。当然，“开放、包容”作为一种总体上的网络精神是正确的，但落实到具体情形，网络开放和包容又受到种种条件的限制，仍需要具体分析，不好简单地将这种原则性精神作为判断行为正当性的标准。

（三）平台“二选一”与“恶意不兼容”

近年来，互联网平台“二选一”问题一直是社会关注和官方治理的热

---

① 参见王瑞贺：《中华人民共和国反不正当竞争法释义》，法律出版社 2018 年版，第 45 页。

点。[①] 网络平台“二选一”是一种独家排他性交易行为，即只能选择其指定的平台或者交易，不能同时选择其他。“二选一”是社会公众对平台经营者要求平台内经营者不得在其他竞争性平台经营等不合理限制行为的概括性说法[②]。从其特征看，“二选一”式的排他性交易符合不兼容的特征，至少与不兼容有交叉或者类似之处，如不接受排他条件而被排除的网络产品或者服务，也可以认为是不被兼容的网络产品或者服务。因此，此类“二选一”至少属于广义上的对其他经营者提供的网络产品或者服务“不兼容”行为。而且，无论是前述规章规定还是互联网专条，“不兼容”的词源与当年的“3Q”大战涉及的“二选一”式的软件排斥有关。

互联网平台实施的“二选一”行为，究竟在法律上如何归类和定性，目前出现《反不正当竞争法》、《中华人民共和国反垄断法》（以下简称《反垄断法》）和《中华人民共和国电子商务法》（以下简称《电子商务法》）均有调整或者交叠调整的局面。

首先，以《反垄断法》调整“二选一”行为，看似已成为管制此类行为的主要渠道。“二选一”可能构成滥用市场支配地位的限定交易行为。例如，“奇虎与腾讯禁止用户使用360软件垄断案”即属于“二选一”的情形[③]。2020年以来，随着强化反垄断的顶层推进，互联网平台“二选一”成为反垄断的重要目标。如国家市场监管总局对阿里巴巴实施“二选一”垄

---

① 例如，2021年4月13日，国家市场监管总局会同中央网信办、国家税务总局召开互联网平台企业行政指导会指出，强迫实施“二选一”问题尤为突出，是平台经济领域资本任性、无序扩张的突出反映，是对市场竞争秩序的公然践踏和破坏。强迫实施“二选一”行为限制市场竞争，遏制创新发展，损害平台内经营者和消费者利益，危害极大，必须坚决根治。参见新华社“新华视点”微博2021年4月13日。再如，“大型互联网平台‘二选一’‘大数据杀熟’‘封禁’为反垄断执法重点”。参见《广东省市场监督管理局关于广东省十三届人大四次会议第1040号代表建议答复的函》（粤市监反垄断函〔2021〕725号），2021年6月25日，http://amr.gd.gov.cn/gkmlpt/content/3/3329/post_3329588.html#2966。

② 《国务院反垄断委员会办公室负责同志就〈国务院反垄断委员会关于平台经济领域的反垄断指南〉答记者问》，国家市场监督管理总局官网，2021年2月7日。

③ 北京奇虎科技有限公司与腾讯科技（深圳）有限公司等滥用市场支配地位纠纷上诉案，最高人民法院（2013）民三终字第4号民事判决书。

断行为进行行政处罚[①]。上海市市场监督管理局查处食派士商贸发展有限公司对平台内合作餐厅商户提出“二选一”要求的垄断案[②]。《反垄断法》禁止经营者滥用市场支配地位，没有正当理由限定交易相对人只能与其进行交易或只能与其指定的经营者进行交易。《国务院反垄断委员会关于平台经济领域的反垄断指南》第 15 条将“要求平台内经营者在竞争性平台间进行“二选一”，或者限定交易相对人与其进行独家交易的其他行为”，作为“限定交易”的一类行为[③]。

其次，以《反不正当竞争法》互联网专条和《电子商务法》第 35 条进行调整。例如，据报道，对于美团在外卖领域的平台“二选一”，有关法院依据《反不正当竞争法》第 12 条，判决其构成不正当竞争行为。[④]外卖平台由于“二选一”问题（即要求餐馆只能入驻一家平台，不能跟其他平台合作）被多个地方的市场监管机构依据《反不正当竞争法》或者《电

---

① 国家市场管理总局国市监处〔2021〕28 号行政处罚决定书。

② 上海市市场监督管理局沪市监反垄处〔2020〕06201901001 号行政处罚决定书。

③ 该指南明确了构成限定交易行为可以考虑的因素，其中包括平台经营者要求平台内经营者在竞争性平台间进行“二选一”或者其他具有相同效果的行为。同时，该指南从惩罚性措施和激励性措施两个角度，进一步细化了判断“二选一”等行为是否构成限定交易的标准：平台经营者通过屏蔽店铺、搜索降权、流量限制、技术障碍、扣取保证金等惩罚性措施实施的限制，因对市场竞争和消费者利益产生直接损害，一般可以认定构成限定交易行为；平台经营者通过补贴、折扣、优惠、流量资源支持等激励性方式实施的限制，如果有证据证明对市场竞争产生明显的排除、限制影响，也可能被认定构成限定交易行为。参见《国务院反垄断委员会办公室负责同志就〈国务院反垄断委员会关于平台经济领域的反垄断指南〉答记者问》，国家市场监督管理总局官网，2021 年 2 月 7 日。

④ 据报道，江苏省淮安市中级法院就美团不正当竞争行为作出判决，首次适用《中华人民共和国反不正当竞争法》第 12 条，认定的外卖领域不正当竞争侵权案件。该民事判决指出，美团淮安分公司利用其优势地位，存在多起强制商户“二选一”行为，主要通过高佣金、缩小配送范围、流量限制等手段强制餐饮商户与美团签署“独家合作”协议，这一系列不正当手段限制、阻碍了大量参与商户与其竞争对手正常交易。参见《美团、饿了么双双因不正当竞争败诉〈中华人民共和国反不正当竞争法〉第十二条首次适用外卖领域》;《因不正当竞争双双败诉 美团、饿了么纷争不止不休》，https://mp.weixin.qq.com/s?src=11&timestamp=1632325711&ver=3330&signature=TlcbqxAIgVI36I836ggw7mHM*lJM*Mj5ecbkVMBdF-iIZy35gyELRJK0VWp4SONUIukpgC0PATkElzusTtYrOxt0F9mfKoDUIK6p8cksIliccVNte15DpmohA*XvtPci&new=1。

子商务法》处罚[①]。当然，这些判决和行政处罚决定有时援引“不兼容”以外的互联网专条其他款项[②]。

综上，“二选一”性质上属于网络不兼容行为，但可以同时落入多部法律调整，对应于多部法律的相应规定，可以按照不同的法律进行评价和定性，因而出现了同一客观行为的不同法律属性，以及由此导致的法条竞合。而且，诸如互联网平台“二选一”之类的同类型行为的竞合性法律调整，必然使法律适用关系复杂化，如果没有不同法律适用之间的优位关系，必然直接导致法律适用的门槛标准和行为违法性构成有重大差异，使得同类问题没有得到同等对待，最终导致法律选择适用的任意化，损害相关的立法政策和法律调整效果。例如，依据反垄断法的理念，企业具有市场支配地位的，其行为有更多的约束，否则有更多的行为自由和竞争自由。也即，垄断行为的构成以具有市场支配地位为条件，“二选一”构成垄断行为的门槛相对较高，与此相适应，留给竞争自由的空间较大。《反不正当竞争法》互联网专条和《电子商务法》第35条的适用门槛相对较低和标准相对模糊，如果两者构成对“二选一”的竞合性而不是排斥性适用，必然严重压缩自由竞争的空间。厘清这些规定的覆盖范围和适用关系，直接关系竞争自由的范围。

四 法律规制中的吸收、补充与排斥关系

（一）三部法律在调整恶意不兼容上的交叠性

当前对于“二选一”等网络不兼容的法律调整之所以涉及多部法律，

① 相关案例可参见浙江省温州市中级人民法院（2015）浙温民终字第2244号民事判决书；相关案例可参见黑龙江加格达奇区饿了么“二选一”案行政处罚决定书（加市监处〔2019〕3号）；四川省通江县美团“二选一”不正当竞争案行政处罚决定书（通市监管罚字〔2019〕3037号）；浙江浦江县饿了么“二选一”不正当竞争案行政处罚决定书（浦市监案字〔2018〕151号）。

② 例如，2021年2月10日，国家市场监督管理总局依据《中华人民共和国反不正当竞争法》第12条第2款第（4）项和第24条，对唯品会（中国）有限公司“二选一”等行为进行处罚。参见国家市场监督管理总局国市监处〔2021〕3号行政处罚决定书。

出现事实上的竞合性和任意选择性适用，根本原因是同样的行为被纳入不同法律的调整，而相关法律规定高度概括和边界模糊，在解释上难以避免交叉重合。具体而言，《反不正当竞争法》第12条第2款第（3）项规定的恶意不兼容行为，《反垄断法》第17条第1款第（4）项规定的限定交易行为[①]，以及《电子商务法》第35条规定的对交易等进行的不合理限制行为[②]，存在文义解释和适用范围上的交叉[③]。这是因为，对他人提供的网络产品或者服务的“不兼容”、限定他人“只能与其进行交易或者只能与其指定的经营者进行交易”以及对交易等“进行不合理限制或者附加不合理条件”，对像恶意不兼容之类的行为，可以看作对于同类行为在不同法律语境下的不同界定、表达和定性，即并未改变行为的本质，对于同样的行为，法律调整和法律评价各不相同。例如，对于进入网络平台的网络产品或者服务实施“二选一”，在《反不正当竞争法》上可以构成对被排斥网络产品或者服务的“不兼容”，在《反垄断法》上构成“限定交易”，在《电子商务法》上构成“不合理限制”。正是由于法律规范在语义上的交叉，实践中针对同样的行为，出现了以不同的法律路径加以处理及同样的行为不同处理的问题。

仅就既有的法律状态而言，这些法律之间的重合交叉确实存在如上问题和担忧。但是，法律适用毕竟具有较大的裁量性和选择性，在法律既定的情况下，执法者应当通过必要的智慧和方法，使法律适用恰当化，实现良好的法律效果。上述担忧和问题，恰恰可以通过法律适用予以消除和解决。而且，对于《反不正当竞争法》、《反垄断法》和《电子商务法》的交

---

① 即“没有正当理由，限定交易相对人只能与其进行交易或者只能与其指定的经营者进行交易”，甚至还包括该条款规定的拒绝交易行为。

② 即“电子商务平台经营者不得利用服务协议、交易规则以及技术等手段，对平台内经营者在平台内的交易、交易价格以及与其他经营者的交易等进行不合理限制或者附加不合理条件，或者向平台内经营者收取不合理费用”。

③ 实际上，交叉调整的条款还不限于这些。比如，《中华人民共和国反不正当竞争法》第12条第2款规定的“其他妨碍、破坏其他经营者合法提供的网络产品或者服务正常运行的行为”，同样与《中华人民共和国反垄断法》第17条第2款和《中华人民共和国电子商务法》第35条规定的行为交叉重合。

叉重合领域，显然不应任由当事人和执法者选择适用，而需要建立其相互之间的适用秩序。

（二）三部法律的冲突性竞合与非冲突性竞合

对于如何处理三者之间的适用关系，学者进行了探索。例如，有人认为，可以基于特定行为的损害性大小确定法律适用，即尽管从理论上看，反垄断法与反不正当竞争法都可调整不兼容行为，但特定的不兼容行为要么构成垄断，要么构成不正当竞争，两种性质不应同时存在，两部法律也不应同时适用。实践中，应当基于不兼容行为损害的程度来选择法律适用：严重损害竞争秩序的不兼容行为可以认定为垄断，大多竞争损害尚未达到垄断程度的不兼容行为，则可以适用《反不正当竞争法》第 12 条的互联网专条。①

需要注意的是，反垄断法与反不正当竞争法不是简单的轻重关系，也不是简单的吸收排斥和自由选择的关系，而是立足于不同的适用基础，涉及各自的调整理念以及竞合性法条的适用规则。解决这些法律之间的适用关系，应当首先确定其竞合的具体属性。而且，厘清这些法律之间的适用关系必须遵循一定的法理和规则，实现法秩序的协调。恶意不兼容可以同时落入三部法律的调整范围，即产生了法律调整的竞合，但还可以进一步区分是冲突性竞合与非冲突性竞合。前者即调整同一行为的法律之间具有相互排斥性，不能同时并用；后者即不同法律虽然调整相同的行为，但因调整目的和功能的差异，而可以并用和互补。当然，由于法律竞合的复杂性，还可能存在一些介于两者之间的中间状态或者模糊性的情形。在恶意不兼容行为的调整上，《反不正当竞争法》第 12 条、《反垄断法》第 17 条和《电子商务法》第 35 条存在文义上的交叉重叠，需要通过法律方法厘清其适用关系，但法律方法首先取决于法律精神和立法政策，并需要寻求法条适用背后的实质正当性，据此形成恰当的法律适用秩序。

① 参见焦海涛:《互联网不兼容行为的规制路径选择》,《财经法学》2020 年第 5 期。

三部法律涉及恶意不兼容的相关规定存在多重交叉关系。首先，要分清三部法律的相关规定是冲突性竞合还是非冲突性竞合。就恶意不兼容涉及的竞争法调整而言，《反垄断法》与《反不正当竞争法》所保护的上位法益均为市场竞争秩序，从这种法益保护相同性的层面定性，两者对于“恶意不兼容”的调整可以构成法条竞合，即同一行为触犯的法益为该两种法律所调整。但是，在具体法益保护上，反不正当竞争法益与反垄断法益又不相同，而且《反垄断法》第17条与《反不正当竞争法》第12条在调整定位和评价标准上并不相同，虽然都可以针对恶意不兼容行为，但基于不同的标准和目的进行评价，因而从“不兼容”触犯的具体法益差异看，两者的上述规定又可以构成法条的想象竞合[①]。《电子商务法》第23条和第35条分别规定了禁止滥用市场支配地位和禁止不公平交易，因而《反垄断法》第17条与《电子商务法》第35条的关系类似于《反垄断法》第17条与《反不正当竞争法》第12条的关系。因此，《反垄断法》第17条与《反不正当竞争法》第12条和《电子商务法》第35条构成独特的竞合现象，有时又类似于法律聚合，即各自调整同样的行为，但调整的目的和标准各不相同。其次，《反不正当竞争法》第12条与《电子商务法》第35条构成冲突性的法条竞合。就《电子商务法》第35条的法条演化及调整对象而言[②]，

---

① 一种行为侵害两种以上的法益而可以由不同的法律进行调整，但其调整的基础和保护的法益各不相同，亦即受保护的法益不具有重合或者交叉关系。

② 《中华人民共和国电子商务法》第35条虽然体现为公平交易条款，但本质上是禁止不正当竞争的条款。从相关法律的立法史，可以看出其形成轨迹。比如，1993年《中华人民共和国反不正当竞争法》第12条规定：“经营者销售商品，不得违背购买者意愿搭售商品或者附加不合理的条件。”国务院法制办公室公开征求意见的《反不正当竞争法（修订草案送审稿）（2016年2月25日）第6条规定了经营者不得滥用相对优势地位的行为。该修订一度引起较大争议。2017年，国务院提请审议的《反不正当竞争法（修订草案送审稿）》第11条又基本上恢复到对搭售的原规定：“经营者销售商品，不得违背购买者意愿搭售商品，不得附加其他不合理的条件。”全国人大常委会修订二稿开始删除该规定，删除的理由是：“有的常委组成人员和地方、部门、企业、单位提出，对搭售行为的规范，应以经营者具有市场支配地位为前提，反垄断法对此已经作了明确规定，本法可不必再作重复规定。”但是，《中华人民共和国电子商务法》第35条实质上又在很大程度上恢复了反不正当竞争法修订过程中争论的滥用相对地位的规定，至少有很强的关联性。因此，第35条实质上是反不正当竞争条款。

它实质上是一个反不正当竞争条款[①]。因调整对象、评价标准与功能定位的相同，《反不正当竞争法》第12条与《电子商务法》第35条构成冲突性竞合。既然上述法条之间的关系错综复杂，其选择适用固然需要考量法条竞合和想象竞合的适用规则，但更要要基于竞争法理念和精神。

（三）吸收、补充与排斥的交织适用关系

三部法律之间特殊的交叠性三角关系，显然不能简单以一般法与特别

① 从法条语义看，《中华人民共和国电子商务法》第35条旨在规范电子商务平台对平台内经营者实施不公平交易的行为。对于该条款与不正当竞争的关系，有不同的解读。例如，有人认为电子商务平台经营者和平台内经营者是非竞争关系，也很难理解为上下游关系，所以不能归属为不正当竞争，只能理解为平台内经营者不得利用其特殊地位状态或优势损害平台经营者的利益。参见电子商务法起草组编著：《中华人民共和国电子商务法条文释义》，法律出版社2018年版，第112页。也有人认为，第35条与不正当竞争和垄断具有重合性，如《中华人民共和国电子商务法》第35条、《中华人民共和国反不正当竞争法》第12条和《中华人民共和国反垄断法》第17条均规定了此类限制和附加不合理条件的行为。参见郭峰等编著：《中华人民共和国电子商务法法律适用与案例指引》，人民法院出版社2018年版，第222页。其实，公平交易与反不正当竞争从来都不矛盾，立法过程能够说明这一点。《电子商务法（草案）》（初次审议稿）第四章第二节标题为"市场秩序与公平竞争"，其中第55条规定的"从事电子商务活动，不得有下列不正当竞争行为"中，第5项即为"利用服务协议等手段，限制交易、滥收费用或者附加不合理交易条件"。二次审议稿将草案第55条第5项修改为"电子商务平台经营者不得利用服务协议和交易规则等手段，对平台内经营者的交易、交易价格等进行不合理限制或者附加不合理交易条件，或者向平台内经营者收取不合理费用"，并将其作为第30条。参见《全国人大法律委员会关于〈中华人民共和国电子商务法（草案）〉修改情况的汇报》（2017年10月31日）第5条。三次审议稿将第30条修改为"电子商务平台经营者不得利用服务协议、交易规则以及技术等手段，对平台内经营者在平台内的交易、交易价格以及与其他经营者的交易等进行不合理限制或者附加不合理条件，或者向平台内经营者收取不合理费用"。参见《全国人大宪法和法律委员会关于〈中华人民共和国电子商务法（草案）〉审议结果的报告》，2018年8月31日，http://www.npc.gov.cn/npc/c30834/201808/7541e6486e8b414ca4b15fa99d0ecdd0.shtml。此即《中华人民共和国电子商务法》第35条的由来。该条款始于不正当竞争条款，后来屡经修改，但只是在条文内容、表达方式和立法技术上进行改变，并未改变其属性和初衷。即便将其称为公平交易条款，但其核心内容仍是反不正当竞争。而且，我国司法实践对反不正当竞争中的竞争关系普遍进行宽泛的理解，不排除对电子商务平台经营者和平台内经营者之间关系的适用。

法及前法与后法等惯常的冲突法规范确定其选择适用[①]，而需要首先基于法律精神和立法政策进行整体把握，再通过法律技术和方法加以解决。具体而言，法律都是由政策（policy）、原则（principles）和规则（rules）三个层次构成。政策代表着目标，原则有助于落实政策，规则用来执行原则。[②]法律的适用及竞合性法条的处理，同样兼顾法律的政策、原则和规则三个层面，首先基于法律精神、立法政策和适用效果的深层考量，在此基础上再考量其法条竞合的属性，以此选择恰当的适用方法，形成恰当的法律适用秩序。总之，解决法条竞合性冲突，竞争法的理念、政策和原则是灵魂，方法是工具性路径。

第一，反垄断与反不正当竞争之间的优位性吸收、有限补充及反向吸收关系鉴于《反垄断法》第 17 条与《反不正当竞争法》第 12 条之间的法条竞合和想象的法条竞合关系，并充分考量竞争法政策和理念，涉及不兼容的反垄断与反不正当竞争的法律适用比较复杂，可以划分为三个基本层次。

首先，反垄断的优位性。基于竞争法的立法政策和基本理念，《反垄断法》可以具有优位性。竞争法均以维护竞争自由为根本目标，竞争自由是法律调整的基础前提。《反垄断法》是维护竞争自由的基本法，它以较高的适用门槛，防止对竞争自由的过度干预。比如，《反垄断法》只是限制具有市场势力即市场支配地位者的竞争自由，达不到限制门槛的竞争行为原则上都属于自由竞争的领域。不纳入《反垄断法》调整范围内的竞争行为，并不简单地递进式适用《反不正当竞争法》和《电子商务法》等法律的不正当竞争条款，后者只是对极为特殊的不公平竞争行为再进行制止。易言之，反垄断法与反不正当竞争法之间必须有较大的间隔性竞争自由空间，而不是构成一个高度衔接的和密不透风的法律调整之网。在网络经营者缺乏市场支配地位的情况下，即便实施不兼容行为，通常也难以对竞争产生消极影响。对于不构成垄断行为的不兼容，认定其构成不正当竞争需要节

---

① 例如，《中华人民共和国立法法》第 103 条规定："同一机关制定的法律、行政法规、地方性法规、自治条例和单行条例、规章，特别规定与一般规定不一致的，适用特别规定；新的规定与旧的规定不一致的，适用新的规定。"

② ［美］莱曼·雷.帕特森、斯坦利·W. 林德伯格：《版权的本质：保护使用者权利的法律》，郑重译，法律出版社 2015 年版，第 48 页。

制和谦抑，避免不适当压缩竞争自由的空间。

因此，虽说反垄断与反不正当竞争基于不同的调整依据，但事实上被调整行为毕竟是同一个，是同一行为引发不同的法律评价，但很难基于实现不同的功能和目的加以区分，因而可以考虑《反垄断法》的优先适用，即通常以反垄断法的判断吸收反不正当竞争的判断，属于反垄断法调整范围的行为，应当优先按照反垄断法标准进行衡量；构成垄断行为的，一般不再纳入其他法律进行同时调整。

其次，反不正当竞争的补充性适用。不构成垄断行为的，在价值取向上一般认为属于竞争自由领域的正当竞争，但确实对市场秩序和消费者利益产生不公平影响的，可以按反不正当竞争调整。例如，不构成垄断的不兼容等行为，通常留给竞争自由的领域，尽可能不再认定为不正当竞争；仅以损害竞争对手为目的并无实质性竞争利益的故意不兼容，仍可以纳入反不正当竞争的调整范围。这种反不正当竞争调整具有有限的补充性。因此，反垄断调整具有优位性和吸收性，反不正当竞争则具有适当的补充性。

最后，反不正当竞争先行时的有限反向吸收。如果垄断行为与不正当竞争行为相交织，对于同一恶意不兼容行为已按照《反不正当竞争法》或者《电子商务法》有关规定加以处罚，也可以不再另行启动反垄断程序。这可以解读为贯彻“一事不再理”原则，但更多是执法上的便宜和为当事人减负。执法机关是专业机关，有识别法律的能力和职责。识别不当导致的法律后果，不应该由当事人承受。

需要指出的是，反不正当竞争与反垄断的吸收和补充关系，只能发生于其调整的行为产生重合的场合，而不具有两者关系的普适性。在其他调整领域，两部法律是各行其道的。

第二，《反不正当竞争法》第 12 条与《电子商务法》第 35 条是一种排斥性的平行关系，从竞争政策的角度分析，《不正当竞争法》第 12 条和《电子商务法》第 35 条的适用门槛相对较低，如过于宽泛地适用，对于竞争的干预度相对较大。理顺这些法律的适用关系不仅是法律适用的技术问题，更涉及如何不破坏竞争自由以及市场发展的空间。因此，两者对于恶意不兼容行为的适用只能选择其一，不能同时并用。从冲突规范的选择适用规则分析，鉴于互联网专条对于恶意不兼容的规定是针对性更强的特别规定，《电子商务法》第35条则是更为笼统的规定，而且就互联网专条与第35条的交叠领域而言，法律已对恶意不兼容进行特别调整，相对于第35条而言可以构成反不正当竞争意义上的特别规定，依照特别法优于一般法的冲突法规则，优先适用互联网专条更妥当，因此互联网专条与《电子商务法》第35条将其适用于相同行为时构成排斥性法条竞合，选择其一即排斥其他，而适用特别规定优于一般规定的规则更为适宜。①

第三，《反垄断法》第17条与《电子商务法》第35条不再存在适用上的交叉关系。

《电子商务法》第22条和第35条对电子商务领域的反垄断与反不正当竞争进行分立调整，第35条对应于反不正当竞争，且应当由互联网专条进行前述优先适用。鉴于此，对于恶意不兼容行为，无须依照第35条进行处理，而按照反垄断与反不正当竞争的上述法律适用关系进行处理。

综上，三部法律的竞争法条款之间的适用存在优位性吸收、有限补充与排斥的多重关系。同样的行为构成垄断行为的，原则上不再纳入反不正当竞争的适用范围；不构成垄断行为的，确实符合不正当竞争条件的，可以纳入反不正当竞争调整；基于竞争法立法政策及反垄断和反不正当竞争之间的特殊适用关系，恶意不兼容之类的不正当竞争不再纳入《电子商务法》第35条调整。

五　结语

互联互通是互联网的基本理念和准则，是互联网的生命线。网络效应和规模优势与网络的互联互通息息相关。正如参与立法者所说，“互联网以互联互通为基础，强调共享、共治、开放、包容。经营者恶意对他人的网络产品或者服务实施不兼容，不仅违反互联网开放、包容的精神，也构

① 《中华人民共和国立法法》第103条规定：“同一机关制定的法律、行政法规、地方性法规、自治条例和单行条例、规章，特别规定与一般规定不一致的，适用特别规定；新的规定与旧的规定不一致的，适用新的规定。”

成对他人网络产品或者服务的妨碍、破坏，使其不能正常运行，属于不正当竞争行为”①。但是，互联互通、开放包容毕竟是一种宏观原则和总体精神，具体到市场领域，互联互通首先基于市场调节，是尊重经营者趋利避害及成本与收益比较之后的自主选择。网络环境下的互联互通总体上符合经营者利益，经营者出于逐利的天性，必然在大多数情况下拥抱广泛的网络兼容。经营者权衡利弊得失之后实施的个别不兼容，同样是自由选择的必要环节，仍是互联互通的应有之义，总体上也利于促进竞争。法律对网络恶意不兼容的干预和强制，乃是对市场失灵的补救和替代，应当限定于特定范围和特定条件。禁止恶意不兼容以“恶意”为限定条件，就是为了抬高干预和限制不兼容行为的门槛。因此，允许网络不兼容是原则，禁止恶意不兼容为例外。

互联网专条规定的“恶意不兼容”是一种由主客观要件构成的网络不正当竞争行为。其中，“恶意”是由“故意”与“恶性”构成，恶性则以是否具有正当竞争利益为标准进行认定。不兼容具有描述性和不确定性，其核心含义清晰，非核心含义模糊，具有外延和边界的模糊性，可以在具体适用中适当灵活把握。不兼容可以同时落入《反不正当竞争法》互联网专条、《反垄断法》第17条和《电子商务法》第35条的覆盖范围，存在法律规范的竞合性冲突，相关法律的选择适用既需要基于竞争法立法政策，又需要基于法律冲突的选择方法，据此形成吸收、补充与排斥的交织适用关系。

① 王瑞贺:《中华人民共和国反不正当竞争法释义》，法律出版社2018年版，第45页。

《民法典》担保制度内在体系的变迁

谢鸿飞 *

一　全球担保法改革的共同内在体系

奚落本国担保法的落后，在担保法学者圈渐成风尚。澳大利亚担保法改革的主要推动者艾伦教授就尖刻地评价说:“今天，至少澳大利亚和英国适用的依然是缝纫机时代的担保制度。”① 其背景是全世界范围内风起云涌的担保法改革。目前，很多国家和地区都在翻新其担保法，如法国、澳大利亚、比利时等。改革的动力源于两方面：一是国内市场交易尤其是信贷交易越来越依赖担保；二是跨境交易的不断增加使国别担保法不得不考虑国际担保法的发展趋势。②

担保法改革必然以特定的、抽象的理念、价值和原则为出发点，它们构成担保法的内在体系，决定着担保的制度建构和规则内容。如艾伦教授倡导的澳大利亚担保法改革的目标，是让担保“更快、更简单、更容易和更安全”③；学界多将各国担保法改革的共同目标概括为七个方面：

---

* 谢鸿飞，法学博士，中国社会科学院法学研究所私法研究中心研究员。

① David Allan, “Personal Property Security – A Long Long Trail A-Winding,” *Bond Law Review*, Vol.11, 1999, pp. 178, 181.

② Magda Raczynska, “New Model Law of Secured Transactions: Worldwide Modernisation in the Making?” *Journal of International Banking and Financial Law*, Vol.11, 2014, p.697.

③ David E. Allan, “Uniform Personal Property Security Legislation for Australia – Introduction to the Workshop on Personal Property Security Law Reform,” *Bond Law Review,* Vol.14, 2002, pp.1, 7.

①担保的设立应尽量简单，但不能过分简单（as simple as possible but not simpler）；②担保权应尽可能透明、确定；③促进合同自由，满足交易的灵活性；④提高担保交易和担保权实现的效率；⑤平衡担保交易双方和第三人的利益；⑥防免对担保交易参与者的不当歧视；⑦尽可能充分利用新技术。[①]

联合国贸易法委员会《担保交易立法指南》追求如下目标：①加大担保信贷供应力度，促成低成本信贷；②许可债务人可利用其资产的全部价值用于担保；③促使担保权简单、高效地设定；④平等对待来源不同的信贷资金和各种形式的担保交易；⑤确认各类财产都可设定非占有型担保权；⑥提升担保权的确定性和透明度；⑦确立清晰的、可预见的优先权规则；⑧促使担保权的执行更为便利、高效；⑨增进当事人的契约自由，使担保交易尽可能具有灵活性；⑩平衡担保交易所有利害关系人的利益。[②]这十项目标与前述学界提炼的目标一致，无非更为具体。可见，对担保法治的内在体系，国际上已达成共识。

担保法的现代化主要体现在担保物权领域。这一领域的变化也契合了担保法现代化的诸目标。如在扩张自由方面，它体现为担保制度容纳了以权利本体作为担保财产设定担保（如所有权担保）、扩大了担保财产的范围（在未来资产、无形资产、流动资产、集合物上设定担保）、拓展了非占有型担保的适用空间等；在提升效率方面，声明登录制兴起、登记内容弹性化，担保物权的私力实行程序兴起等均为适例。[③]按照民法学通常的价值定位，现代担保法的内在体系蕴含了五种价值：公正、自由、平等、安全和效率。

《中华人民共和国民法典》（以下简称《民法典》）的担保制度虽以民事单行法和司法解释为基础，但对旧制做了大刀阔斧的修改，以实现中国担保制度的现代化。《民法典》实施后，值得讨论的问题是《民法典》是

---

① Louise Gullifer and Orkun Akseli, *Secured Transactions Law Reform:Principles, Policies and Practice,* Oxford and Portland, Oregon, 2016, Foreword, Vi.

② United Nations Commission on International Trade Law, *UNCITRAL Legislative Guide on Secured Transactions*, New York, 2010, p.18.

③ 参见徐洁:《担保物权制度的发展趋势》,《甘肃社会科学》2007 年第 3 期。

否顺应了世界范围内担保制度改革的价值取向？本文以《民法典》及《最高人民法院关于适用〈中华人民共和国民法典〉有关担保制度的解释》（以下简称《担保制度司法解释》）的文本为对象，分析中国担保制度践行五种价值的实际情况，并揭示这些价值最大限度得以实现尚需具备的基础条件。

二 《民法典》对担保制度诸价值的提升

（一）公正价值的提升

民事立法的基础是抽象正义，在设计担保制度时，立法者不应偏向债权人或担保人任何一方。但是，在比较法上，自 20 世纪 70 年代末以来，担保制度的中立价值就受到破产重整制度的巨大冲击，[①] 迄今未易。事实上，担保领域一个永恒的问题是：立法者应在多大程度上以公正为导向，而不是简单地以抽象平等为出发点，调整担保合同当事人的权利义务关系？这一问题的现实基础是：大多数债务人以外的担保人都是债务人的至爱亲朋或其控制的公司，其提供担保收获的是情谊，但其付出的是承担可能影响其生计的担保责任。若担保人的责任过苛，则人们将害怕做担保人，最终因“觅保难”交易无法实现。《民法典》担保制度内在体系的最大变化，就是在立法者不得不作出价值决断时选择了优待第三担保人的立场。以下择要述之。

1.担保的从属性

担保的从属性，尤其是担保合同效力的从属性，是对担保人的重要法律保障。《中华人民共和国担保法》（以下简称《担保法》）第 5 条第 1 款允许担保合同约定其效力独立于主合同，《中华人民共和国物权法》（以下简称《物权法》）第 172 条第 1 款不承认抵押合同和质押合同约定其效力的独立性。可见，在《民法典》之前，独立保证有其法律基础。《民法典》第 388 条和第 682 条不许可当事人约定任何担保合同具有独立性，从而统

① 参见王乐兵:《担保法专论》，对外经济贸易大学出版社 2017 年版，第 4 页。

一了担保领域的独立担保立法。否定独立担保的核心理由，一是独立担保可能导致欺诈和权利滥用，二是担保人的责任过重。[①]《担保制度司法解释》第 2 条还禁止当事人约定担保人对主合同无效的法律后果承担担保责任。将担保的从属性作为私法强行法，凸显了国家对担保人浓厚的“父爱主义”，其目的在于使其免于承担比债务人更重的担保责任。

2.保证合同成立的要式性

所有合同都不能被推定，这是私人自治和契约主义的基本逻辑。为保护担保人，担保法更强调这一原则，如《埃塞俄比亚民法典》第 1922 条、《智利民法典》第 2347 条均规定，保证不得推定，且其内容限于明示。《民法典》也对担保合同采形式强制主义，其第 400 条第 1 款、第 427 条第 1 款分别规定抵押合同和质押合同应采书面形式，其目的当在警示担保人审慎提供担保，也避免其因人情纷扰不得已口头答应担保而承担担保责任。

尤值一提的是，《民法典》第 685 条规定了保证成立的方式，其第 1 款规定，保证合同可以是主债权债务合同中的保证条款，但依据最高人民法院《关于适用〈中华人民共和国担保法〉若干问题的解释》第 22 条第 2 款，只要保证人在主合同上以保证人的身份签字或盖章，即使主合同没有约定保证条款，保证合同也成立。从文义解释角度，同时结合保护保证人的价值取向，可以认为《民法典》不承认依这种方式可构成保证关系。

3.保证责任方式的推定

《民法典》保证制度最直观的变化，是其第 686 条第 2 款改变了《担保法》第 19 条有关保证责任的推定规则，在合同没有约定或者约定不明确时，将保证责任方式推定为一般保证责任。

《担保法》推定连带保证的原因是彼时经济秩序还不很规范，让保证人承担较重的责任有助于增强保证人的责任意识。[②]这种推定规则客观上保护了以国有银行为代表的债权人。《民法典》改采一般保证责任的理由

---

① 2007 年之后，我国司法实践基本都以这些理由来否定独立担保，如中国光大银行长沙华顺支行与湖南洞庭水殖股份有限公司、湖南嘉瑞新材料集团股份有限公司、长沙新振升集团有限公司借款担保合同纠纷上诉案（最高人民法院〔2007〕民二终字第 117 号民事判决书）。

② 参见孙礼海主编:《中华人民共和国担保法释义》，法律出版社 1995 年版，第 25 页。

是：其一，这是比较法的普遍规则；其二，保护无偿提供保证的保证人；其三，连带责任作为加重责任，原则上应由当事人约定；第四，保证人承担连带责任对实体经济影响较大，导致连环债、三角债较多。[①]可见，两种规则的基础都主要是现实考量。

基于契约自由，在合同未约定保证方式时，法院须依合同文义、相关条款、合同目的、交易习惯及诚信原则进行解释，在穷尽意思表示解释后依然无法探知当事人关于保证方式的真意时才能推定为一般保证。[②]《担保制度司法解释》第25条还从文字辨析角度明确了解释结论。

（二）自由价值的提升

担保法最明显的特征之一是强制性。担保物权自不必论，即使对保证债权，立法者也基于公正等价值，利用担保从属性等技术规则来限制契约自由。可以说，自由和强制是担保法发展的主要线索，自由的不断扩张是现代担保法发展的基本趋势之一。《物权法》最重要的贡献之一是在以法定主义为基调的担保物权领域，尽可能扩张了契约自由的适用空间，《民法典》更进一步扩张了担保自由，其要者如下。

1.保证债权的实现条件

《担保法》第6条、第33条和第63条仅规定了保证债权和担保物权的法定实现条件，即债务人不履行债务。《民法典》第386条、第681条增加了当事人约定的条件，从而统一了担保权的实现条件。这表明，保证债权的实现条件在契约自由的射程范围内，当事人可以约定在主债务到期之前行使保证债权。

2.担保财产的范围

联合国国际贸易法委员会《担保交易立法指南》为使担保人利用其所有资产提供担保，提高信贷额度，降低信贷成本，强调担保人可在其所有

---

① 参见黄薇主编：《中华人民共和国民法典合同编解读》（上），中国法制出版社2020年版，第750~751页。

② 参见谢鸿飞、朱广新主编：《民法典评注·合同编》，中国法制出版社2020年版，第45页。

合法资产上设定担保，包括现有资产和未来资产，且担保人在对未来资产设定担保时，无须经历更多程序；在资产的集合体上也可设定担保。[①]《民法典》也拓展了担保财产的范围。其一，对抵押财产，其第395条新增海域使用权为抵押权客体；第399条删除了《物权法》第184条禁止耕地作为抵押财产的规定，同时第342条和第381条明示了土地经营权的抵押能力。此外，第399条结合总则编营利法人和非营利法人的分类，禁止以幼儿园、医疗机构等为公益目的成立的非营利法人的教育设施、医疗卫生设施和其他公益设施进行抵押，[②]《担保制度司法解释》第5条第2款更明确承认，作为营利法人的学校等享有和其他商事主体相同的担保权利能力。其二，对权利质押财产，《民法典》第440条第6项将应收账款扩大到“将有的应收账款”，为交易实践中大量的收益权质押等提供了法律基础。

3.流担保的缓和

《物权法》第186条和第211条禁止流抵押和流质，理论界和实践界对此争议较大，或出于契约自由原理和提升担保物权实现效率的双重考量，主张流担保条款在受一定限制后应为有效。《民法典》并未全盘接受这种观念，[③]但其第401条和第428条明确规定，这种约定不影响担保权的设立，但担保权人只能“依法”就担保财产优先受偿，而依什么法，则语焉不详。

（三）平等价值的提升

1.实质担保的纳入

《民法典》担保制度最大的突破在于依据平等理念，采纳实质担保观，平等对待不同类型的债权人和担保人。

《美国统一商法典》第9编基于实用主义和效率的双重考虑，在动产和权利担保领域创设了统一的“担保权益”，即可对抗债务人的其他债权

---

① United Nations Commission on International Trade Law, *UNCITRAL Legislative Guide on Secured Transactions*, New York, 2010, p.33;77ff.

② 参见黄薇主编:《中华人民共和国民法典物权编解读》(上)，中国法制出版社2020年版，第784页。

③ 参见黄薇主编:《中华人民共和国民法典物权编解读》(上)，中国法制出版社2020年版，第662~665页。

人的优先受偿权，由此纳入了各种以担保为目的的交易，而无论交易的名称如何，都不再区分抵押和质押等具体担保类型。这种担保立法理念和技术几乎重塑了动产和权利领域的担保法。联合国国际贸易法委员会、国际统一私法协会、世界银行和欧洲复兴开发银行等机构制定或推荐的动产和权利担保规范都深受其影响，澳大利亚、加拿大、新西兰等国的动产担保法亦如此。

《民法典》物权编第 388 条增设了“其他具有担保功能的合同”，将其与抵押合同、质押合同并列，意味着我国正式吸收了实质担保观，且“其他”这一兜底性表述，为纳入非典型担保提供了法律资源。合同编第 641 条第 2 款和第 745 条还分别赋予所有权保留和融资租赁两种交易中的所有权以登记能力，而且第 642 条和第 643 条将所有权保留中的所有权处理为“类担保物权”，而非作为自物权的所有权。国内学界多高度评价这种以形式担保为基调、以实质担保观为辅的立法模式，认为其“为其他大陆法系国家提供了可参照的样本”①，代表了“担保制度现代化的趋势”②。

在内在体系上，《民法典》引入实质担保观的重要意义之一在于提升了担保法领域的平等。一方面，实质担保观意味着所有希望保障其债权实现的债权人，无论其采用的担保手段如何，都应获得相同的法律待遇，如通过登记所有权来获得对抗第三人的优先受偿权；另一方面，所有权保留等交易中的债务人也享有和抵押人相同的权利，如处分担保物等。

2.第三担保人的平等法律处遇

在比较法上，担保制度中“平等”理念的推进主要体现在保证人和物上保证人的法律处遇平等。第三担保人法律地位平等，是宪法平等原则的基本要求。《民法典》第 392 条继受了《物权法》第 172 条，赋予第三担保人相同的法律地位；第 699 条修改了《担保法》第 12 条，不再许可无意思联络的共同保证人相互追偿，实现了担保规则外在体系的统一和内在体

---

① 高圣平：《动产担保交易的功能主义与形式主义——中国〈民法典〉的处理模式及其影响》，《国外社会科学》2020 年第 4 期。

② 王利明：《担保制度的现代化：对〈民法典〉第 388 条第 1 款的评析》，《法学家》2021 年第 1 期。

系的融贯，尽管禁止追偿的妥当性备受争议。

《民法典》并未将担保制度独立成编，而是将《担保法》的内容分别安排在物权编和合同编，其遗留的难题是各种担保的共同规则难以容身。[①]采这种立法例的国家和地区多通过准用条款拾遗补阙，如《埃塞俄比亚民法典》第2863条规定，保证人和主债务人之间关系的规定得适用于提供质物的第三人与主债务人之间的关系。所幸的是，《担保制度司法解释》第20条将《民法典》有关保证人的法定权利和共同保证等规范准用于第三人提供物保的情形，在很大程度上纾解了这一困境，而且使第三担保人的法律处遇更为平等。

（四）安全价值的提升

担保法中的"安全"包括担保物权的静态安全和担保财产转让时买方所有权的动态安全。

1.债权人的安全

债权人设定担保物权的目的是获得对担保财产的优先受偿权，故建构统一的、清晰的担保物权的顺位规则，对确保债权人的稳定预期至关重要。在担保法领域，《民法典》最大的贡献是确立了担保物权优序规则，[②]其第414条和第415条以担保物权取得对抗第三人效力的时间顺序为标准，统一了担保物权的优序规则。前者规定了同一财产上抵押权竞存时的顺位，且未区分不动产和动产抵押权；后者对同一财产上的抵押权和质权竞存也采同一标准。值得一提的是《民法典》第414条第2款，"其他可以登记的担保物权，清偿顺序参照适用前款规定"。其意义有二：其一，将同一财产上以登记为公示手段的权利质权纳入了统一优序规则，因为以登记为公示手段的权利质权与抵押权相差无几，其法律效力自应一体处理；其二，在《民法典》纳入实质担保观且赋予所有权保留和融

① 参见谢鸿飞：《民法典担保规则的再体系化——以〈民法典各分编（草案）二审稿〉为分析对象》，《社会科学研究》2019年第6期。

② 参见谢鸿飞：《动产担保物权的规则变革与法律适用》，《国家检察官学院学报》2020年第4期。

资租赁中的所有权、应收账款保理以登记能力后，这些权利都可能被解释为担保物权，因此同样可按其取得对抗第三人效力的时间决定其与典型担保物权的优序。《担保制度司法解释》第 66 条第 1 款即采用了这种思路，规定同一应收账款上同时存在保理、应收账款质押和债权转让，可参照《民法典》第 768 条，依是否登记和登记的时间确定优先顺序。而《民法典》第 768 条对同一债权上的保理、应收账款质押、应收账款转让三种交易形态统一适用担保物权的优序规则，再次彰显了立法者推进实质担保观的努力。

《民法典》第 416 条借鉴美国《统一商法典》，规定了价金债权抵押权（PMSI），并将其适用范围限于动产，而且设定了较为严格的条件。在美国法中，出卖人的价金债权抵押权优于银行等提供资金的债权人的价金债权抵押权，即使前者登记晚于后者。《担保制度司法解释》第 57 条第 2 款则贯彻了担保物权优序的一般规则，规定同一动产上的多个价金优先权也按登记时间确定清偿顺序。值得注意的是，价金债权抵押权优于意定担保物权，无损担保物权人的安全，因为这种抵押权人若不提供资金支持，债务人就无法取得担保物；若在先担保权人对债务人嗣后取得的这种财产享有优先权，则明显不公。①

整体上，《民法典》建构了三个层次的担保物权或优先受偿权的顺位规则：一是法定担保物权或优先受偿权（如建筑工程承包人的优先受偿权）优于意定担保物权；二是价金债权抵押权优于在先设定的其他意定担保物权；三是其他意定担保物权按照对抗第三人的效力的取得时间决定优序。

2.第三人的安全

担保领域中第三人的安全主要体现为围绕担保财产所从事的交易，如担保物出售、出租或再次设定担保时。《民法典》在这一领域最大的变化体现为“正常经营活动中的买受人”（BIOC）规则。

抵押人在设定抵押权后继续占有抵押物，这决定了在抵押物为动产时

① 参见谢鸿飞:《价款债权抵押权的运行机理与规则构造》,《清华法学》2020 年第 3 期。

抵押人可以将其出让和出租。特别是《民法典》将浮动抵押的标的物限于原材料、半成品、产品和设备，抵押权人在设定抵押权时本来就能准确预见到抵押人在生产经营过程中必然不断购入原材料，卖出产品。依抵押物转让的一般法理，抵押权人可追及抵押物之所在，向买方主张抵押权。在法律规定普遍的动产抵押制度后，任何人包括消费者在购买任何商品时，都免不了要查询登记系统，以确定该商品是否被抵押，否则将因抵押权人实现抵押权而受损。为保护浮动抵押中的买受人，原《物权法》第 189 条第 2 款借鉴美国《统一商法典》第 9–302 条，确立了 BIOC 规则，规定抵押权人不得对抗正常经营活动中已支付合理价金并取得抵押财产的买受人，买受人不受抵押权人的追及，可以鼓励消费者自由、放心购买商品，促进商品高效、安全流通。[1]

《民法典》第 404 条将这一制度扩张适用于包括固定抵押在内的所有动产抵押，其立法理由为：在固定抵押情形下，抵押人出售抵押物的，如某商场在一些特定商品上为债权人设定了固定抵押权并予以登记，若抵押权人可对消费者行使抵押权，则无疑“既不合交易习惯，也会降低交易效率”[2]。若商场将现有和未来的商品分别设定固定抵押和浮动抵押，对两种抵押物的出售适用不同的买受人保护规则，则将严重窒碍商品交易，因为消费者难以区分这两种情形。此外，抵押人在正常经营过程中出售抵押物时，买方也不受价金债权抵押权人的追及。[3] 由此，《民法典》建构了“正常经营过程中的买方 > 价金债权抵押权人 > 其他意定担保物权人”的受偿优序，从而充分保障了买方的交易安全。

《民法典》第 404 条并未要求买方必须是善意的，而只要求买方必须在“正常经营活动”过程中购买，“正常经营活动”通常被解释为出卖人的正常经营活动。《担保制度司法解释》第 56 条第 1 款也将其界定为出卖

① John Lucas, “The Article 9 Buyer’s Seller Rule & the Justification for Its Harsh Effects”, *Oregon Law Review,* Vol.83, 2004, p.292.

② 黄薇主编:《中华人民共和国民法典物权编解读》(上)，中国法制出版社 2020 年版，第 672 页。

③ 参见孙宪忠、朱广新主编:《民法典评注 · 物权编》第 4 册，中国法制出版社 2020 年版，第 672 页。

人的正常经营活动，同时规定在买受人可能存在恶意时不适用BIOC规则，如购买商品的数量明显超过一般买受人、购买出卖人的生产设备、买受人与出卖人存在直接或者间接的控制关系等情形。这就在一定程度上承认了买方的善意要件。

若动产抵押权未登记的，抵押物的转让应适用第403条，不得对抗善意第三人。《担保制度司法解释》第54条明确了善意第三人包括抵押物的受让人、承租人等，且既然第三人为"善意"，受让人或承租人"知道或者应当知道已经订立抵押合同"时，即不能对抗抵押权人。在利益衡量上，它并未采纳权利人完全竞争的理念，即认为在法律赋予动产抵押权人通过登记强化其权利保障的手段时，若抵押权人放弃了这种保护手段，其他人即使为恶意也可以对抗抵押权人。《民法典》仅认可未登记的动产抵押权人不能对抗已登记的恶意抵押权人。这较为妥当地平衡了未登记的抵押权人和第三人的利益。

（五）效率价值的提升

最大限度提升担保交易的效率，是全球担保法改革的核心之一。如澳大利亚《动产担保交易法》（PPSA）改革的目标之一是降低担保交易的复杂性和不确定性；[①]新西兰动产担保交易改革的方案是建构易于理解、高效和廉价的担保制度。[②]在《担保法》和《物权法》的基础上，《民法典》大大提升了担保交易的效率。

1.动产和权利担保的统一登记制度

《民法典》虽未明确规定动产和权利担保统一登记制度，但废除了《物权法》依据不同担保财产类型设置不同登记机构的做法，为统一登记制度预留了立法空间。在《民法典》实施之前，国务院即发布《关于实施动产和权利担保统一登记的决定》（国发〔2020〕18号），尽可能地将

① Robert Patch, "Personal Property Securities Reform in Australia", *Uniform Law Review*, Vol.15, No.2, 2010, p.459.

② Gerard McCormack, "Personal Property Security Law Reform in Comparative Perspective: Antipodean Insights?" *Common Law World Review,* Vol.1, No.3, 2004, p. 33.

动产和权利担保纳入统一登记范围，无疑将提升担保交易的安全性、便捷性与效率。

2.抵押物的自由转让

《物权法》第191条与《担保法》第49条相比，强化了对抵押人在抵押期间转让财产的限制，以避免抵押人通过转让抵押物逃避债务，保障抵押权人顺利实现抵押权；[①]在债务人为抵押人时，还可以迫使债务人履行到期债务。《民法典》第406条以抵押人的处分自由和抵押权的追及力为中心，重构了抵押物转让规则，以促使物尽其用。[②]

3.担保财产的概括性描述

联合国国际贸易法委员会《动产担保交易立法指南》指出，许可设保人以通用术语描述担保财产，可避免债权人在设定担保权时对担保财产进行深入细致的调查，还可减少或避免对担保人嗣后取得某类财产是否为担保财产的争议。[③]但是，对担保财产进行概括性描述无疑有损担保物权的特定性，故立法者必然面临安全与效率的选择。

《民法典》第400条简化了《物权法》第185条对抵押物描述条款的规定，将抵押财产的“名称、数量、质量、状况、所在地、所有权归属或者使用权归属”修改为“抵押财产的名称、数量等情况”，允许对担保财产进行概况性描述；[④]第427条也简化了《物权法》第210条对质押物的描述规定。《担保制度司法解释》第53条进一步规定，动产和权利担保合同中对担保财产的概括描述能够合理识别担保财产的，即应认定担保成立。许可概括性描述担保财产，不仅可扩大当事人在担保物权领域的自由空间，而且也有助于提升登记效率。当然，这一领域效率与安全的协调，还有待担保物权登记制度的改进。

---

① 参见全国人大常委会法制工作委员会民法室编:《〈中华人民共和国物权法〉条文说明、立法理由及相关规定》，北京大学出版社2007年版，第350页。

② 参见黄薇主编:《中华人民共和国民法典物权编解读》(上)，中国法制出版社2020年版，第681页。

③ United Nations Commission on International Trade Law, *UNCITRAL Legislative Guide on Secured Transactionsm*, New York, 2010, p.33.

④ 参见黄薇主编:《中华人民共和国民法典物权编解读》(上)，中国法制出版社2020年版，第658页。

三 《民法典》担保制度内在诸价值的再最大化

尽管《民法典》在保障担保制度内在体系融贯的前提下，已尽量使各价值最大化，《担保制度司法解释》更进一步呈现了这些价值，但价值再最大化的空间依然存在。以下择要述之。

（一）公正价值的再最大化

1.保证责任方式的推定

《民法典》第686条一概将保证方式推定为一般保证，固然与比较法同轨，契合保证固有的从属性，且更彰显公正理念，但从公正理念出发，在金融机构提供保证时，债权人对保证人偿债的期待也较高，且金融机构并无特殊保护的必要，推定为连带保证似无可厚非。

2.自然人保证人的特别保护

自然人几乎都是无偿提供保证的，且在承担担保责任后，往往无法向债务人成功追偿，这使其与债务人之间的最终利益关系几近赠予。在比较法上，优待自然人保证人日渐成为担保法现代化的趋势之一，尤其是在债权人为银行等金融机构时，自然人保证人更值得保护，因为金融机构往往利用其经济和专业的双重优势，使自然人订立其将承担严苛保证责任的合同。如欧盟强调对消费者保证人进行特别保护，以彰显契约正义；①《欧洲示范民法典草案》在保证合同部分专设“消费者保证的特殊规则”②；最新修订的《日本民法典》在保证合同部分新增“个人最高额保证合同”③。这种趋势或可概括为：在商事交易领域，提供担保的自然人与消费者无异，可对其适用有关消费者特殊保护的规则。遗憾的是，我国担保法还未对不同类型的担保主体适用有差异的保护措施，这一问

① 参见辜江南：《欧盟消费者保证与中国民法典》，《中国政法大学学报》2019年第1期。

② ［德］巴尔、［英］克莱夫主编：《欧洲私法的原则、定义与示范规则：欧洲示范民法典草案》第4卷，于庆生等译，法律出板社2014年版，第1303页以下。

③ 胡晗：《日本民法总则与债权部分修改介绍》，辽宁人民出版社2020年版，第100页。

题甚至尚未引起应有的关注。

3.担保人预先放弃法定权利

在实践中，担保合同尤其是格式担保合同约定担保人放弃其法定权利的条款较为常见。如约定保证人放弃对主合同内容变更的同意权、放弃债务人对债权人的抗辩权、抵销权和撤销权，放弃适用法定保证期间等。对这些约款的效力评价，裁判规则并不统一：或基于私法自治精神认定这些约款有效，[①]或基于公正理念判令其无效。[②]一些立法例明文规定其无效，如《埃塞俄比亚民法典》第 1944 条规定，保证人不得预先放弃代位利益。我国担保法无疑也有必要明确这一规则。

（二）自由价值的再最大化

1.流担保的缓和

《民法典》虽不再明文禁止流担保约款，但未明确规定在流担保情形下担保物权人应如何行使权利。此时很难适用法律行为效力转换理论，[③]但鉴于缓和流担保的立法原意是权衡公正和效率，可考虑将其转化为两种约定：一是在抵押权已登记尤其是在未来登记簿的内容更为繁丰时，第一顺位的担保物权已为流担保登记，可将其转换为以资抵债的约定，同时赋予利害关系人以撤销权；二是当事人实现担保物权方式的约定，适用《担保制度司法解释》第 45 条第 1 款，担保物权人可以请求抵押人交付抵押物由其拍卖或变卖。

2.权利质权标的的扩大

《民法典》第 440 条第（7）项有关权利质权标的的兜底条款（“法律、行政法规规定可以出质的其他财产权利”），依然遵循了刚性物权法定主

① 如中国银行股份有限公司高平支行与山西高平科兴赵庄煤业有限公司、山西省高平市三甲散热器有限公司借款合同纠纷再审案，参见最高人民法院（2010）民提字第 86 号民事判决书。

② 如长城资产管理公司哈尔滨办事处与黑龙江华夏造纸有限公司、佳木斯金地造纸股份有限公司借款担保合同纠纷上诉案，参见最高人民法院（2010）民二终字第 72 号民事判决书。

③ 参见黄家镇:《论〈民法典〉流押规定的解释适用》,《甘肃政法大学学报》2021 年第 2 期。

义，甚至已接近于“法无授权即无权”的公法理念。然而，立法者认为，这一条款其实是授权条款，即作为民事权利基本法的《民法典》，授权其他法律、行政法规根据现实需要、权利质押的可行性、市场风险等因素规定权利质押的范围，反而体现了权利质权标的的扩张。[①] 问题在于《民法典》以外的其他法律、行政法规也未必能呼应社会需求及时出台，新兴财产权益如企业数据可能因法律缺失难以作为权利质权的客体。值得一提的是,《担保制度司法解释》第 63 条为扩张担保财产客体，规定当事人以法律、行政法规尚未规定的财产权利设立担保的合同有效，但未在法定登记机构依法登记的，债权人不能主张担保物权的效力。这一规定在第三人提供物上保证时，可以为债权人提供较为充分的保障，但在债务人自身提供担保时，意义甚微。因此，较为妥当的法律规则是允许所有具有财产价值的财产均可作为担保财产。

（三）平等价值的再最大化

《民法典》担保制度引入实质担保观，一方面可能被视为其最为激赏的贡献，另一方面也可能被视为其最大的败笔，因为它和形式担保观存在难以调合的规则冲突和适用矛盾。[②]《民法典》对实质担保的适用未做细节规定,《担保制度司法解释》在两方面实现了突破，一是在一定程度上将所有权保留和融资租赁交易中的所有权视为担保物权，其第 57 条第 1 款明确规定，价金债权抵押权的债权人包括出卖人、提供融资的债权人和融资租赁中的出租人，这就明显将出卖人、出租人与提供融资的债权人等同，和学界主流观点基本一致，即价金债权抵押权是立法者基于特殊法政策设计的抵押权，可一体适用于所有动产担保交易。[③] 二是在 BIOC 规则中将三种债权人（担保物权人）等量齐观。其第 56 条第 2 款将买受人能对抗的担保物权人界定为“已经办理登记的抵押权人、所有权保留买卖的出卖人、

① 参见黄薇主编:《中华人民共和国民法典物权编解读》(上)，中国法制出版社 2020 年版，第 785 页。

② 参见谢鸿飞:《〈民法典〉实质担保观的规则适用与冲突化解》,《法学》2020 年第 9 期。

③ 参见高圣平:《民法典动产担保权优先顺位规则的解释论》,《清华法学》2020 年第 3 期。

融资租赁合同的出租人”，值得肯定。

当然，实质担保与形式担保的冲突不可能如此容易解决。如《担保制度司法解释》第57条对价金债权抵押权适用情形的规定，似存在矛盾：其第1款规定，在动产浮动抵押设定后成立的价金债权抵押权优先，将价金债权抵押权限于对抗在先的浮动抵押权，但其第2款又规定，价金债权抵押权担保的债权包括所有权保留和融资租赁中的债权，并未将价金债权抵押权限于对抗在先的浮动抵押权，而是将其扩张到在先的固定抵押权和质权。这一规定也突破了《民法典》第753条“不许可融资租赁交易中的承租人在标的物上设定担保物权”的规定。可见，实质担保和形式担保的调适，目前还远未尘埃落定。

（四）安全价值的再最大化

自《担保法》实施以来，我国就承认普遍的动产抵押制度，但并未解决动产抵押最大的障碍——登记公示的实际效力不足。这是因为，动产的移动属性决定了登记并不适合公示动产物权，除非其受国家严格的监管，如交通工具。因此，在信用约束不足的商业语境中，不占有动产的抵押权人如何规避抵押人实施处分动产等损害债权的行为，是决定动产抵押发展的瓶颈。

我国刑法未涉及这一问题。可以考虑的是，未来在制定动产和权利登记的行政法规时，对抵押人在抵押权登记后实施侵害债权的行为课以行政责任。

（五）效率价值的再最大化

1.抵押物的转让

《民法典》第406条革新抵押物转让规则的社会背景是，我国担保物权统一登记制已初步确立并逐步完善，大大降低了抵押财产的转让对抵押权人的风险。[①] 基于私法自治理念，它允许当事人在抵押合同中约定对转

---

① 参见黄薇主编:《中华人民共和国民法典物权编解读》（上），中国法制出版社2020年版，第680~681页。

让抵押财产的限制或禁止。按照传统民法学理论，这种约款只具有约束合同当事人的债权效力，[①]而《担保制度司法解释》第43条按照这种约款是否做了登记区分了其效力，并赋予经登记的约款具有对抗第三人的物权性效力。在抵押合同的这种约款进行登记后，抵押物的转让将实质上回到《物权法》第191条的状态。

在法教义学上，因抵押人享有所有权且抵押权人可追及抵押物，故抵押物本应自由流转，但是否禁止当事人约定限制或禁止抵押物转让，同时涉及法政策。既然《民法典》改弦易辙，许可抵押物自由转让，就应贯彻所有权自由理念，促使物尽其用，禁止当事人另行约定。《德国民法典》第1136条明确规定，所有权人和债权人约定不得移转土地的条款无效，其目的在于保护所有权人的经济自由。[②]《智利民法典》第2415条亦规定，即使合同约定抵押人不得转让抵押物，抵押人也可以转让。

2.担保物权的实现方式

《民法典》规定了担保物权实现的私力方式和公力方式，因后者成本高昂，效率不高，为提升担保物权的实现效率，担保物权实现的私程序一直是立法者关注的重点。

在美国，债权人只要不违反“和平秩序”，即可自力实现担保物权。受其影响，现代担保法的发展趋势之一是容许担保物权人经由合理的程序自力实现其权利。[③]然而，受权利文化、国家对私人救济的容忍度等因素的影响，各国对担保物权实现的私程序的态度差异较大，如法国就不允许当事人以协议自行变卖；[④]美国学者也认为，在担保物权实现的私程序方面，中美的重要差异在于是否承认私程序。[⑤]

---

① 参见刘家安:《〈民法典〉抵押物转让规则的体系解读——以第406条为中心》,《山东大学学报》(哲学社会科学版)2020年第6期。

② Staudinger/ Hans Wolfsteiner，BGB § 1136，Rn.2.

③ 参见谢在全:《担保物权制度的成长与蜕变》,《法学家》2019年第1期。

④ 参见李世刚:《法国担保法改革》，法律出版社2011年版，第12页。

⑤ Boris Kozolchyk, “The Chinese Law of Secured Transactions in Personal Property at A Crossroads: An Analysis and Suggestions”, *University of Miami International and Comparative Law Review*, Vol.26, 2019, p.317.

《担保制度司法解释》第45条第1款允许担保合同约定，担保物权人有权将担保财产自行拍卖、变卖并就所得的价金优先受偿；此时，担保人导致担保物权人无法自行对担保财产进行拍卖、变卖的，应承担因此增加的费用。据此，若担保人履约，担保物权的实现效率将得到提升；若担保人不履约，则债权人依然只能诉诸司法程序。在不可能全面承认私程序的约束条件下，《担保制度司法解释》第68条承认的让与担保是次优选择，因为在让与担保中，债权人作为担保财产法律上的权利人将很容易实现变价权。但这一目标的实现，还需要登记制度进一步配合，尤其是使让与担保合同成为登记原因，以减少实践中因所谓“后让与担保”增加的交易成本和纠纷。

3.动产和权利担保统一登记

《国务院关于实施动产和权利担保统一登记的决定》并没有将机动车、船舶、航空器抵押、债券质押等纳入统一登记范围，主要原因是这些财产的确权登记机关各不相同，担保登记应与权利登记机关保持一致。然而，这些登记机关多为基于行政管理的需要（如交通安全、市场监管等）设置，与确认担保物权的产权登记迥异，不宜因行政管理的需求排除动产和权利担保的统一登记。而且，在普遍承认动产和权利担保时，再依据动产和权利的类型差异做出不同的登记安排，势必增加交易成本，也有违担保财产平等原则。

四 结语

晚近担保法最为重要的关键词或可概括为“改革”，目的是适应经济、社会和技术发展的要求。任何法律改革必然以特定的内在体系为基础。与其他民事法域相比，担保法内在体系诸价值的实现及其融贯更为复杂。这主要有两个原因：一是单在社会层面翻新担保法，缺失国家层面的配合，尚无法实现担保改革目标，如担保登记制度和担保物权私实现程序要求提升国家治理能力、改变行政观念；二是担保法既建构了商人之间的市场秩序，也建构了市民之间的社会秩序，两种不同秩序的价值抉择及其融贯要求难以等量齐观。《民法典》和《担保制度司法解释》在很大程度上实现了担保现代化的改革目标，然而，担保法内在体系诸价值的最大化及其融贯性的实现，还有很长的路要走。

私法治理与优化营商环境

张平华*

基于私法的治理与优化营商环境关联紧密，其既可以置身于营商环境之外，成为优化营商环境的目标要求，又可以构成营商环境的一部分，践行私法也就是在优化营商环境。优化营商环境表现为多领域结合的整合法，私法是其中的基础性环节。

一　通过优化营商环境实现私法价值

营商环境立法明确规定了恪守社会公德和商业道德、诚实守信、公平竞争等基本原则，而这些原则同时也为民法所遵循。优化营商环境的具体制度围绕自由、平等、公平、诚信、效率、自治等私法基本价值展开。这些价值往往两两结合，分别具有手段和结果、个体和整体意义，其中被视为手段、个体意义的是自由、平等、诚信，而反映结果、整体意义的则有效率、公平、自治，对后者的重视反映了优化营商环境的大局观，也决定了营商环境立法多层次的立法需求及其内在的有机整体性。

（一）自由、效率

营商环境立法以实现自由竞争为基本目标，既要求政府简政放权，减

* 张平华，山东大学法学院教授，博士生导师。

少对法律行为的约束，又要求市场主体依法享有经营自主权，可以不受干预地自主决策依法由其参与的各类事项。自由理念渗透于企业生存发展的全流程，具体而言，首先，设立自由。简化企业设立手续，降低企业开办成本，促进实现企业设立自由。通过加强电子证照的推广应用、实行容缺受理制度等，方便企业设立。其次，营业自由。通过建立“证照分离”制度、实行“一业一证”改革、简化登记事项、完善工程建设项目审批制度改革，加快行业准营进程，有效解决了企业“可入不可营”的实践难题。最后，退出市场自由。提升企业注销便利度，强化税务、社保、金融、市场监管等环节协同办理，扩大简易注销范围，让市场主体进得来、退得出。①

个体自由将提升整体效率。为实现个体自由的举措转而发展为流程再造、集约高效的机制，具体表现在三个方面：一是推行“一窗受理，一次办好”制度，以推进政务服务标准化、智能化和便利化；二是推广“互联网+政务服务”模式，将一体化政务服务从“一窗”拓展到“一网”，有利于推动实现行政审批和公共服务从线下到线上的“大转移”；三是实现政务服务“标准化”，这具体表现为工作流程的标准化、监管的标准化、收费的标准化、政务服务评价机制标准化等。

（二）平等、公平

营商环境立法须保证主体的平等地位，确保个体形式上无差别的待遇，鼓励竞争。为此，《优化营商环境条例》建立负面清单管理模式，市场准入负面清单以外的领域，各类市场主体可以平等进入。一是内外资企业的准入平等，保障外商投资企业的公平待遇，提高对外开放水平；二是各类所有制经济主体的准入平等。保障各类市场主体依法平等使用各类生产要素和公共服务资源，招标投标和政府采购也应当平等对待各类所有制和不同地区的市场主体。

公平则是对照不同个体的正当处置，是竞争结果公正、实质意义上的

① 《国务院办公厅关于印发全国深化“放管服”改革优化营商环境电视电话会议重点任务分工方案的通知》（国办发〔2020〕43号）第2条第10项。

平等。这要求对中小企业等弱势群体给予特别保护。例如，国家强调拓宽市场主体融资渠道，支持符合条件的民营企业、中小企业依法发行股票、债券以及其他融资工具，扩大直接融资规模。地方则通过积极建立健全省级企业融资综合服务平台、政府性融资担保体系，加强和完善社会评估机制，强调知识产权的金融服务功能等方式为中小企业融资提供便利。[①] 建立多元、便捷、统一的担保制度，切实化解融资难、融资贵的问题。中小投资者群体庞大，决定经济活跃度，但其缺乏足够的风险意识和维权能力，须予以特殊保护。为此，国务院出台了以此为题的专门文件，《优化营商环境条例》第 16 条亦强调对中小投资者的保护。地方条例在此基础上明确“保障中小投资者的知情权、表决权、收益权和监督权”,[②] 以提升中小投资者维护合法权益的便利度。

（三）诚信、自治

优化营商环境立法致力于营造诚信的营商环境，高度倚重信用机制发挥其市场规制作用，具体体现在四个方面。一是建立信用制度，推行信用贷款。信用制度既是优化营商环境的社会基础，也是其目的所在，《优化营商环境条例》以信用制度为基础，“鼓励、引导其增加对民营企业、中小企业的信贷投放，并合理增加中长期贷款和信用贷款支持，提高贷款审批效率”[③]。上海、深圳、江苏等各地亦支持为中小微企业提供信用贷款服务，营造良好的融资环境。[④] 二是建立信用监管模式。信用监管具体体现在告知承诺制度的推行方面，告知承诺制旨在实现事前阶段的信用监管，由“重审批轻监管”向“轻审批重监管”转变。三是推行失信联合惩戒制度。失信联合惩戒适用于重点领域和严重失信行为，被执行失信联合惩戒的行为主体将受到诸多行政性或市场性约束和惩戒。地方营商环境立法结

① 参见《优化营商环境条例》第 27 条、《江苏省优化营商环境条例》第 31 条、《山东省优化营商环境条例》第 17 条等。

② 参见《上海市优化营商环境条例》第 16 条、《山东省优化营商环境条例》第 21 条。

③《优化营商环境条例》第 25、26 条。

④ 参见《上海市优化营商环境条例》第 17 条;《深圳市优化营商环境条例》第 93 条。

合本地实际情况，探索建立政府采购领域的联合惩戒机制①、知识产权失信主体联合惩戒机制②等特色领域的惩戒机制。四是完善信用修复制度。信用在多个领域被用作约束或激励手段，在关注信用信息的同时，还应防范“泛信用化”问题，加强对信用信息的保障。建立健全信用修复制度对保障当事人信用信息权益尤为必要，为此一要强调信用修复的联动性和及时性，二要拓展创新信用修复方式。③

对信用制度的重视可以最大限度地激发自治活力，放松公共管制，实现更为有序的市场交易。

二　通过私法调整优化营商环境

营商环境是以权利为中心的法治环境，《优化营商环境条例》中直接规定保护民事权益的条文有：国家依法保护市场主体的财产权和其他合法权益（14）；市场主体应当履行劳动者权益保护、消费者权益保护等方面的法定义务（9）；国家保障中小投资者的知情权、参与权，提升中小投资者维护合法权益的便利度（16）。《江苏省优化营商环境条例》第12条、《广州市优化营商环境条例》第8条在保护企业经营者财产权和自主经营权的基础上，同时明确了企业经营者的人身权。《广州市优化营商环境条例》第26条还特别规定了数据产品所有人、使用人依法获得数据产品的合法权益。而服务于权利的私法秩序本身就构成营商环境，特别是通过明确权利类型和边界确认权利，依法律行为行使权利，依侵权行为或违约行为实现权利救济。

（一）权利确认

权利确认是私法调整的前提，以《民法典》为代表的私法架构起鲜明的权利体系，助力优化营商环境。

一是扩充人格权类型，丰富人格权内容。承认一般人格权；规定声音

① 参见《上海市优化营商环境条例》第56条第2款。
② 参见《广州市优化营商环境条例》第74条第2款。
③ 参见《诚信建设指导意见》第4条第21项、《北京市优化营商环境条例》第54条等。

权，明确人格权许可使用制度；规制性骚扰，对用人单位课加预防义务。隐私权内容丰富，涵盖了一切自然人不愿意为他人知晓的私密信息、私密空间、私密活动；个人信息得到充分保护，涵盖了生物标识信息、行踪信息、健康信息。

二是构建多元、开放、统一的物权制度。在担保物权制度方面，扩大担保物的范围，土地经营权、海域使用权可以抵押，现在和未来的应收账款债权可以质押；扩充担保方式，承认所有权保留、融资租赁、保理、让与担保等非典型担保；承认流押、流质的优先受偿效力，而非原先的绝对禁止规则，缓和了让与担保的行为效力；①对动产抵押、权利质押统一适用登记对抗效力；明确了多种担保物权同时并存时的受偿顺序，创设了购买价款超级优先权，以促进融资；②规定抵押物可以自由流转，提高了抵押物的利用率。③在用益物权制度方面，不同类型的土地承包经营权人可以以不同方式流转土地经营权；符合特定条件的集体经营性建设用地使用权可以入市交易，确认了多项用益物权，扩大了农民的融资渠道，以实现乡村营商环境的优化。

三是明确禁止权利滥用原则。在明确个人权利的同时，《民法典》还明确禁止权利滥用原则，具体要求为：不得滥用法人独立地位（《民法典》第 83 条）；不得滥用地役权（《民法典》第 384 条）；违约方亦享有合同解除权，以防止出现合同已无法实际履行而守约方仍坚持不解除合同导致的合同僵局（《民法典》第 580 条）；诈害债权行为可撤销，在债务人为个别债权人清偿债务损及其他债权人平等受偿权益时，限制其自由处分财产（《民法典》第 539 条）；严格规制高利贷，限制当事人订约自由（《民法典》第 680 条）。

（二）法律行为

市场交易的基本载体是法律行为，营商环境立法需要落实于法律行

① 参见《中华人民共和国民法典》第 401、428 条。

② 参见《中华人民共和国民法典》第 416 条。

③ 参见《中华人民共和国民法典》第 406 条。

为。例如，负面清单规定了禁止或限制市场主体进入的领域，实践了“法无明文禁止即为自由原则”，市场主体可以依法律行为创设各式法律关系，与私法调整方式完全一致。[①]以《民法典》为中心的私法领域建立了完善的法律行为规范体系，形成了良性的营商环境。

一是限缩合同无效事由。具体包括审慎认定违反强制性规定的无效、承认未办理批准手续的不影响合同报批义务条款的效力、超越经营范围订立的合同有效、自己代理和双方代理为效力待定的民事法律行为。二是细化规定合同成立及履行制度。明确认可预约的效力，规定违反预约的违约责任（《民法典》第495条）。系统完善了格式条款规则，明确格式条款一方的提示和说明义务、格式条款无效以及解释规则（《民法典》第496、497、498条）。增加合同履行中的环保义务（《民法典》第509条）。明确债权债务关系终止后的义务，包括通知、保密、协助、旧物回收等。（《民法典》第558条）更新了情势变更制度（《民法典》第533条）。三是新增典型合同类型。保证合同纳入有名合同、细化相关规则，发挥了增信功能：以“负面清单制”界定保证人主体范围（《民法典》第683条），明确除机关法人以公益为目的的非营利法人、非法人组织不能成为保证人外，其他主体皆可以成为保证人；明确保证合同无效时的责任承担（《民法典》第682条）；改变担保法做法，将约定不明的保证推定为一般保证而不是连带保证（《民法典》第687条）。保理合同作为新型融资担保手段，发挥了扩充意思自治的重要作用。四是严格限制市场管理。赋予了市场主体广泛的行为自由，从而充分发挥各类市场主体在国家治理体系中的作用。但在某些特殊情形下其可能受到司法介入、国家任务等限制。不过，相关限制应恪守比例原则。以市场监管为例，行政机关介入管理市场主体间订立的合同须受到严格的条件限制，一方面，监督处理的对象是利用合同危害国家利益、社会公共利益的违法行为，行政机关无权干涉当事人合法的合同权利；另一方面，有关部门须依照法律、行政法规处理，即部门处理应严格遵守法律保留原则，只有相关法律、行政法规就监督处理事项作出具体规

① 参见王利明:《负面清单管理模式与私法自治》,《中国法学》2014年第4期。

定的，部门才能进行监管（《民法典》第534条）。五是建立合理的法人类型，规范法人行为。承认营利法人和非营利法人这一基本分类，禁止非营利法人分配营利。承认农村集体经济组织和合作经济组织的特别法人地位，使其运行更为规范合理，助推农村法治营商环境建设。明确捐助法人制度，规定社会服务机构可以成为捐助法人，有利于政府采购服务制度更为规范地运行，促使政府与捐助法人主体更好地参与民事生活。

营商环境立法本身须借助法律行为实现。一是政府购买服务制度。在某些领域，政府作为单一主体提供公共服务无法满足广大民众的现实需求，为实现高效便捷的政务服务，须调动多方主体参与，形成服务合力。为此，国家推行政府购买服务制度，为扩大政府服务范围或提高服务质量，通过合同或协议的方式委托其他社会主体提供公共服务。[①]政府购买服务合同应遵循最基本的民事规则，如政府购买服务合同的签订、履行、变更等应当遵守《民法典》合同编的有关规定；合同约定的服务内容应当具体明确，包括各方权利义务事项和违约责任等内容。[②]二是科技成果转化机制。促进科技成果转化立法秉持《民法典》的基本原则，依法律行为调整科技成果转化过程中的权利义务关系。《中华人民共和国促进科技成果转化法》第3条规定，科技成果转化活动应当尊重市场规律，发挥企业的主体作用，遵循自愿、互利、公平、诚实信用的原则，依照法律法规规定和合同约定，享有权益，承担风险。科技成果转化活动中的知识产权受法律保护。对于一些有利于促进民生福祉的科技成果转化项目，国家还可以采取政府采购方式投入研发。[③]三是供水、供电、供气、供热等公用企事业单位须依法与市场主体订立合同，为其提供安全、便捷、稳定和价格合理的服务。

（三）权利救济

权利救济和权利行使相互依存，形成私法运行机制的两个基本面向。为此，《民法典》强化人格权救济，规定了人格权请求权，创设人身安全保

① 参见陈华：《放管服改革背景下政府购买服务的边界识别》，《甘肃社会科学》2021年第2期。

② 参见《政府购买服务管理办法》第22、23条。

③ 参见《促进科技成果转化法》第12条

护令制度；承认违约中侵害人格权的精神损害赔偿等。完善违约救济，吸收《担保法》中的定金规则（《民法典》第586、587条），扩张违约责任的赔偿范围，承认违约精神损害赔偿（《民法典》第996条）。完善侵权责任规则。明确知识产权侵权、产品侵权、环境和生态侵权三类侵权行为的惩罚性赔偿制度，强调对这些领域的严格规范；新增生态修复责任，实现对生态环境的优化保护；明确用人单位替代责任的追偿权，实现劳务环境中矫正正义与分配正义的衡平；完善网络侵权救济机制，明确其过错归责的一般原则、优化侵权救济流程、明确网络侵权中帮助侵权的行为构成等，以优化网络环境。

营商环境的立法任务也需要通过权利救济实现。其中，适用侵权救济的主要有五种。一是知识产权侵权的惩罚性赔偿制度。[①] 二是环境污染与生态破坏侵权。《国务院关于推进国内贸易流通现代化建设法治化营商环境的意见》具体规定了废弃商品回收中的责任承担问题，强调推动绿色循环低碳发展模式创新，研究建立废弃商品回收的生产者、销售者、消费者责任机制。这里的"责任"既包括产品责任，又包括环境污染与生态破坏责任。三是信用侵权。《深圳市优化营商环境条例》规定了错误采取失信联合惩戒措施时的民事赔偿责任，该赔偿责任一般可以被认定为侵害市场主体信用信息的侵权责任。四是停止供电等服务的侵权。《重庆市优化营商环境条例》《广州市优化营商环境条例》等皆规定了违法停止供电时相关企事业单位的法律责任承担，该法律责任包含侵权损害赔偿责任，因停止供电而造成侵权损害的，可以向责任主体请求承担侵权责任。五是企业恶意退出市场的侵权。有关利害关系人可以向恶意利用企业简易注销程序逃避债务或侵害他人合法权利的投资人主张相应的民事责任，[②] 这里的"民事责任"

① 《国务院办公厅关于聚焦企业关切进一步推动优化营商环境政策落实的通知》（国办发〔2018〕104号）第5条第16项、《优化营商环境条例》第15条、《江苏省优化营商环境条例》第31条、《上海市优化营商环境条例》第22条、《深圳市优化营商环境条例》第118条、《国务院关于推进国内贸易流通现代化建设法治化营商环境的意见》（国发〔2015〕49号）第3条第10项等皆明确提及实行知识产权侵权惩罚性赔偿制度。

② 《工商总局关于全面推进企业简易注销登记改革的指导意见》（工商企注字〔2016〕253号）第2条第3项。

指为投资人恶意退出市场而造成债权人纯粹经济损失的侵权责任。适用违约救济的主要有二：一是政府与市场主体间的违约行为。中央与多个地方条例皆规定了政府不得违反与市场主体依法订立的各类合同，否则须承担违约责任。一些地方营商环境立法更具体地规定了这种违约的类型。二是市场主体之间的违约行为。《江苏省优化营商环境条例》强调尊重和保护市场主体之间的意思自治，慎重审查各类交易模式，依法合理判断合同效力，向各类市场主体宣示正当的权利行使规则和违反义务的法律后果，强化市场主体的契约意识、规则意识和责任意识。①

三　营商环境法治的整合性

营商环境指企业等市场主体在市场经济活动中所涉及的体制机制性因素和条件。② 体制机制含义广泛，包含一切相关法律和政策。因而，营商环境法治具有高度整合性。

（一）政策与法律的整合

政策与法律规范相辅相成，政策制定的灵活性、及时性能够动态调整营商环境实践中复杂的法律关系，但政策在规范性、稳定性方面不及法律。所以，一方面政策有必要与法律长期共存，另一方面政策中明确设置的规则内容也须落实进入法律规则层面。③ 在政策的立法转化过程中，须特别关注政策概念与法律规范表达之间的差异，以防止概念套用对法律规范性的削弱。

1.显性融合

在体例上，《优化营商环境条例》中“市场主体保护”“市场环境”“政务服务”三章具备政策特征，而“监管执法”“法治保障”则法律属性明显。许多制度指向政策，形成了法律中融合国家政策、地方政策的现象。

---

① 参见《江苏省优化营商环境条例》第 74 条。

② 参见《优化营商环境条例》第 2 条。

③ 参见陈小君：《论土地经营权的政策意蕴与立法转化》，《新疆社会科学》2021 年第 1 期。

涉及的相关条文有：政府的政策制定权和义务（7[①]）；各类市场主体依法平等适用国家支持发展的政策（12）；完善创业创新扶持政策（23）；国家减税降费政策（24）；政府履行政策承诺（31）；加强政策宣传（38）；政府评估政策效果（65）；制定或实施政策措施不依法平等对待各类市场主体、不履行向市场主体作出的政策承诺的责任承担（69）。需要指出的是，国务院条例于政务服务一章规定了加强政策宣传，明确其属于营商环境优化措施。而一些地方立法甚至将其提升至总则处（《山东省优化营商环境条例》第 8 条）。这一条突出强化降低了立法的严肃性，也容易导致优化营商环境中的党政不分。

2.隐性结合

如果将被法律明确规定的政策称为显性政策，那么未提及“政策”字样但实际具备显明政策特征的即为隐性政策，隐形政策更为常见。例如，营商环境立法上的企业破产要求政府和法院协调工作、信息共享，构成法律和政策的隐性结合（33）。

3.术语结合。

《优化营商环境条例》大量采用政策性术语，据不完统计，《优化营商环境条例》采用 7 个“鼓励”，9 个“推进”，28 个“提升、提高、促进、推动”，3 个“营造”，8 个“实现”，8 个“完善”。至于如何鼓励、怎样具体实现、推进落脚于何处等，却不得而知。这种表述使法律的政策色彩更浓，降低了法律的可操作性。法律与政策术语结合的表述有：“国家……提升中小投资者维护合法权益的便利度”（16），“维护合法权益”和“便利度”相结合；“国家机关、事业单位不得违约拖欠……账款”，其中的“违约”和“拖欠”（32）；优化市场主体注销办理流程中的“注销”和“办理流程”（33）；等等。未来修改条例时，应注意在制度细节设计方面避免过多的政策导向。

（二）公法与私法的整合

刑法是营商环境法治中最具刚性的环节。营商环境立法不能直接规

① 文中以括号括注数字的含义为《优化营商环境条例》的具体条文序号。

定、修改刑法，但从优化营商环境的角度出发，刑法中存在一些不符合民商事立法和最新政策要求的罪名，限制了企业经营自由，应予以修改完善。例如，修订后的《公司法》已经将公司注册资本实缴制改为认缴制，取消了最低注册资本限额规定，《全国人民代表大会常务委员会关于〈中华人民共和国刑法〉第一百五十八条、第一百五十九条的解释》明确了虚报注册资本罪只适用于依法实行注册资本实缴登记制的公司，眉山市天姿娇服饰有限公司及张建清、袁红军、刘雪云虚报注册资本无罪案等诸多案件都因在审期间《公司法》修订而改判。此外，未来刑法要取消国有企业和民营企业定罪差异，避免同样行为罪名不一、处罚不同。例如，同样是侵吞财产的行为，若对象是公共财物、国有财物，构成贪污罪，最高可判处死刑；若对象是“公司、企业或者其他单位”的财物，则构成职务侵占罪，最高为十五年有期徒刑。在一定程度上，社会存在歧视民营企业的观念，认为与国有企业相比，其管理不够规范，容易引发犯罪。基于此，部分司法机关存在对民营企业选择性司法的倾向，导致不该定罪的定罪，不该处罚的处罚，不该强制的强制。

行政法是营商环境法治的核心。因为只有简政放权、强化约束才能维系公权和私权的平衡，切实保障营商主体的权利。为此，营商环境立法尽管以私法为基础性制度，但强调三点。首先，严格规范行政权力。一是下放或取消行政审批事项。推行“证照分离”制度，[①] 加快行业准营进程。二是健全政务公开。规定“各级人民政府及其部门应当坚持政务公开透明，以公开为常态、不公开为例外，全面推进决策、执行、管理、服务、结果公开”[②]，制定了全面公开政务服务信息原则。在市场监管领域实行部门联合“双随机、一公开”监管。推进行政执法透明、规范、合法、公正。三

① 证照分离指工商部门颁发的营业执照和各相关行业主管部门颁发的经营许可证审批的改革。2015 年 12 月 16 日，国务院常务会议审议通过了《关于上海市开展证照分离改革试点总体方案》，决定在上海浦东新区率先开展“证照分离”改革试点。2018 年 2 月，国家工商总局表示，将全面推开“证照分离”改革，推动“照后减证”，大幅减少行政审批，着力解决“准入不准营”问题。从 11 月 10 日起，在全国对第一批上百项涉企行政审批事项推进“照后减证”。2018 年 10 月 10 日，国务院发布《关于在全国推开“证照分离”改革的通知》(国发〔2018〕35 号)。

②《优化营商环境条例》第 3 条第 2 项。

是行政强制必须依法、适当。行政强制措施“应当限定在所必需的范围内”，对于限制人身自由的强制措施进行了严格的限制，[1] 这些都体现了法定原则、比例原则的要求。其次，创新监管模式，强化对行政权力行使的约束。依托新兴技术实现非现场化监管（56）；为鼓励创新，对新技术、新产业、新业态、新模式等实行包容审慎监管（55）；建立了“预防－服务”在先、“检查－处罚”在后的监管服务模式，有利于有效消除被监管单位的抵触情绪，破解监管难题。最后，明确行政机关优化政务服务的义务，全面推进“互联网＋政务服务”。一是创新政务服务模式。对企业登记全程网上办理，实行一次认证、全网通办；企业注销“一网通办”；政务服务事项网上办理。二是建立大数据管理平台和信息共享机制。国家加快建设全国一体化在线政务服务平台，推动政务服务事项在全国范围内实现“一网通办”。国家依托一体化在线平台，推动政务信息系统整合，优化政务流程，促进政务服务跨地区、跨部门、跨层级数据共享和业务协同。一体化在线平台包含市场主体维权服务平台、登记公示系统、监管系统等。

对于兼具公法与私法特征的营商环境立法而言，值得注意的有两点，其一，营商环境立法应对立法权、司法权保持克制，避免随意僭越，而许多规定出现对立法权的规制；其二，具体的措施应指明实施主体，避免执行主体异议或相关部门推诿。

（三）实体法与程序法的整合

仅仅通过限制公权、保护私权的实体规则还不足以动态保护市场主体的合法权益，只有辅之以程序上的规范运行才能真正营造良好的营商环境。

首先，注重设计权利行使程序。《优化营商环境条例》规定变更政策承诺或合同约定的，应当依照法定权限和程序进行（31）；保障企业退出自由，“对设立后未开展生产经营活动或者无债权债务的市场主体，可以按照简易程序办理注销”（33）；要求执行行政强制时坚守比例原则，严禁违反法定程序对市场主体或企业经营者的个人财产采取查封、冻结、扣押等

① 参见《优化营商环境条例》第 14 条。

行政强制措施（14），以及违法实施上述行为的责任承担（69）。

其次，优化企业破产和退出程序。僵尸企业在市场上存在，容易被不法分子利用主体从事违法行为，扰乱市场正常秩序。优化破产程序，完善主体市场退出机制，是优化营商环境的重要一环。一是完善破产程序。《优化营商环境条例》原则性规定了政府应当根据需要建立企业破产工作协调机制，协调解决企业破产过程中涉及的有关问题（33）。中央有关文件明确建立企业破产和退出状态公示制度。破产申请受理后，通过全国企业破产重整案件信息网向国家企业信用信息公示系统推送有关企业破产程序启动、程序种类、程序切换、程序终止、管理人联系方式等信息，实现企业破产状态及时公示。[①] 地方条例则具体规定了重整企业识别审查机制，对具有挽救价值的企业进行破产重整，对没有挽救价值的企业进行破产清算；[②] 实行简易破产案件快速审理机制；[③] 建立执行与破产衔接机制；[④] 等等。二是完善"僵尸企业"退出机制，简化公司注销登记程序。优化市场主体注销办理流程，推行简易注销、及时注销；[⑤] 在企业注销前，应健全破产案件债权人权益保障机制。[⑥] 对于利用破产程序逃避债务的行为，法院应重点审查债务人是否具备破产条件，打击假破产真逃债行为。对于确实具备破产原因而申请破产清算的企业，应重点审查其破产申请受理前一年中是否存在无偿转让财产、以明显不合理的价格进行交易、对没有财产担保的债务提供财产担保、放弃债权等逃避债务的行为，切实保护债权人利益。

最后，兼顾权利保护与多元纠纷解决机制。《上海市优化营商环境条例》第 16 条在明确保障中小投资者的知情权、表决权、收益权和监督权的同时，也规定中小投资者服务机构应发挥其在持股行权、纠纷调解、支持诉讼等方面的职能作用。《优化营商环境条例》在权利确认的基础上亦原则

① 参见《国家发展改革委、最高人民法院、财政部等关于推动和保障管理人在破产程序中依法履职进一步优化营商环境的意见》（发改财金规〔2021〕274 号）第 3 条第 1 项。

② 参见《山东省优化营商环境条例》第 25 条、《上海市优化营商环境条例》第 73 条。

③ 参见《江苏省优化营商环境条例》第 32 条、《上海市优化营商环境条例》第 70 条。

④ 参见《广州市优化营商环境条例》第 86 条。

⑤ 参见《优化营商环境条例》第 33 条。

⑥ 参见《上海市优化营商环境条例》第 78 条。

性规定了调解、仲裁、行政裁决、行政复议、诉讼等有机衔接、相互协调的多元纠纷解决机制。结合最高人民法院《关于进一步推进案件繁简分流优化司法资源配置的若干意见》，有关部门应发挥民事案件快速审判程序的优势，鼓励适用简易程序、小额诉讼程序、督促程序等，以此优化司法资源，高效保护当事人合法权利，落实优化营商环境。

Informed Consent, the Ethical Cornerstone of Medical Intervention, Especially within the Conduct of Clinical Trials

Roy G. Beran*

Background

Autonomy implies the patient has control for what happens to his/her body. There is a problem with lack of equipoise between clinician and patient, especially when the clinician, conducting a trial, is also the patient's physician. Beran et al adopted a novel approach to informed consent, especially within clinical trials. The patient is introduced to the trial co-ordinator who assumes responsibility of discussing the nature, risks and benefits of the trial. If the patient accepts and signs the informed consent document, with the co-ordinator, the doctor countersigns it, offering the opportunity to ask further questions, criticise the process and feel confident that the decision was correct.

* Roy G. Beran, Neurology Department, Liverpool Hospital, Liverpool 2170, NSW, Australia; Conjoint Professor, South Western Clinical School, University of NSW, Sydney, NSW, Australia; Professor, Griffith University, Southport, Qld, Australia; Professor, Chair, Sechenov Moscow First State University, Moscow, Russia.

Discussion

Where the investigator is also the patient's treating clinician, it must be recognised that there might be a perception of potential coercion, asking a patient to join a trial. The practice employed a trial co-ordinator, a recent university, science graduate, a young person with less influence over the patient. Patients completed the bulk of the informed consent with the trial co-ordinator, given every opportunity to decline inclusion into a trial. With the trial co-ordinator, being responsible for discussing the elements of the trial, there is a reduced potential for undue influence, with ultimate respect for autonomy and self-determination. This procedure offers a novel approach to gaining informed consent for inclusion in clinical trials with the doctor retaining ultimate responsibility, for informed consent, and countersigning the consent document.

Introduction

The four ethical pillars, upon which all medical intervention, but especially clinical research, is based are: beneficence, non-maleficence, justice, and autonomy. Of these, autonomy is by far the most relevant to the doctor/patient relationship as the other three considerations often have been addressed before the patient attends the doctor, either in the form of a Human Research Ethics Committee (HREC) evaluation and directive or via the drug administration approval process. Despite these ethical evaluative processes, there remains serious concern that much of the influence of these four pillars is lost in the clinical delivery of health care, where there is insufficient educational support to enforce their true application. This leads to much of the respect for these four pillars of medical ethics being afforded lip service rather than that which they truly deserve.

Over the years, within the domain of private practice, there has been an effort to better develop clinical research, and with a combined background in medicine and law there has emerged a novel approach to the application of informed consent. The research will outline and explain how this approach is applied to patient recruitment in clinical trials and basic research within private practice with the aim of providing a basis for its wider application that respects both the patient and the doctor.

Background

The concept of autonomy implies that the patient has ultimate control for that which happens to his/her body and what treatment, if any, is acceptable for that patient. While this is the utopian impression, in reality, the application of autonomy is less forthright and straight forward than the utopian impression would apply. Some would argue that autonomy actually hinders the delivery of optimal patient care, stating that, "… a strong focus on decision situations is problematic, especially when combined with a tendency to stress the importance of patients' independence in choosing. It distracts attention from other important aspects and challenges to autonomy in health care. Relational understandings of autonomy attempt to explain both the positive and negative implications of social relationships for individuals' autonomy. They suggest that many health care practices can affect autonomy by virtue of their effects not only on patients' treatment preferences and choices, but also on their self-identities, self-evaluations and capabilities for autonomy. Relational understandings de-emphasise independence and facilitate well-nuanced distinctions between forms of clinical communication that support and that undermine patients' autonomy…"

While providing lip service to the concept of autonomy, there is a relative disregard for the lack of equipoise between the clinician and the doctor. It has been stated, with particular relevance to clinical trials, that "…Some doctors espouse the uncertainty principle whereby randomisation to treatment is acceptable when an individual doctor is genuinely unsure which treatment is best for a patient. Others believe that clinical equipoise, reflecting collective professional uncertainty over treatment, is the soundest ethical criterion…" What this reflects is the dilemma facing the clinician, especially when conducting clinical trials. This difficulty is greatly enhanced when the clinician, conducting a trial, is also the personal physician for the patient. There can never be a real equipoise between doctor and patient as the doctor is the receptacle of the relevant knowledge which must underpin the patient's decision-making and which directly influences how that patient may choose to proceed. It has been stated that, "… factors influencing patient participation consisted of: factors associated with health care professionals such as doctor-patient relationship, recognition of patient' s knowledge, allocation of sufficient time for participation, and also factors related to patients such as having knowledge, physical and cognitive ability, and emotional connections, beliefs, values and their experiences in relation to health services…" It follows that, in reality, there is no optimal position, especially if it is the doctor who is also responsible for obtaining informed consent. There is no doubt that awareness of the responsibility is gaining influence. It is also recognised that this is not without its problems. As stated by Zolkefli, "… Popular concepts such as patient-centred care, patient empowerment, and patients as partners, shared decision making, and informed choice illustrate the emancipation of patient… choice is not necessarily a good thing in healthcare…"

What this discussion has produced is an emphasis on the dichotomy that exists within the medical profession regarding patient autonomy, especially as it relates to informed consent. It can not be ignored that each doctor brings to the table his/her personal baggage with regards to patient autonomy and this will directly influence how such informed consent, or rejection of therapy, will be addressed, especially in the face of what are considered to be the myths surrounding informed consent. These, so-called myths, include: "…(1) decision-making capacity and competency are the same; (2) lack of decision-making capacity can be presumed when patients go against medical advice; (3) there is no need to assess decision-making capacity unless patients go against medical advice; (4) decision-making capacity is an 'all or nothing' phenomenon; (5) cognitive impairment equals lack of decision-making capacity; (6) lack of decision-making capacity is a permanent condition; (7) patients who have not been given relevant and consistent information about their treatment lack decision-making capacity; (8) all patients with certain psychiatric disorders lack decision-making capacity; (9) patients who are involuntarily committed lack decision-making capacity; and (10) only mental health experts can assess decision-making capacity…" These "myths" further add weight to the broad arguments that surround informed consent and further "muddy the water" when it comes to decision-making processes for which informed consent was to be the pivotal cornerstone.

Acknowledging the lack of equipoise, in the doctor/patient model, while concurrently accepting the need to offer the patient the opportunity for truly independent informed consent, to be accepted for inclusion into a clinical trial, Beran et al adopted a novel approach in which the doctor played less of a pivotal role in obtaining informed consent and was only involved in the initial and concluding exchanges with the prospective trial candidate. The initial approach to the patient was to ask the patient if he/she was willing to consider inclusion in a clinical trial. To allow an informed decision, at this time, the broadest of outlines of the prospective trial were exchanged with the patient and he/she assured that any decision, made by the patient, at the time of this initial discussion would, in no way, affect ongoing doctor/patient relationship other than possibly deny that patient access to a new form of treatment that would be otherwise not available outside the confines of a clinical trial. If the patient indicated a willingness to learn more about the trial he/she was introduced to the trial co-ordinator who was a young scientist, recently graduated from university. This approach removed the potential for undue influence that might be imposed by the "grey haired professor" who may be perceived as having a financial interest in rapid trial recruitment and, as the patient's treating physician may be seen as being disappointed with a patient refusing inclusion within a trial.

Replacing this potential coercive imposition, as might be perceived by the patient of his/her treating doctor, this novel approach has, to some extent, reimposed a level of equipoise that was otherwise not available. The trial co-ordinator who assumed the responsibility of discussing the nature and risks and benefits of the trial, in accordance with the patient information and informed consent documentation, as already vetted and approved by the HREC, prior to the trial being approved to be undertaken with human subjects. These documents were previously submitted to the HREC to ensure that the language used was suitable for general consumption, devoid of unnecessary jargon and that the content was sufficiently comprehensive to ensure that the prospective trial participants were informed adequately of the risks and benefits of the proposed clinical trial. Where problems arose with this prepared documentation, this has to be addressed before the trial was given the green light to proceed by the HREC.

The trial co-ordinator was under strict instruction to ensure that every line of the approved documentation was explained in detail, without any undue influence being applied. The prospective trial participants were offered every opportunity to ask as many questions as required and be assured that he/she fully understood that which was presented. Where necessary, he/she was provided with a copy of the documents to take away and to discuss with family or advisors. Where this was the case, an appointment would be made for a week or so later to offer adequate follow up, initially with the trial co-ordinator, to answer unanswered questions. By this stage, the prospective participant was assumed to be in a position to make an informed decision whether, or not, to enrol into the trial. If willing to proceed with the trial, the patient would be asked to sign the patient informed consent form, in front of the trial co-ordinator, in the presence of a witness, to ensure that the patient's signature was not coerced in any way.

Irrespective of whether the patient wanted to be included within the study, or not, he/she would be sent back to the doctor for ongoing care. Should the patient refuse entry into the trial, this was not further revisited, once the trial co-ordinator informed the clinician that the patient did not want to proceed. In this situation, the patient's medical management continued as if he/she had never been referred to the trial co-ordinator and reference to the trial was no longer relevant to ongoing care. Where the patient indicated a wish to proceed with the trial, the doctor would offer an opportunity to answer any further unanswered questions, in relation to the trial, and, having done so, the patient also would be offered the chance to criticise the methodology of seeking informed consent and if he/she was satisfied that the decision, to be included in the trial, was unequivocally an expression of his/her free will, devoid of undue influence.

If the response to all these issues was in the affirmative, the process of informed consent was concluded with the doctor countersigning the informed consent document. This additional signature was more than an act of showmanship and was an act of recognition of the fact that, as the principal investigator at this site, it remained the obligation of the senior investigator, at this site, to confirm that the informed consent process was satisfactorily concluded. The additional signature was acceptance of the investigator's responsibility to maintain the highest of standards and to accept that, while the bulk of the informed consent process was conducted by a young scientist, acting as the trial co-ordinator, the legal obligation of the investigator should not be completely delegated to someone else, without accepting the added quality assurance of the investigator assuming the final role of administrating informed consent.

Discussion

There is a general acceptance that informed consent is a basic ethical condition that underpins medical care, to allow the patient the right to determine that which he/she allows to occur to his/her body. Having so acknowledged this basic patient right, it is less easy to ensure that this right of informed consent is fully respected when delivering medical care. This is even more so within the context of informed consent when including patients into clinical trials.

Where the investigator who is recruiting patients into a clinical trial is also the patient's treating clinician, it is difficult to guarantee that there is a real lack of undue influence. It must be fully recognised that there might be a perception of potential coercion that may attach to the doctor asking his/her patient to be part of a trial. The fact that the patient is being offered inclusion into a trial may be seen as imposing the expectation that the patient will please his/her doctor by accepting the offer, thereby enhance recruitment into the trial. The fact that a trial offers the patient access to a remedy that is probably not available outside the confines of a trial is not always fully appreciated.

To counter any perception of possible coercion, Beran et al developed a novel approach to obtaining informed consent, from patients being offered inclusion into clinical trials which were being conducted within the practice. The practice employed a research assistant who acted as a trial co-ordinator, monitoring clinical trials being conducted within the practice. This person, acting as trial co-ordinator, was a recent university, science graduate which translated to the trial co-ordinator being a young person with less influence over the patient and often considerably younger than the patient, being invited to be part of a clinical trial. Involving the trial co-ordinator, in the process of obtaining informed consent, meant that the doctor played a far less influential role in gaining informed consent and removed the potential that inclusion was a mandatory component of ongoing patient care. The patient was encouraged to complete the bulk of the informed consent process with the trial co-ordinator who translated the pre-approved patient information sheet and obtained the initial signature on the informed consent document (also preapproved by the HREC) prior to the patient returning to the doctor to finalise the consent procedure. The patient was given every opportunity to decline the offer, of inclusion into a trial, without the potentially coercive involvement of the treating doctor. The doctor was usually older than the patients, involved in the process, thereby introducing the element of respect for one's elders and particularly respect for someone with potentially greater influence and standing in society. It follows that just being the patient's doctor might have been sufficient to influence to patient to agree to be recruited to a trial, even if, in reality, the patient did not want to be part of it.

With the trial co-ordinator, being responsible for discussing the elements of the trial, the expectations, inclusion and exclusion criteria, the risks and possible benefits and answering the patient's questions, translated to the patients being able to ask questions without the fear of disappointing nor looking ignorant in front of their doctor. There is a reduced potential for exerting undue influence, within this scenario, and the patient has been shown the ultimate respect for autonomy and self-determination. Once the patient has decided to either proceed with the trial or rejected same, he/she was referred back to their doctor who would either conclude the informed consent protocol, by countersigning the consent form, once the patient had reaffirmed willingness to be included into the trial and had indicated that all outstanding questions have been answered, or alternatively he/she had indicated lack of will to join the trial.

I either case, the patient has avoided any potential to be coerced to participate in a trial, yet the doctor has not totally delegated the informed consent process as he/she has acknowledged his/her responsibility, as the chief investigator at the site, by providing the final signature to demonstrate conclusion of the consent process. Should the patient reject trial inclusion, the fear of disappointing the doctor largely has been removed because it was the trial co-ordinator who discussed the trial with the patient. This procedure offers a novel approach to gain informed consent for inclusion in clinical trials. While the doctor still retains the ultimate responsibility for informed consent, he/she is at "arm's length" in advising the patient what is required of them in the trial and the potential risk/benefit ratio, while still being the last "port of call" to ensure that the process offered ample opportunity to discuss any concerns without perceived imposition of undue influence.

References:

1. Beauchamp, T.L. , Childress, J.F., *Principles of Biomedical Ethics 8th edition*, Oxford: Oxford University Press, 2019.
2. Varkey, B., "Principles of Clinical Ethics and Their Application to Practice," *Med Princ Pract*, vol. 30, no. 17 (2021), pp. 17-28.
3. Ali, J., Kass, N.E., Sewankambo, N.K., White, T.D., Hyder, A.A., "Evaluating International Research Ethics Capacity Development: An Empirical Approach," *J Empir Res Hum Res Ethics,* vol. 9, no. 2 (Sep 2014), pp. 41-51.
4. Committee on Ethical and Scientific Issues in Studying the Safety of Approved Drugs; Board on Population Health and Public Health Practice; Institute of Medicine:Ethical and Scientific Issues in Studying the Safety of Approved Drugs, 2012 May 1.1, https://www.ncbi.nlm.nih.gov/books/NBK200908/.
5. Vaughan, G., "The Australian Drug Regulatory System," *Aust Prescr*, vol. 18 (1995), pp. 69-71.
6. Page, K., "The Four Principles: Can They Be Measured and Do They Predict Ethical Decision Making?" *BMC Med Ethics*, vol. 13, no. 10 (2012).
7. Beran, R.G., Sathiyaseelan, S., Hurley, G. K., Beran, M. E., "Conducting Clinical Trials in Private Practice," *Med Law*, vol. 37, no. 1 (2018), pp. 27-36.
8. Beran, R.G., *A Unique Approach to Informed Consent When Undertaking Clinical Research within the Private Practice Setting: Respecting the Patient Ethical Issues in the 21st Century—Informed Consent: Procedures, Ethics and Best Practices*, New York: Novo Science Publishers Inc, 2016, pp. 109-118.
9. Beran, R.G., "Ethics of Clinical Research in Drug Trials" in Shayne Cox Gad, ed., *Clinical Trials Handbook*, New Jersey: John Wiley and Sons Inc Publication, 2009, pp.

1099-1100.

10. Beran, R.G., "Informed Consent, a Legal Requirement in the Management of Patients with Epilepsy," *Med Law*, vol. 22, no. 1 (2003).
11. Varelius, J., "The Value of Autonomy in Medical Ethics," *Med Health Care Philos,* vol. 9, no. 3 (2006), pp. 377-388.
12. Coggon, J., Miola, J., " Autonomy, Liberty and Medical Decision-Making," *Camb Law J*, vol. 70, no. 3 (2011), pp. 523-547.
13. Entwistle, V.A., Carter, S.M., Cribb, A., McCaffery, K., "Supporting Patient Autonomy: The Importance of Clinician-patient Relationships," *J Gen Intern Med*, vol. 25, no. 7 (2010), pp. 741-745.
14. Weijer, C., Shapiro, S.H., Glass, K.C., "Clinical Equipoise and Not the Uncertainty Principle Is the Moral Underpinning of the Randomised Controlled Trial," *British Medical Journal,* vol. 23 (2000), pp. 756-758.
15. Vahdat, S., Hamzehgardeshi, L., Hessam, S., Hamzehgardeshi, Z., "Patient Involvement in Health Care Decision Making: A Review," *Iran Red Crescent Med J*, vol. 16, no. 1 (2014).
16. Zolkefli, Y., "Evaluating the Concept of Choice in Healthcare." *Malays J Med Sci,* vol. 24, no. 6 (2017): pp. 92-96. Ganzini, L., Volicer, L., Nelson, W.A., Fox, E., Derse, A.R., "Ten Myths about Decision-Making Capacity," *J Amer Med Directors Assoc*, vol. 5, no. 4 (2004), pp. 263-267.
17. Beran, R.G., "Legal and Ethical Obligations to Conduct A Clinical Drug Trial in Australia as an Investigator Initiated and Sponsored Study for an Overseas Pharmaceutical Company," *Med Law*, vol. 23, no. 4 (2004), pp. 913-924.
18. Beran, R.G., "Ethical Considerations Within Clinical Research with Special Focus Upon Clinical Drug Trials," *Med Law*, vol. 24 (2005), pp. 411-436.
19. Beran, R.G., Beran, M. E., "Ethics in Clinical Drug Trial Research in Private Practice," *Med Law*, vol. 25 (2006), pp. 503-512.

Title of Presentation: Corporate Governance of Financial Companies in Korea

Chan Hyung Chung*

Good morning or good evening!

I am Chan Hyung Chung, Emeritus Professor of School of Law, Korea University in Seoul, Korea.

I am very pleased to give you this presentation about "Corporate Governance of Financial Companies in Korea" at Shandong Forum 2021 of Shandong University, in Qingdao, China.

Today, I am going to briefly introduce the contents and problems of corporate governance of financial companies in Korea. And I hope it will contribute to coordination and development of the financial legal system in East Asia.

Preface

The corporate governance structure of financial companies in Korea is regulated by the special act, namely, the act on corporate governance of financial companies (Act No.13453, July 31, 2015) (hereinafter referred to as the "Act")

---

* Chan Hyung Chung, Emeritus Professor of School of Law, Korea University, Korea.

and its enforcement decree (Presidential Decree No. 27414, July 28, 2016).

The Act defines "financial company" as follows: ① a bank established with authorization granted under the Banking Act, ② a financial investment business entity or a merchant bank under the Financial Investment Services and Capital Markets Act, ③ an insurance company under the Insurance Business Act, ④ a mutual savings bank under the Mutual Savings Banks Act, ⑤ a specialized credit finance business company under the Specialized Credit Finance Business Act, ⑥ a financial holding company under the Financial Holding Companies Act, ⑦ companies specified by Presidential Decree as engaging in financial business under any other Act (Art. 2 no. 1 of the Act).

The Act and its Enforcement Decree are coming into force from the date of Aug. 1st, 2016. The purpose of the Act is to ensure the sound management of financial companies and the stability of financial markets and to protect depositors, investors, insurance policy-holders, and other financial consumers by prescribing basic matters concerning the governance structures of financial companies, including the requirements of qualification for executive officers of financial companies, the organization and management of the board of directors, and the internal control system (Art. 1 of the Act).

Before the legislation of the Act, the special acts for each individual financial company (for example, the Banking Act, the Insurance Business Act, the Financial Investment Services and Capital Markets Act, etc.) and the Commercial Code (especially, corporate law) (hereinafter referred to as the "Code") were applied to the corporate governance structure of financial companies.

After the introduction of the Act, except as otherwise expressly provided for in any other finance-related statutes, the provisions of the Act shall apply to governance structure of financial companies (Art. 4 para. 1 of the Act). And except as otherwise expressly provided for in the Act, the Code shall apply to governance structure of financial companies (Art. 4 para. 2 of the Act).

The Act is composed of 9 chapters, namely, chapter 1 general provisions (purpose, definitions, scope of application, and relationship to other acts), chapter 2 executive officers (qualifications for executive officers, major operating officer, and concurrent office of executive officers, etc.), chapter 3 board of directors (composition, management, etc. of board of directors, and committees within board of directors), chapter 4 internal controls, risk management, etc. (internal control standards, appointment · dismissal · etc. of compliance officers, requirements for qualification for compliance officers, risk management standards, appointment · dismissal · etc. of risk managers, etc.), chapter 5 maintenance of soundness of large shareholders (approval, etc. of change in large shareholders, and examination, etc. of qualifications for the largest shareholder), chapter 6 special cases concerning exercise of minority shareholders' rights (minority shareholders' rights), chapter 7 dispositions and procedure for sanctions (measures against financial company, disciplinary measures against executive officers and employees, etc.), chapter 8 supplementary provisions (entrustment of authority, and public disclosure), and chapter 9 penalty provisions (penalty provisions, and administrative fine).

I am going to introduce only the core provisions of the Act in the followings, in other words, the provisions concerning executive organ, supervisory organ and auditing organ of financial companies (chapters 2 and 3 of the Act).

I. Executive Organ

1. Contents of the Act

The Act defines that "operating officer" means a person who is not a director but executes business affairs of the financial company with a title recognizable as a person having authority to execute affairs, such as honorary chairperson, chairperson, vice chairperson, president, vice president, deputy vice president, executive director, managing director, or director (Art. 2 no. 5 of the Act).

The operating officer who is in charge of strategic planning, financial management, risk management, and other major affairs specified by Presidential Decree as affairs equivalent to the aforesaid affairs among operating officers is "major operating officers" (Art. 8 preceding part of para. 1 of the Act).

Major operating officer shall be appointed or dismissed by a resolution of the board of directors (Art. 8 latter part of para. 1 of the Act). The term of office of a major operating officer shall not exceed three years, except as otherwise provided for in the relevant articles of incorporation (Art. 8 para. 2 of the Act). The provisions concerning delegation in the Civil Code shall apply mutatis mutandis to the relationship between a major operating officer and the relevant financial company (Art. 8 para. 3 of the Act). Whenever requested by the board of directors, a major operating officer shall appear before the board of the directors and report business affairs as requested (Art. 9 of the Act).

2. Problems of the Act

(1) The provisions concerning the operating officer and the major operating officer executive organ of a financial company regulated by the Act do not harmonize with Korean Commercial Code which is the fundamental law for Korean companies.

Under the Korean Commercial Code, a financial company may choose either the company without executive officers (executive board of directors system) (Art. 393 of the Code) or the company with executive officers (supervisory board of directors system) (Art. 408-2 of the Code). If a financial company would choose the company without executive officers, the executive organ of the company is the board of directors (Art. 393 para. 1 of the Code) and the representative director (Art. 389 of the Code). Before the provision of the company with executive officers was adopted by Korean Commercial Code amended in 2011, officially there were only companies without executive officers, and their executive organ used to be the board of directors and the representative director. Even after the provision of the company with executive officers was adopted, most companies in Korea are still companies without executive officers. In this case, the relationship between the operating officer (the major operating officer) under the Act and the representative director under the Code is neither regulated nor clear. I believe that de facto executive officers in the company without executive officers under the Code are regulated as operating officers and major operating officers in the Act. If so, the stipulations concerning operating officers and major operating officers in the Act may be against the purpose of legislation of the executive officers under the Code which is to transform de facto executive officers into the executive officers regulated under the Code (Art. 408−2, and Art. 408−9 of the Code).

If a financial company would choose the company with executive officers (Art. 408−2 the first sentence of para. 1 of the Code), the relationship between the operating officer (the major operating officer) under the Act and the executive officer (chief executive officer) under the Code (Art. 408−2 para. 3 no. 1, Art. 408−4, and Art. 408−5 of the Code) is unclear. I believe that the operating officer and the major operating officer under the Act should be substituted with the executive officer under the Code, and also the overlapping provisions concerning the (major) operating officer in the Act with those concerning executive officer in the Code should be eliminated.

(2) The Act does not stipulate the obligations, liabilities, registrations, etc. which are essential to the interests of the company and the interests of the third parties trading with the company.

(3) The standards of discrimination between the operating officer and the major operating officer under the Act is unclear. I am afraid that many problems will arise from such ambiguous problems.

(4) The Code defines a person, other than a director, who actually conducts the business of the company by using a title which may give the impression he/she is authorized to conduct the business of the company, such as honorary chairperson, chairperson, president, vice-president, executive director, managing director, director, or others as an apparent director (Art. 401−2 para. 1 no. 3 of the Code). The Art. 2 no. 5 of the Act defines operating officer using alike

language used in the definition of the above-mentioned apparent director (Art. 401–2 para. 1 no. 3 of the Code). I believe this definition of operating officer under the Act is wrong. Because the operating officers are qualified to conduct the business of the company, while the apparent directors are not qualified to conduct the business of the company.

II. Supervisory Organ (Board of Directors)

1. Contents of the Act

Under the Act, a financial company shall have at least three outside directors in its board of directors (Art.12 para.1 of the Act), and the number of outside directors shall be a majority of the total number of directors; provided, that at least one-fourth of the total number of directors shall be outside directors in case of a financial company specified by Presidential Decree (Art. 12 para. 2 of the Act). Under the Code, a listed company shall ensure that outside directors comprise to no less than one fourth of the total number of directors except in cases determined by Presidential Decree in light of the scale of assets; provided, that listed companies determined by Presidential Decree based on the scale of assets, etc., shall appoint three or more outside directors and the number of outside directors shall account for more than half of the total number of directors (Art. 542–8 para. 1 of the Code).

Under the Act, the board of directors shall elect a chairperson of the board of directors, from among outside directors every year (Art.13 para. 1 of the Act). However (notwithstanding Art. 13 para. 1), the board of directors may elect a non-outside director as chairperson of the board directors, but the board of directors shall publicly disclose the reason therefore in such case and elect the representative of outside directors (hereinafter referred to as "senior outside director") separately (Art. 13 para. 2 of the Act). The senior outside director shall perform the following business affairs: ① convening and presiding over meetings of outside directors, which shall be comprised of all outside directors; ② assisting outside directors for the efficient performance of business affairs; ③ assisting outside directors for improving the sense of responsibility (Art. 13 para. 3 of the Act). Under the Code, the company with executive officers shall have a chairperson of the board of directors to preside over meetings of the board of directors, in such cases the chairperson of the board of directors shall be appointed by a resolution of the board of directors, unless otherwise provided for in the articles of incorporation (Art. 408−2 para. 4 of the Code).

Under the Act, in order to protect the interest of shareholders, depositors, investors, insurance policy-holders, and other financial consumers, every financial company shall establish specific principles and procedures that it shall observe in regard to the composition and management of its board of directors, the establishment of committees within the board of directors, the criteria for expertise of executive officers, the evaluation of performance of executive officers, matters concerning succession to business control, etc., such as the qualification for chief executive officer (hereinafter referred to as “internal rules on governance structure”) (Art. 14 para. 1 of the Act).

And under the Act, the following matters shall be subject to deliberation and resolution by the board of directors: ① business goals and the evaluation thereof; ② amendment of articles of incorporation; ③ budget and settlement of accounts; ④ critical changes in organization, including dissolution, a transfer of business, and a merger; ⑤ internal control standards under the Article 24 of the Act and the establishment, amendment, and abolition of the risk management standards under the Article 27 of the Act; ⑥ establishment of policies on governance structure, including the chief executive officer’s succession to business control; ⑦ supervision over conflicts of interest between major shareholders, executive officers, etc. and the relevant company (Art. 15 para. 1 of the Act). The matters subject to deliberation and resolution by the board of directors shall be specified by articles of incorporation (Art. 15 para. 2 of the Act), and the authority of the board of directors under article

393 paragraph 1 of the Code to appoint or dismiss a manager or to establish, relocate, or close a branch may be delegated, as prescribed by articles of incorporation (Art. 15 para. 3 of the Act).

2. Problems of the Act

(1) The provisions concerning the board of directors under the Act seem to be the special provisions about the board of directors on the premise that a financial company is the company without executive officers (namely, executive board of directors) (refer to Art. 15 para. 3 of the Act). Then, the board of directors shall make resolutions on business affairs of the company (Art. 393. para.1 of the Code) and simultaneously shall supervise the performance of duties by directors who are members of the board of directors (Art. 393 para. 2 of the Code).

On the other hand, the Act stipulates that a financial company shall have at least three outside directors in its board of directors (Art. 12 para. 1 of the Act) and the number of outside directors of the company shall be in principle a majority of the total number of directors (Art. 12 para. 2 of the Act). The Act also provides that the board of directors shall elect a chairperson of the board of directors, in principle among outside directors every year (Art. 13 para. 1 of the Act). These provisions focus on strengthening the supervision function of the board of directors.

It is clearly contradictory that the board of directors has both the authority of resolutions on business affairs and the authority of supervision on the board members. In such case, the supervision function of the board of directors will be useless, because it is self-supervision.

Furthermore, it will make both functions of the execution (resolution on business affairs) and the supervision of the board of directors worse off at the same time that the financial company without executive officers (namely, the financial company with executive board of directors) should have a majority outside directors of total directors.

Therefore, I propose that the financial company with supervisory board of directors (namely, its board of directors is comprised of three persons or more outside directors and a majority outside directors of total directors) should be the company with executive officers under the Code (Art. 408–2, and Art. 408–9 of the Code). In other words, the executive organ should be separated from the supervisory organ of the company. In my view, the Act should provide that aforesaid financial company with supervisory board of directors should adopt mandatorily to be the company with executive officers under the Code (Art. 408–2, and Art. 408–9 of the Code). Such revision of the Act will result in the increase of effectiveness of both executive organ and supervisory organ of such financial company with executive officers.

(2) Who supervises the operating officer and major operating officer under the Act? There is no related provision either in the Act or in the Code, when a financial company adopts to be the company without executive officers (executive board of directors). In such a company, the board of directors cannot supervise the operating officer and the major operating officer under the Act, because they are not directors whom the board of directors supervises (Art. 393 para. 2 of the Code).

If a financial company adopts to be the company with executive officers, the operating officer and the major operating officer, who are included in executive officers under the Code (Art. 408–4 of the Code), are supervised by its (supervisory) board of directors (Art. 408–2 para. 3 no. 2 of the Code).

(3) The Article 13 of the Act (especially, the board of directors shall elect a chairperson of the board of directors, from among outside director every year) is meaningful not to the financial company without executive officers (Art. 393 of the Code), but to the financial company with executive officers (Art. 408–2 para. 4 of the Code).

III. Auditing Organ

1. Contents of the Act

Under the Act, every financial company shall establish the following committees within the board of directors under the Code (Art. 393-2 of the Code): ① the committee for recommendation of candidates for executive officers; ② the audit committee; ③ the risk management committee; ④ the remuneration committee (Art. 16 para. 1 of the Act). In this case, the audit committee under the Act shall be deemed the audit committee under the Code (Art. 415-2 of the Code). The majority of members of each committee shall be comprised of outside directors (Art. 16 para. 3 of the Act), and the representative of each committee shall be an outside director (Art. 16 para. 4 of the Act).

Under the Act, the audit committee shall be comprised of at least three directors. In such cases, at least one of the audit committee members (hereinafter referred to as "audit committee member") shall be an expert in accounting or finance, as prescribed by Presidental Decree (Art. 19 para. 1 of the Act). Notwithstanding Article 16 paragraph 3 of the Act (the majority of members of each committee shall be comprised of outside directors), at least two-thirds of audit committee members shall be outside directors (Art. 19 para. 2 of the Act). Candidates for audit committee members shall be recommended by the committee for recommendation of candidates for executive officers under the Act (Art. 16 para. 1 of the Act). In such cases, a resolution requires the concurrent votes of at least two-thirds of all committee members (Art. 19 para. 4 of the Act).

Every financial company shall appoint at least one outside director, who will serve as an audit committee member, separately, from other directors (Art. 19 para. 5 of the Act). The authority to appoint or dismiss audit committee members resides with the general meeting of shareholders. In such cases, the provision concerning restrictions on the exercise of voting right on the appointment of a statutory auditor under the Code (Art. 409 para. 2 of the Code) shall apply mutatis mutandis to the appointment of a director who will serve as an audit committee member (Art. 19 para. 6 of the Act).

A financial company specified by Presidential Decree shall, taking the size of assets, etc. into consideration, have at least one statutory auditor who shall work full time for the company to conduct audits (hereinafter referred to as "full-time auditor"); provided, that no financial company shall have a full-time auditor, if it has an audit committee established pursuant to this Act (including cases where a financial company that is not obliged to establish an audit committee has an audit committee that meets the requirements under the Act)(Art. 19 para. 8 of the Act).

2. Problems of the Act

(1) As above mentioned, the Act provides that a financial company in principle should have the audit committee which is one of the committees within the board of directors as auditing organ. But audit committee system is originated from the supervisory board of directors in the company with executive officers (Art. 408−2, and Art. 408−9 of the Code).

If the executive board of directors in the financial company without executive officers (Art. 393 of the Code) should adopt mandatorily the audit committee system under the Act, it is clearly contradictory and following problems will arise from it: ① The effectiveness of auditing and the independence of auding organ will be undermined, because the directors who took part in the execution of business affairs (in the resolution of the board of directors) of the company, will audit themselves as audit committee members (i.e.,self-auditing). ② It is against the principle of one voting for each share (Art. 369 para. 1 of the Code) that the provision concerning restrictions on the exercise of voting right on the appointment of an auditor (Art. 409 para. 2 of the Code) shall apply mutatis mutandis to the appointment of a director who will serve as an audit committee member (Art. 19 para. 6-7 of the Act) in the general meeting of shareholders of the company.

Therefore, I propose that such a financial company without executive officers (Art. 393 of the Code) should not adopt the audit committee system, but the statutory auditor system (Art. 409 of the Code).

(2) If the supervisory board of directors in the financial company with executive officers (Art. 408−2 of the Code) adopts the audit committee system,

the provisions concerning the audit committee under the Act will be harmonized with the supervisory board of directors (Art. 408−2 para. 3 of the Code). Since such a company has executive officers separated from the (supervisory) board of directors as executive organ of the company, the audit committee within (supervisory) board of directors will be able to audit the executive officers much more independently and effectively.

In this case, I propose that the members of the audit committee in the financial company with executive officers should be appointed and dismissed not by the shareholders' general meeting under the Act, but by the (supervisory) board of directors under the Code (Art. 393−2 of the Code) like other committees within the board of the directors. This also will increase the supervision function of the (supervisory) board of directors.

I also propose that all members of the audit committee should be outside (independent) directors for more effective auditing to executive organ.

Conclusion

In order to ensure the sound management of financial companies (Art.1 of the Act), the effective supervision organ and auditing organ are absolutely required. For the more effective supervision system and the more effective auditing system, I propose that the Act should be revised as follows.

(1) A financial company which shall have three or more outside directors, the number of which shall be a majority of the total number of directors (Art. 12 para. 1-2 of the Act), should adopt mandatorily to be the company with executive officers (supervisory board of directors) (Art. 408−2 of the Code). Since there is the executive organ (executive officers) separated from the (supervisory) board of directors in the company with executive officers, the (supervisory) board of directors will be able to supervise the executive organ (executive officers) more effectively.

(2) The provisions concerning operating officer (Art. 2 no.5 of the Act)

and major operating officer (Art. 8 and Art. 9 of the Act) under the Act should be deleted. Because such provisions should be substituted by those of executive officers under the Code (Art. 408−2, and Art. 408−9 of the Code).

(3) If the provisions concerning the authority of board of directors under the Act (Art. 15 of the Act) is not harmonized with those of the financial company with executive officers under the Code (Art. 408−2 para. 3 of the Code), such provisions under the Act should be amended.

(4) While the supervisory board of directors in the financial company with executive officers (Art. 408−2 of the Code) should adopt the audit committee within the board of directors, the financial company without executive officers (executive board of directors) should mandatorily adopt the statutory auditor system under the Code (Art. 409 of the Code) for the independence of auditing organ and the efficacy of auditing function.

The members of audit committee in the financial company with executive officers should be appointed and dismissed by the (supervisory) board of directors under the Code (Art. 393−2 of the Code) like other committees within the board of directors. Then the provisions concerning appointment and dismissal of the members of audit committee under the Act should be deleted.

And all members of audit committee should be outside (independent) directors for more effective auditing.

I sincerely hope that above mentioned contents of Korean Act on Corporate Governance of Financial Companies and my amendment proposals concerning the Act will contribute to coordination and development of the financial legal system in East Asia. Thank you very much for your attention.

民法典法人制度之创新

郭明瑞 *

中国大陆的法人制度为1986年《中华人民共和国民法通则》（以下简称《民法通则》）所正式确立。随着社会主义市场经济体制的确立和市场经济发展，法人制度也得到不断完善。为适应社会主义市场经济发展的需要，《中华人民共和国民法典》（以下简称《民法典》）在总结实务和立法经验的基础上构建了更为完善的法人制度，《民法典》构建的法人制度较之《民法通则》的规定有多方面的创新。从营商环境法治化的角度看，《民法典》法人制度的创新主要有以下方面。

一 《民法典》将法人区分为营利法人、非营利法人和特别法人

尽管法人都为民事主体，参与市场交易，而成为市场交易主体。但是，不同的法人参与市场交易的范围和程度是不同的，其社会职能和作用也是不同的。《民法典》一改将法人区分为企业法人、机关与事业单位法人和社会团体法人之《民法通则》的立法体例，抛弃将法人区分为社团法人与财团法人之传统做法，而将法人区分为营利法人、非营利法人和特别法人。营利法人是以营利为目的设立的法人。是否以营利为目的且将所得利

* 郭明瑞，民法学家，山东大学一级教授，山东知识产权研究院院长。

润分配给成员，是营利法人区别于其他法人的目的性的特征。以营利为目的，这既是营利法人设立之目的，也是其从事生产经营活动的活力之根源。商人是以营利为目的的，因此营利法人也就是典型商法人，是市场经营活动的主体。区分营利法人与非营利法人、特别法人，一方面从正面划定了市场经营主体的范围，另一方面从反面限定了市场经营主体的范围。

由于营利法人与其他法人在社会主义市场经济中的地位不同，其担负的社会职能不同，因此其设立条件和成立程序、法人的治理结构等均有不同。《民法典》对营利法人规定了不同于其他法人的成立条件和治理结构，为营利法人这一市场经营主体的便利设立和机构权力的合理分配提供了法律依据。

二 《民法典》确立了禁止出资人权利滥用规则

向营利法人出资是一种投资，营利法人的出资人为营利法人的股东，依法享有各项股东权利。出资人应当依法行使其权利，而不得滥用权利。因为出资人滥用权利，会损害其他出资人的权利，会损害法人的债权人利益。为规制出资人权利的行使，《民法典》第 83 条规定了出资人权利滥用的禁止规则。

出资人权利滥用从后果看有两种情形：一是出资人滥用其权利损害法人或者其他出资人的利益。例如，公司股东不按照规定时间、地点以及查阅目的行使查阅相关资料的权利而影响公司的正常经营活动，公司的控股股东或者实际控制人行使其权利（如恶意不分配应分配的利润）损害其他股东的合法权益，等等。出资人滥用权利损害法人或者其他出资人利益，不仅会阻碍营利法人的健康发展，而且会严重影响社会投资者的投资积极性。因此，《民法典》规定，出资人“滥用出资人权利给法人或者其他出资人造成损失的，应当依法承担民事责任”。二是出资人滥用营利法人独立地位和出资人有限责任而损害法人的债权人利益。营利法人享有独立法人地位，出资人仅以出资为限对法人的债务承担有限责任。这是保障出资人权利、激励投资的制度优势。但是，出资人不得利用其权利而损害法人的债权人利益。因此，为保障债权人利益，维护社会交易安全和交易秩序，《民法典》规定，出资人“滥用法人独立地位和出资人有限责任，逃避债务，严重损害法人的债权人利益的，应当对法人债务承担连带责任”。这也就是法人人格否认制度。

三 《民法典》规制营利法人的关联交易

关联交易是指具有投资关系或者合同关系的不同主体之间进行的交易。关联交易有利于节省交易成本、提高效率等诸多优点，因此在市场交易中多有发生。营利法人进行经营活动，必然会实施关联交易。但是，关联交易也须是公平合理的，关联关系人不得利用关联交易损害法人的利益。为维护公平交易秩序和法人利益，《民法典》第84条对关联交易做了特别规定：“营利法人的控股人、实际出资人、董事、监事、高级管理人员不得利用其关联关系损害法人的利益；利用关联关系造成法人损失的，应当承担赔偿责任。”

四 《民法典》规定了营利法人决议行为的效力

营利法人的决议是通过一定程序形成的法人意志的体现，执行法人的决议也就是执行和实现法人的意志。但是，营利法人作出的决议可能会损害出资人的权益，因此，对营利法人作出会损害投资人利益的有瑕疵的决议时须给予投资人以救济途径。依《民法典》第85条规定，“营利法人的权力机构、执行机构作出决议的会议召集程序、表决方式违反法律、行政法规、法人章程，或者决议内容违反法人章程的，营利法人的出资人可以请求人民法院撤销该决议”。但是，出资人撤销法人的瑕疵决议，不能损害第三人的利益。因此，《民法典》规定，出资人请求撤销法人机关的决议的，“营利法人依据该决议与善意相对人形成的民事法律关系不受影响”。这就为维护交易安全和保护善意相对人的信赖利益提供了保障。

五 《民法典》规定了营利法人的社会义务

营利法人是主要的市场经营主体，是发展市场经济的生力军，又是各种利益关系的综合体。营利法人的经营活动和价值追求，不仅会直接影响市场秩序和经济发展，而且会影响国计民生。因此，营利法人在从事经营活动中虽因以营利为目的以求利益最大化，但同时也须履行其应负的社会义务。《民法典》第86条明确规定营利法人从事经营活动应当履行以下四项社会义务。其一，遵守商业道德。商业道德是商人的职业道德。营利法人作为商人，遵守商业道德，是其基本职业操守的要求。其二，维护交易秩序。这是维护市场经济秩序，实现交易安全和公正的要求。其三，接受政府和社会的监督。这也是保障营利法人行为合规的要求。其四，承担社会责任。营利法人从事经营活动，不仅要对出资人负责，而且也要对社会负责，要关注相关者的利益和社会利益，承担社会责任。营利法人的社会责任包括但不限于维护劳动者的合法权益、积极创新以提升核心竞争力、从事慈善事业、保护生态环境等。

医师的规范诊疗义务
——以中国医师法修改为背景

满洪杰*

一 《医师法》对规范诊疗义务的强化

2021年8月20日，全国人民代表大会常务委员会审议通过了《中华人民共和国医师法》(以下简称《医师法》)。相较于《中华人民共和国执业医师法》，该法进一步强化了医师的规范诊疗义务。第23条第2项规定："医师在执业活动中履行下列义务:(二)遵循临床诊疗指南，遵守临床技术操作规范和医学伦理规范等。"第28条第1款规定:"医师应当使用经依法批准或者备案的药品、消毒药剂、医疗器械，采用合法、合规、科学的诊疗方法。"第29条第1款规定:"医师应当坚持安全有效、经济合理的用药原则，遵循药品临床应用指导原则、临床诊疗指南和药品说明书等合理用药。"第55条第5项进一步规定，违反法律、法规、规章或者执业规范，造成医疗事故或者其他严重后果的，应受到责令改正、警告、暂停执业乃至吊销医师执业证书的行政处罚。

上述条文规定了医师规范诊疗义务，包括遵守临床诊疗指南、临床技术操作规范的义务，以及遵循药品临床指导原则、临床诊疗指南和药品说明书规范用药的义务。《医师法》强化规范诊疗义务的意义在于推动医师

---

* 满红杰，山东大学法学院教授，博士研究生导师，副院长。

诊疗行为的规范化，通过诊疗规范的推广促进诊疗水平的同质化。但是，对规范诊疗义务的过度强化与医学发展性相背离，有需要推敲之处。

二　诊疗规范的解释与限制

哪些诊疗规范可以作为规范诊疗义务的确定依据呢？《中华人民共和国民法典》（以下简称《民法典》）第1222条第1项规定："患者在诊疗活动中受到损害，有下列情形之一的，推定医疗机构有过错：（一）违反法律、行政法规、规章以及其他有关诊疗规范的规定。"该条规定将诊疗规范界定为法律、行政法规、规章以及其他诊疗规范。法律、行政法规、规章在此处属于公法上的管制规范。在中国法律体系中，涉及诊疗行为的法律、行政法规和规章繁多，然而并非所有的法律、行政法规和规章都应当作为诊疗规范来看待。只有那些以规范诊疗行为为目的法律、行政法规和规章才能产生规范效力。

临床诊疗指南、技术操作规范作为诊疗规范的作用应当作出严格解释。临床路径等诊疗指南是经验总结的产物，并应符合循证医学的要求。但是，临床路径等不能成为限制和剥夺医师诊疗自主权的依据和理由。当医师具有循证医学证据时，应当准许医师选择对患者最为有利的诊疗方案。同时，应当充分辨析诊疗指南、操作规范的宗旨和目的，对于以控制费用等目的的诊疗指南，在医疗保障规范的范围内医生应当予以遵守，但违反此种指南不产生违反规范诊疗义务的效果。

三　遵守规范是否可以免于医疗过失责任

对于《民法典》第1222条第1项的解释，司法实践和理论上有观点认为，该条的反对解释为，诊疗行为符合诊疗规范的，即为无过失。比较法上，意大利2017年颁布Gelli-Bianco法，认为符合诊疗规范的诊疗行为推定不构成刑法上的过失医疗行为。美国缅因州也曾经立法，允许医师自愿参加特定计划，以使自己符合诊疗规范的诊疗活动免于诊疗过失诉讼。

但是，从《民法典》第 1221 条与第 1222 条的解释关系来看，符合诊疗规范的行为，仍然要受到第 1221 条“当时的医疗水平”标准的衡量，以确定诊疗过失的有无。因此，符合诊疗规范不能直接作为免责的原因。

四 违法诊疗规范的过失判断

对于《民法典》第 1222 条第 1 项规定的过错推定的性质，理论上有推定说、认定说和不可推翻的认定说三种不同的观点。从该条文义看，是从违反诊疗行为这一事实出发，推定诊疗行为有过失这一事实，在性质上属于事实认定，在证据法上具有表明整句的效果。一方面，该条对于诊疗规范的依据，仅具有“转介条款”的效力，即允许法官在私法问题的判断上考虑公法的规范效果；另一方面，应当允许医师通过证明偏离诊疗规范的医疗行为的正当性而推翻对过错的认定，从而维护医疗自主并推动医学的发展。

法治化营商环境建设的合规机制*

——以刑事合规为中心

李本灿**

一　营商环境建设的方法论问题

（一）方法论的选择：世界银行的方法论不应被完全照搬

2019年10月，国务院总理李克强签署国务院令，公布了《优化营商环境条例》，此后北京、上海等地先后进行了优化营商环境的地方性立法。可以说，营商环境建设已经成为国家治理体系与治理能力现代化建设的重要时代课题。营商环境建设，首先面临的是方法论问题，即如何建设营商环境？或者说，什么是好的营商环境？这个问题没有标准答案，不同的评估目标决定不同的评估重点与体系。①以迅速提升国际排名为目标，营商环境建设应当对标世界银行的十大指标，有针对性地修改立法。事实上，近几年中国营商环境排名大幅度提升的原因恰在于此。然而，必须同时看到，世界银行的评估存在方法论、数据采集、排名科学性等方面的问题。②例如，腐败因素并不在世界银行的评估体系之内，然而，腐败对营商环境

* 该文原发表于《法学研究》2021年第1期，收入本书时有改动。

** 李本灿，法学博士，山东大学法学院教授，博士生导师，刑事合规研究中心执行主任。

① 参见张志铭、王美舒：《中国语境下的营商环境评估》，《中国应用法学》2018年第3期。

② 参见李颖轶：《中国营商环境评估的进路策略与价值选择——以法国应对世行〈营商环境报告〉为例》，《华东师范大学学报》（哲学社会科学版）2020年第1期。

具有显著的负面影响。有学者用实证数据证实腐败对于企业创新具有显著抑制作用，[①] 而创新正是营商环境所追求的重要价值。[②] 也有学者用实证数据直接证实了腐败规制对于营商环境建设的重要意义。[③] 鉴于此，中国营商环境建设可以合理参考世界银行的方法论，但绝不可完全照搬。

在研究商业环境与企业行为的过程中，有一个现象值得关注，那就是受本国法的限制，很多跨国企业本身拥有良好的合规计划和标准，如不得与外国公职人员一起从事娱乐活动，不得赠送礼物等。然而，为了适应中国社会，其在中国开展经营活动时不得不改变严苛的合规标准。例如，2005~2013 年，就有 18 家企业因中国业务被美国证券交易委员会处理。[④] 从这个现象出发，联想到我国学者关于行贿与受贿罪关系的争论：究竟是行贿导致了受贿还是受贿导致了行贿？一种观点认为："行贿是贿赂因果链条中的'因'，是腐败的源头。不堵塞腐败之'源'，而寄希望于腐败之河自动干涸，显然违背了事物的因果规律；因此，应倡导'惩办行贿与惩办受贿并重'原则。"[⑤] 另一种观点认为："上述观点过于形式化地理解了事物因果关系的构造，事物的因果关系本质是决定与被决定的关系，具有决定或引起地位的是'因'，处于被决定或被引起地位的则是'果'；在我国现实制度下，行贿与受贿在整体上呈现的是体制性倒挂形态，表象化理解并不符合行贿与受贿的实际。"[⑥] 上述的"一个现象"与"一个联想"充分说

---

① 参见赖敏、余泳泽、刘大勇、孟勤国：《制度环境、政府效能与"大众创业万众创新"——来自跨国经验证据》，《南开经济研究》2018 年第 1 期；我国的实证数据也揭示："企业寻租腐败活动替代了市场机制，成为衡量其研发能力的信号，从而形成了'腐败即创新'的乱象，这恰好为我国市场化进程的滞后，创新制度的缺失提供了直接的微观证据。"（刘锦、王学军：《寻租、腐败与企业研发投入——来自 30 省 12367 家企业的证据》，《科学学研究》2014 年第 10 期）

② 例如，《优化营商环境条例》第 23 条、第 55 条都提出要鼓励企业创新，政府要为企业创新提供空间。

③ 参见徐换歌、蒋硕亮：《政府效能、腐败规制对营商环境的优化效应研究——来自跨国面板数据的经验证据》，《公共管理与政策评论》2020 年第 1 期。

④ The US-China Business Council, *Best Practices for Managing Compliance in China,* 2013, pp.6–12.

⑤ 李少平：《行贿犯罪执法困局及其对策》，《中国法学》2015 年第 1 期。

⑥ 何荣功：《"行贿与受贿并重惩罚"的法治逻辑悖论》，《法学》2015 年第 10 期。

明：商业贿赂大量产生[①]与我们的制度环境有着密不可分的关系，可以说是环境导致了犯罪。因此，营商环境建设首先要解决的问题就是改造现有的犯罪易滋生的制度环境。

在本文看来，制度环境并非自然形成，而是取决于环境中的每个参与者。这意味着如果商业环境中的每个参与者都能严格守法，那么法治化的营商环境也就会自然而然形成。问题是：哪些主体是商业环境的参与者？《优化营商环境条例》《北京市优化营商环境条例》《上海市优化营商环境条例》清楚地反映了这个问题。

表 1 《优化营商环境条例》《北京市优化营商环境条例》《上海市优化营商环境条例》主体对比

	《优化营商环境条例》	《北京优化营商环境条例》	《上海市优化营商环境条例》
公共机构	第3~8、10、13~28、30~49、51~71条	第2、4~12、14~76、78~79、81~82条	第3~32、35~71、73~77、79条
市场主体（企业，包括其中的个人，例如董事）	第9、11~12、17、26、63条	第3、13、14、18、24、50条	第12~13、27、30~34、36~37、42~43、68、71条
社会自治组织（行业协会、商会）	第29、71条	第27、80条	第19、72条
新闻媒体	第50条		
破产管理人		第77条	第72条

注：公共机构在法条中的具体表述包括：国家、国家机关、政府、金融监督管理部门、公用企事业单位、税务机关、不动产登记机构、中介服务机构、本市、知识产权部门、人力资源和社会保障部门、发展改革部门、政府服务部门、经济与信息化部门、口岸管理部门、人民法院、检察院等。尽管《优化营商环境条例》强调中介服务机构与行政机关脱钩，但因其所提供的服务具有公共性，因此相关条款将其归入了公共机构类别。

由表 1 可知，第一，公共机构与作为市场主体的企业是营商环境建设的主要参与者，相应地，两个主体依法运行是营商环境建设的关键；第二，

① 据安邦集团公布的一份研究报告显示：跨国企业在华行贿事件一直呈上升趋势，中国在 10 年内至少调查了 50 万起腐败事件，其中 64% 与国际贸易和外商有关。参见张悦：《商业贿赂：谁让跨国公司疯狂》，《中国青年报》2009 年 8 月 3 日。

社会自治组织、新闻媒体、破产管理人的作用也同时被强调，如何合理发挥它们的作用，对于营商环境建设也具有重要意义。

（二）营商环境建设的合规路径

如上所述，公共机构和市场主体合法运行是优化营商环境的关键。问题是如何促使公共机构和市场主体守法？在本文看来，犯罪预防理念中的合规计划可以作为促进商业环境参与者行为合法的法制度工具，原因如下。

第一，合规计划与法治化营商环境建设具有价值目标上的一致性。现代意义上的合规是在系列公司丑闻（尤其是关系美国国家安全的国防工业丑闻）的刺激下出现的，其不仅强调企业应当守法经营，还强调对商业伦理的遵守，正因为如此，20 世纪 80 年代被称为“商业伦理时代”。① 此外，合规还强调对经济往来所涉国家或地区的法律以及国际组织规则的遵守，原因在于合规是一种风险抵御工具，而经济全球化带来了风险的全球化，域外的法律或规则当然应当被合理关照。② 这两点恰恰是法治化营商环境建设的导向。《优化营商环境条例》第 4 条强调，“优化营商环境应当坚持市场化、法治化、国际化原则”，因为市场经济就是法治经济，我国营商环境建设的指导性原则也就可以简化为法治化、国际化。除此之外，“市场主体应当恪守社会公德和商业道德，诚实守信”（《优化营商环境条例》第 9 条）。可以说，《优化营商环境条例》所体现的营商环境建设的价值追求完全暗合合规计划制度。

第二，合规计划与法治化营商环境具有共同的问题导向，也就是说，合规计划制度所重点关注或欲解决的问题也正是营商环境建设的重点、难点。现代刑法中的合规计划与美国的《反海外腐败法》、英国的《反贿赂法案》、法国的《关于提高透明度、反腐败以及促进经济生活现代化的 2016–1691 号法案》等具有密不可分的关系，可以说这些法案推动了合规

① 参见［日］川崎友巳：《合规管理制度的产生与发展》，李世阳译，李本灿等编译：《合规与刑法：全球视野的考察》，中国政法大学出版社 2018 年版，第 12~15 页。

② 参见［德］洛塔尔·库伦：《德国的合规与刑法》，马寅翔译，赵秉志主编：《走向科学的刑事法学——刑科院建院 10 周年国际合作伙伴祝贺文集》，法律出版社 2015 年版，第 431 页。

的全球化运行。从法案名称即可看出，其重点关注的是腐败问题。事实上，反腐败合规也恰恰是合规运动的重中之重。除此之外，垄断、不正当竞争、数据保护等问题也是合规重点关注的问题。在本文看来，反腐败对于净化社会环境具有决定性意义，有腐败就不可能公平对待市场主体，也不可能公正司法，因而法治化的营商环境建设离不开反腐败。此外，《优化营商环境条例》还强调了反垄断、反不正当竞争（第 21 条）以及信息、数据保护（第 30 条、第 37 条）对营商环境建设的重要意义。

第三，合规计划的制度优势更有利于法治化营商环境建设目标的实现。如下文详述，相比于外部监督，合规计划具有更大的制度优势，不仅可以在促进公共机构守法的同时更好地履行犯罪预防的义务，还可以减小企业面临的风险，增强竞争力，繁荣市场经济，而这些都有利于优化营商环境。

基于以上考虑，本文将重点讨论如何通过合规计划制度促进公共机构和企业守法。此外，鉴于社会自治组织在一定程度上的公共性及其在推动企业合规中的辅助性作用（弥补了国家合规激励的不足），社会自治组织的合规参与也将被讨论。

二 公共机构合规与合规激励

通过对《优化营商环境条例》《北京市优化营商环境条例》《上海市优化营商环境条例》的梳理不难发现，涉公共机构的条款多为义务设定性条款，例如公共机构有义务公平对待市场主体，为市场主体提供快捷、优质的公共服务。作为国家机器的重要组成部分，公共机构依法运行是依法治国的重要前提，而其运行规则已经以法律的形式确定。例如，法院的运行规则在《人民法院组织法》中有详细规定。按道理说，在责任制得到前所未有强调的背景下，无论是公共机构自身还是其中的国家工作人员都没有理由背离职责。现实的情况是，公共机构及其国家工作人员违规事件大量存在。这就涉及如何治理公共机构及其职员背离职责的问题。因为合规计划的制度优越性，本文提倡借鉴公司合规治理技术治理公共机构，这就是公共机构自身的合规运行问题。

除了多数重申公共机构义务的条款之外，《优化营商环境条例》第21条①、第67条②也值得注意。这两个条款为公共机构设定了违法行为的预防义务以及合理引导市场主体合法经营的义务。鉴于传统犯罪预防模式的低效能，本文提倡借鉴合规计划制度促进企业合规，这就涉及公共机构如何激励企业合规的问题。

（一）促进公共机构自身合法运行的合规路径

本文主张借用合规计划治理公共机构，为此，首先要解决的问题是“必要性”以及“可行性”的问题。

1.公共机构的合规治理：必要性与可行性

（1）必要性问题

“合规”（compliance）这一概念的词源是英文“to comply with”，表达的是法规遵循之意。然而，这个层面的合规概念过于形式化，没有实质意义，因为一切组织和个人都有遵循法律的宪法性义务（我国宪法第5条）。现代法学文献中所讨论的“合规”概念已经发生改变，意指企业为了保证职员行为合法采取的整体性组织措施。③这种整体性组织措施的文雅表述就是“合规计划”（compliance programs）。基于其在犯罪治理上的高效性，合规计划已经成为传统公司犯罪治理的替代模式：第一，实证数据证实了合规在企业犯罪治理上的有效性；④第二，相对于外部机构的监

---

① 《优化营商环境条例》第21条规定：政府有关部门应当加大反垄断和反不正当竞争执法力度，有效预防和制止市场经济活动中的垄断行为、不正当竞争行为以及滥用行政权力排除、限制竞争的行为，营造公平竞争的市场环境。

② 《优化营商环境条例》第67条规定：国家加强法治宣传教育，落实国家机关普法责任制，提高国家工作人员依法履职能力，引导市场主体合法经营、依法维护自身合法权益，不断增强全社会的法治意识，为营造法治化营商环境提供基础性支撑。

③ Vgl. Thorsten Alexander, *Die strafrechtliche Verantwortlichkeit für die Wahrung der Verkehrssicherungspflichten in Unternehmen*, Centaurus Verlag, 2005, S. 316.

④ See Sieber & Engelhart, *Compliance Programs for the Prevention of Economic Crimes:An Empirical Survey of German Companies*, Duncker & Humblot, *Max-Planck-Institut für ausländisches und internationales Strafrecht*, 2014, p132. 本页中，西贝尔与恩格尔哈特（Sieber & Engelhart）也介绍了库珀(Price Waterhouse Coopers）与厄内斯特和扬（Ernst & Young）的研究数据，两项研究证实合规计划在控制犯罪上是有效的。

督、管理，内部的合规治理效率更高。这尤其依赖于组织体对自身的了解，进而通过内部调查更快捷地发现并主动报告犯罪。[①] 合规计划在组织体犯罪治理中的有效性和高效性是制度借鉴的必要性、正当性基础。

（2）可行性问题

前文的必要性分析，是围绕企业合规展开的。在学术文献中，部分学者将合规计划限定在企业范围内，即合规是企业的专属制度工具。例如，亚历山大（Thorsten Alexander）教授就持此观点。[②] 博克（Dennis Bock）教授也将合规的作用空间限定在与企业有关的加重或减轻公司负担的犯罪。[③] 罗奇（Thomas Rotsch）教授则认为，无论是企业还是公共机构都是组织体，从组织关联性的角度说，没有必要将合规限定在企业范围内。[④] 希尔根多夫（Eric Hilgendorf）教授也认为，将合规措施理解为一个"组织机构"内部也就是一个具有内部结构的长期存在的人的集合内部所采取的措施，或许更有意义。[⑤] 在本文看来，基于以下原因，本来适用于企业的合规计划制度完全可以借用于公共机构治理。第一，从组织体自身的角度讲，现代意义上的合规计划是指保证职员整体行为守法的组织性措施，无论是企业还是公共机构都存在越发复杂的工作程序以及通过资源集中形成的集权，这就使得在组织结构中制定组织措施成为必要。尤其是在我国特殊的经济体制下，国有企业具有显著的行政色彩。这也就可以合理解释，为什么在国资委等六部委发布合规指引之后国有企业大都处于观望状态。部分原因在于，合规组织与党的纪检组织存在功能重叠，编制问题难以解决，以致"大多数国有企业的合规部门都没有独立设置，要么被设置在纪

① 参见［德］乌尔里希·齐白:《全球风险社会与信息社会中的刑法：二十一世纪刑法模式的转换》，周遵友等译，中国法制出版社 2011 年版，第 263~264 页。

② Vgl. Thorsten Alexander, *Die strafrechtliche Verantwortlichkeit für die Wahrung der Verkehrssicherungspflichten in Unternehmen*, Centaurus Verlag, 2005, S. 316.

③ Vgl. Dennis Bock, *Criminal Compliance*, Nomos Verlagsgesellschaft, 2011, S. 23.

④ 参见［德］托马斯·罗什:《合规与刑法：问题、内涵与展望——对所谓的"刑事合规"理论的介绍》，李本灿译，赵秉志主编:《刑法论丛》第 4 辑，法律出版社 2016 年版，第 358 页。

⑤ 参见［德］希尔根多夫:《刑法合规中的基本问题：以反腐为例》，江溯译，［德］希尔根多夫:《德国刑法学：从传统到现代》，江溯、黄笑岩等译，北京大学出版社 2015 年版，第 506 页。

委之下，要么与审计部门和书办公，要么设置在风控部之下”①。尽管国企的行政化色彩浓厚，面临国际制裁风险，但其仍需实施合规计划，中兴通讯公司就是典型。既然具有行政机构属性的国有企业都可以实施合规计划，公共机构的合规计划就不能被排斥。国外的发展历程（如德国②）也表明，合规并不局限于企业，否定政党内合规计划存在的必要性，就等于否定了合规自身的必要性与正当性。③在我国，也存在大量政策性文件支持借鉴公司治理技术治理公共机构。2011年12月21日，中央纪律委员会印发了《关于加强廉政风险防控的指导意见》，要求各地区各部门借鉴公司治理中的风险管理技术进行内部治理。为了落实中央纪律委员会“借鉴公司治理技术，加强廉政风险防控”的要求，多个部委或司法机关都发布了本系统内的相关指导意见。北大法宝就收录了两个司法解释和十一个部门规章。在腐败之外的其他方面，公司治理技术也都被公共机构借用。如下文所述，在大量的案件中，不履行内部控制义务成为积极证立刑事责任的联结点。由此可见，将公司治理中的合规制度借用到公共机构治理中具有现实基础。第二，从国家的角度讲，合规计划所表达的意思是如何通过激励机制（例如刑法上的责任激励）推动组织体内控。在这一点上，对公共机构的合规激励不同于典型的公司合规计划制度，原因在于后者多通过针对企业自身的定罪、量刑或起诉激励的方式推动企业落实合规计划，而公共机构的刑事责任尽管没有被立法者否定，但也面临宪法性难题，实践中追究公共机构刑事责任的案例非常罕见。④然而，不同于公司合规计划制度并不等于公共机构的合规计划无法实施。在组织体自身责任不存在的制度体系中，完全可以通过个人责任推动其实施合规计划。我国的司法实践也确实如此。例如，在王某等人玩忽职守案中，“被告人王某身为国家机关工作人员，在担任镇巴县地方税务局泾洋税务所所长期间，不按照税收票证管理、税收

① 陈瑞华：《论企业合规的中国化问题》，《法律科学》2020年第3期。

② 德国马克斯－普朗克外国与国际刑法研究所前所长西贝尔教授和恩格尔哈特博士就曾主持过如何为德国军队建构合规制度的大型研究项目。

③ Vgl. Johannes Sebastian Blassl, *Zur Garantenpflicht des Compliance-Beauftragten*, Peter Lang, 2017, S. 44f.

④ 参见贾凌、曾粤兴：《国家机关不应成为单位犯罪的主体》，《法学》2002年第11期。

管理员制度和税务系统内部控制制度的规定对单位进行监督管理……其行为构成玩忽职守罪”[①]。实际上，即便是英美的合规计划制度也在逐步强化人的责任。例如，美国就通过《耶茨备忘录》强化了个人责任，目的就是由此促进其履行内部控制义务。

总结起来说，只要是存在内部结构的组织体就需要实施合规计划；即便不能通过组织责任激励组织体合规，也可以通过对个人施加责任，激励其实施合规计划；公共机构和公司的结构、处罚制度的差异不是否定公共机构合规的理由。

2.公共机构合规治理的路径

合规机制的运行在很大程度上依赖于公司及其主要领导的道德自觉，因此才出现了“当鸡圈由狐狸把守时，鸡的安全将无以保证”的质疑。[②]尽管这个质疑不完全合理，但它启示我们合规机制的有效运行需要外部激励机制加以保障，例如通过单位刑事责任（美国经验）或个人刑事责任（德国经验）激励企业合规。如前所述，通过单位责任的方式激励公共机构合规的路径并不可行，更合适的路径是通过赋予个人合规义务的方式推动公共机构开展合规管理。在这方面，《优化营商环境条例》以及地方性条例具有重要意义，因为其为公共机构及其职员设定了责任清单。例如，《优化营商环境条例》第 41 条规定，县级以上地方人民政府应当深化投资审批制度改革，根据项目性质、投资规模等分类规范投资审批程序，精简审批要件，简化技术审查事项，强化项目决策与用地、规划等建设条件落实的协同，实行与相关审批在线并联办理；第 44 条第 3 款规定，政府有关部门应当公布证明事项清单，逐项列明设定依据、索要单位、开具单位、办理指南等。清单之外，政府部门、公用企事业单位和服务机构不得索要证明。各地区、各部门之间应当加强证明的互认共享，避免重复索要证明。

---

① 陕西省镇巴县人民法院（2019）陕 0728 刑初 105 号刑事判决书。此外，还包括江苏省江阴市人民法院（2019）苏 0281 刑初 152 号刑事判决书，湖北省随县人民法院（2017）鄂 1321 刑初 87 号刑事判决书，甘肃省金昌市中级人民法院（2018）甘 03 刑终 118 号刑事判决书，安徽省太湖县人民法院（2015）太刑初字第 00165 号刑事判决书。

② See S.J.Charles Barnes, “Why Compliance Program Fail: Economics, Ethics and the Role of Leadership”, *HEC Forum*, Vol.19, No.2, 2007, pp.112–113,121–122.

如此等等，这样的条款不在少数。责任清单的意义在于，它恰恰是公共机构合规计划的核心。“作为公权合规计划推进之初的首要工作，各公权机关应当根据法律授权，就本机关（部门）行使公权职权的内容、形式、范围、权限、程序提供明确的清单，与此同时，就本机关（部门）公职人员履行公权中的义务内容制定明确的清单，经监察委员会监督部门审验、评估后，作为未来考核与调整的基础。”[①] 一方面，责任清单为责任人提供了合规行为或者监督管理的激励机制；另一方面，责任清单也具有风险提示的意义，原因在于，对于公共机构或公职人员来讲，与职责相对的是职权，有职权就有滥用的风险，而职权滥用的风险就是公共机构最主要的风险点。

当然，责任清单仅提供了动力机制并提示了风险，其本身并非公权合规计划的全部。除此之外，完整合规计划所要求的组织的建构、标准的传达和促进以及违规行为发生后的反应、制裁和改进仍然必要，而这些都可以在我国的法律法规中找到根据。我们需要做的，仅仅是将碎片化的法律根据组合起来并据此建构具体的合规机制。例如，《中华人民共和国监察法》“总则”即强调“加强法治教育和道德教育，弘扬中华优秀传统文化，构建不敢腐、不能腐、不想腐的长效机制”（第 6 条）；监察委员会的法定职责也包含“对公职人员开展廉政教育、对其依法履职、秉公用权、廉洁从政从业及道德操守情况进行监督检查”（第 11 条第 1 项）；《优化营商环境条例》第 49 条、第 54 条提出要建立举报机制，并及时处理举报情况。实际上，这些举措或制度就是合规计划中对标准的传达和促进措施。至于合规计划所要求的“违规行为发生后的反应、制裁和改进”措施，任何一部法律都有涉及，对法律责任的强调即承担了这种功能。例如，《优化营商环境条例》第 69 条、第 70 条强调了政府及公用企事业单位不依法履行职责的责任及其改进问题。

在建构公权合规计划时，腐败治理的专项合规机制应当被重点关照。在本文看来，腐败治理是公权合规计划的核心，解决了腐败问题，很大程

---

① 魏昌东：《监督职能是国家监察委员会的第一职能：理论逻辑与实现路径——兼论中国特色监察监督系统的规范性创建》，《法学论坛》2019 年第 1 期。

度上也就解决了非法用权、不平等对待市场主体、公正不司法等问题，而反腐败合规的切入点是反腐实践中广泛推行的主体责任制。

针对严峻的腐败犯罪态势，党的十八届三中全会创造性地提出了“主体责任制”，以加强反腐败的体制创新和制度保障。主体责任制旨在推动主体责任人[①]履行腐败犯罪治理中的监督管理义务，而现代意义上的监督管理并非传统的贴身盯防，而是要建立安全管理机制。治理腐败的安全管理机制就是合规计划所要求的制度框架，它包含腐败风险的识别机制，对公职人员的廉政教育，腐败行为的举报、处置机制等。当然，在以主体责任制为切入口建构反腐败公权合规计划时，尚有疑问的是责任的具体内容。制度践行之初，主体责任之“责任”主要是纪律责任，即通过纪律责任督促主体责任人履行内部治理的合规义务，然而，纪律责任并不排除刑事责任。当主体责任人不履行监督管理责任，情节轻微时，可能承担纪律责任，合乎逻辑的推论是，当不履行义务的行为情节严重时，可能需要承担刑事责任。问题的关键是，主体责任人在腐败犯罪监督上的义务来源于哪里？从形式的义务来源理论看，我国刑法 397 条的“职权 / 责”包含了腐败犯罪治理；从实质的义务来源理论看，主体责任人不积极履行内部控制义务增加了腐败风险，其有义务防止结果发生。[②]也就是说，可以通过纪律责任以及我国刑法 397 条之渎职责任促使主体责任人认真履行内部腐败治理义务。

（二）公共机构对企业合规的推动

公共机构的职责决定了其不仅要合规用权，还应当运用特定法制度工具促进企业守法（《优化营商环境条例》第 67 条）。原因在于，在现代经济理论中，企业是一个把投入转化为产出的组织，[③]如果没有规则的束缚，

---

① 指公共机构的主要负责人，具体人员范围可依实践中普遍推行的“责任清单”加以确定。

② 参见李本灿：《公共机构腐败治理合规路径的构建——以〈刑法〉第 397 条的解释为中心》，《中国刑事法杂志》2019 年第 2 期。

③ ［美］罗纳德 · H. 科斯：《企业、市场与法律》，盛洪、陈郁译，格致出版社、上海三联书店、上海人民出版社 2014 年版，第 5 页。

其根本没有合规经营的动力。由于合规计划在犯罪控制上的有效性，以及（通过犯罪治理责任的转移）在节约司法资源、规避司法主权等方面的显著优势，作为外部激励机制的合规计划制度应运而生。

1.行政法上的合规激励机制

由于我国公司犯罪案件多通过行政处罚的方式处理，[①]因此，通过行政法激励企业合规是最现实、最经济的方式。事实上，若干行政规章都在着力推动企业合规。以北大法宝为工具，以“合规”为关键词进行检索，并且人工筛选出有意义的结果，可以发现，《证券公司和证券投资基金管理公司合规管理办法》《中央企业合规管理指引》《企业境外经营合规管理指引》全面规定了企业合规问题。在“内部控制”的名义下，财政部等六部委发布的《企业内部控制基本规范》也对企业合规做出了全面规定。归纳这些规章或者规范性文件不难发现，完整的合规计划已经呈现出来。应当说，这些文件对于推动合规管理深入开展具有重要意义。如果将合规作为单位归责中的核心要素，[②]那么，以上文件对于认定企业是否履行注意义务具有重要的证据法上的意义。

目前通过行政执法促进企业合规的实践，主要发生在金融领域。经过对中国证券监督管理委员会官网上发布的行政处罚案件的详细梳理可知：截至 2020 年 1 月 10 日，共有 33 家企业或者个人因为内部控制缺陷或者合规责任履行不当而受到处罚。“上述行为反映出你公司内部控制不足”“上述行为反映出公司经营管理混乱、内部控制不完善。你作为公司合规总监，未能勤勉尽职”是多数处罚决定的惯常表述。中国证券监督管理委员会对证券企业的合规要求非常严格，甚至对证券公司合规人员的配比、薪酬以及是否有权参加监事会等事项都有强制性要求。例如，“关于对广发证券股份有限公司采取出具警示函措施的决定”中，处罚事由包括“合规部门中，具有 3 年以上相关领域工作经历的合规人员数量占比不足 1.5%”[③]；

① 参见刘远、王大海：《行政执法与刑事执法衔接机制论要》，中国检察出版社 2006 年版，第 130 页。

② 参见时延安：《合规计划实施与单位的刑事归责》，《法学杂志》2019 年第 9 期。

③《关于对广发证券股份有限公司采取出具警示函措施的决定》，http://www.csrc.gov.cn/pub/newsite/zqjjjgjgb/zqjjjgjgbxzjgcs/zqjjjgjgbxzjgcszql/202001/t20200103_369073.html。

“关于对招商证券股份有限公司采取出具警示函措施的决定”中，处罚事由包括“合规人员薪酬低于公司同级别平均水平；未见合规总监有权参加监事会的规定”[①]。通过对中国银行保险监督管理委员会官网公布的行政处罚决定进行统计可知，（始于2018年5月）截至2020年1月14日，共有11个案件的处罚事由关涉合规管理缺陷问题。例如，中国银行保险监督管理委员会罚决字〔2019〕20号[②]、21号[③]处罚决定书的第二项处罚事由都是“内部控制不严格，风险处置制度机制不健全”；中国银行保险监督管理委员会罚决字〔2019〕22号处罚决定书的第二项处罚事由是“国别风险管理不完善”。

一个更值得关注的现象是，行政和解制度已经在中国证券监督管理委员会的执法工作中展开。为了试点开展证券期货领域行政和解工作，中国证券监督管理委员会早在2015年3月29日就发布了《行政和解试点实施办法》，遗憾的是，《行政和解试点实施办法》一直未真正施行。中国证券监督管理委员会公告〔2019〕11号打破了《行政和解试点实施办法》被尘封的状态，中国证券监督管理委员会与高盛（亚洲）有限责任公司、北京高华证券有限责任公司以及两家公司涉事的9名行政和解申请人达成了行政和解协议：申请人交纳行政和解金1.5亿元，采取必要措施加强公司内部管理，并在完成后向中国证券监督管理委员会提交书面整改报告；中国证券监督管理委员会终止对申请人有关行为的调查、审理程序。[④] 2020年1月2日，中国证券监督管理委员会发布了第二个行政和解案例：上海司

---

① 《关于对招商证券股份有限公司采取出具警示函措施的决定》，http://www.csrc.gov.cn/pub/newsite/zqjjjgjgb/zqjjjgjgbxzjgcs/zqjjjgjgbxzjgcszql/201912/t20191227_368639.html。

② 中国银行保险监督管理委员会行政处罚决定书中国银行保险监督管理委员会决字〔2019〕20号，2020年1月14日，http://www.cbirc.gov.cn/cn/view/pages/ItemDetail.html?docId=885299&itemId=4113&generaltype=9。

③ 中国银行保险监督管理委员会行政处罚决定书中国银行保险监督管理委员会决字〔2019〕21号，2020年1月14日，http://www.cbirc.gov.cn/cn/view/pages/ItemDetail.html?docId=885300&itemId=4113&generaltype=9。

④ 中国证券监督管理委员会公告〔2019〕11号，2019年4月23日，http://www.csrc.gov.cn/pub/zjhpublic/zjh/201904/t20190423_354756.htm。

度、富安达基金、中信证券、千石资本、国信证券以及上述公司的相关工作人员共计交纳行政和解金 6.8 亿元；和解申请人采取措施加强公司的内控管理，并在完成后向中国证券监督管理委员会提交书面整改报告；中国证券监督管理委员会终止对申请人有关行为的调查、审理程序。①

2.刑事法上的合规激励机制

（1）刑事法上合规激励机制的类型化

经过对世界范围内主要的合规立法文本的考察，可以将刑事法中合规激励机制类型化为四种。

第一，作为违法或责任阻却事由的刑事合规。违法或者责任阻却是新旧过失论对于企业合规在企业责任认定上的不同认识，② 两者最终都达到了出罪的效果。学术文献中反复被提及的英国《贿赂罪法案》（2010）中的“商业组织预防贿赂失职罪”（第 7 条）是这个类型的代表。如果循着这个标准进一步探索，不难发现，我国刑法中的每个单位犯罪条款都是这一类型的刑事合规的制度载体。例如，隐匿、故意销毁会计凭证、会计账簿，引入财务会计报告罪，客观保障了单位财会合规机制的有效运行；反过来说，如果单位财会合规机制完善，即便个别狡诈的职员实施了上述行为也可以排除企业责任。

第二，作为量刑激励方式的刑事合规。美国《联邦量刑指南》第八章“组织量刑规则”中的合规制度是这个类型的代表。美国主流的单位犯罪归责模式是代位责任，这在《联邦量刑指南》③ 以及联邦巡回区上诉法院的系列判决 ④ 都有所体现。代位责任带来的结果是，公司承担了严格责任。也就是说，企业合规无论如何都不能排除责任，只能减轻责任。

---

① 中国证券监督管理委员会公告〔2020〕1 号，2020 年 1 月 2 日，http://www.csrc.gov.cn/pub/zjhpublic/zjh/202001/t20200120_370183.htm。

② 参见［日］今井猛嘉：《对单位的处罚——立足于合规计划的研究》，周啸天、张小宁译，李本灿等编译：《合规与刑法：全球视野的考察》，中国政法大学出版社 2018 年版，第 245 页以下、第 277 页以下。

③ See U.S. Sentencing Commission Guideline Manual (2018), Chapter 8, Introductory Commentary.

④ United States v. Ionia Mgmt., 555 F. 3d 303; United States v. Singh, 518 F. 3d 236.

第三，作为起诉激励方式的刑事合规。这种制度类型发源于美国，并且大有形成全球浪潮的趋势。上文提到，在美国代位责任模式下，合规只能减轻企业责任。然而，对于企业来讲，定罪本身就具有毁灭性，其追求的是除罪化效果，而不是减轻责任。实践表明，代位责任存在合规激励不足的问题，从而导致企业仅仅具有实施次优合规计划的动力。[①] 为了弥补实体法上合规激励不足的问题，程序法上的补充性激励机制应运而生，即将企业合规与起诉建立联系，如果企业存在良好的合规计划，或者承诺制订、完善合规计划，那么可以对其缓起诉或不起诉。目前，英国、法国、新加坡等国已经将企业缓诉起诉或不起诉制度引入了本国法律系统。

第四，以合规作为个人责任联结点类型的刑事合规。上述三种类型都是通过排除或减轻公司自身责任的方式推动企业合规。有疑问的是，对于没有规定单位犯罪制度的国家如何通过刑事法手段激励企业合规？即便我国有单位犯罪制度，但也具有显著的片段性，在不存在单位责任的业务领域，如何激励企业建立专项合规制度也是一个重要问题。例如，我国的重大责任事故类的犯罪多没有规定单位责任，如何推动企业建立旨在促进安全生产的合规机制？合适的方式是，以合规作为个人责任的联结点，通过个人责任促进其履行合规责任。这个类型的代表是德国。2009 年，德国联邦法院第五刑事法庭确立了合规官（compliance officer）对公司内其他员工的业务关联性行为的监督者保证人义务。[②] 在学理上，少数观点认为，合规官的监督者保证人义务是第一位的义务[③]；主流观点认为，企业内违法行为第一位的监督者保证人是公司领导，因其具有命令指示权以及组织权能；经过业务分工、授权，合规官取得了派生性的监督义务。[④] 公司领导对职员的业务关联性行为的监督者保证人义务在最新的系列判决中

---

① 参见［美］菲利普·韦勒：《有效的合规计划与企业刑事诉讼》，万方译，《财经法学》2018 年第 3 期。

② BGHSt 54, 44, Rn.3–6.

③ Vgl. Kraft/Winkler, CCZ 2009, S. 32.

④ Vgl. Dannecker/Dannecker, JZ 2010, S. 990; Rönnau/Schneider, ZIP 2010, S. 57.

都得到了确认。[①]通过赋予公司领导与合规官监督者保证人义务，客观上建构了一个不发生断裂的合规责任链条，每个职位上的责任人只有积极履行建构、运行合规计划的职责，才能排除个人责任。同样的制度类型在我国刑法中也可以找到。例如，我国刑法 134 条规定了重大责任事故罪，以此惩罚“在生产、作业中违反有关安全管理的规定，发生严重后果”的行为。2015 年最高人民法院、最高人民检察院发布的《关于生产安全刑事案件适用法律若干问题的解释》第 1 条规定，刑法第 134 条第 1 款规定的犯罪主体，包括对生产作业负有组织、指挥或者管理职责的负责人、管理人员、实际控制人、投资人以及直接从事生产作业的人员。也就是说，刑法第 134 条不仅旨在强化直接从事生产作业的人员的合规意识，还可以通过刑事责任倒逼相关管理人员、投资控制人员确立内部控制制度。同样的规范目的，在刑法第 133 条及对应的司法解释、第 133 条之一第 2 款等诸多条款中都有所体现。

（2）我国的实践现状

经过仔细梳理，可以总结出我国刑事司法践行合规理论的四条路径。

第一，合规成为排除公司责任的事由。在郑某等侵犯公民个人信息案中，对于被告及辩护人提出的“本案系单位犯罪”的辩护意见，两级法院都认为，公司政策、员工行为规范、公司 DR 任务材料等文件以及要求所有营养专员接受合规培训并签署承诺函的事实均表明，公司反对上述违法行为，因此公司不应承担责任。[②]

第二，合规成为积极证立个人责任的联结点。在大量的案件中，由于单位的内部控制机制缺陷，导致违法犯罪行为发生，在直接行为人自我答责之外，对单位内部控制机制缺陷负有责任者也因此承担了相关失职责任。在顾某广等重大责任事故案中，身为矿长，顾某广应当建立安全生产管理机制，配齐生产管理人员，制定煤矿管理的各项规章制度，保证安全投入，

---

① BGHSt 57, 42; BGHZ 194, 26; BGH B. v. 06.02.2018 – 5 StR 629/17 – NStZ 2018, 648.

② 甘肃省兰州市城关区人民法院（2016）甘 0102 刑初 605 号刑事判决书；甘肃省兰州市中级人民法院（2017）甘 01 刑终 89 号刑事裁定书。

其却背离职责，导致事故发生，依法构成重大责任事故罪。[①]除了大量案件判决理由中提及内部管理机制缺陷的问题外，检察院的控诉意见及其辅助证据也大量涉及内部管理机制缺陷对被告人责任认定的影响，此处不再详细例举。

第三，合规成为刑罚减免事由。在福州立顺公交公司单位行贿一案中，辩护人提交了闽侯县交通运输管理局的证明文件，以证明被告单位“年上交税收 80 万，解决了几百人就业问题，在公交行业亏损情况下肩负社会责任[②]，投入巨大用于解决出行难问题，为群众出行安全以及偏远地区人民群众出行便利做出贡献”。对此，法院认为：“上述证明材料均与本案犯罪事实无关，仅作为被告单位平时表现的一种说明性材料，在量刑时予以综合考虑。”[③]

第四，合规成为不起诉公司或公司领导的事由。在无锡某科技公司虚开增值税专用发票案中，为不影响公司的科技攻关行动，检察机关依法对公司和公司领导作出相对不起诉处理，并发出《检察建议书》，督促公司建立合规制度。[④]在王某等人对非国家工作人员行贿案中，考虑到嫌疑人系被索贿等情节，以及公司处于上市筹划期等特殊情况，为最大限度地降低刑事追诉对公司的影响，深圳南山检察院依法作出不起诉处理，并将依托法律监督者身份帮助企业进行合规建设，并定期监督合规计划落实情

---

① 贵州省金沙县人民法院（2016）黔 0523 刑初 207 号刑事判决书。

② 这里需要做一个交代：尽管判决中未直接用“合规”或者“内部控制”等词语，仅仅以“履行社会责任”为由对涉事企业从轻处理，但这也体现了合规对责任的影响。这里涉及合规与企业社会责任之间关系的问题。权威观点认为，合规计划的目标和价值是多元的，不仅包括公司方面的利益，还经常包括业务伙伴或第三人的利益以及社会利益（比如环境领域，防止使用童工、强迫用工或歧视等）。也就是说，合规计划本身就包含社会责任的内容。参见［德］乌尔里希·齐白：《全球风险社会与信息社会中的刑法：二十一世纪刑法模式的转换》，周遵友等译，中国法制出版社 2011 年版，第 240~243 页。Vgl. Marc Engelhart, *Sanktionierung von Unternehmen und Compliance: Eine rechtsvergleichende Analyse des Straf- und Ordnungswidrigkeitenrechts in Deutschland und den USA*, Duncker & Humblot, 2010, S. 50.

③ 福建省闽侯县人民法院（2017）闽 0121 刑初 563 号刑事判决书。

④ 史济峰：《不起诉决定助力企业焕发生机》，《检察日报》2020 年 6 月 12 日。

况。[①]此外，上海长宁区检察院也已经在12个案件中以不起诉的方式激励企业合规，不再一一详述。

由以上论述可以看出，行政法或刑法上的合规激励机制已经进入我国的司法实践。尤其是在优化营商环境的语境下，如何将合规理念融入检察工作成为检察机关正在探索的重要课题。[②]应当说，这些举措对于促进企业守法、优化营商环境具有重要意义，但同时也应当看到，合规理念尚处于观念倡导期，如何将合规理念系统引入司法还需要进一步探索，而这也恰恰是营商环境建设需要解决的问题。

三　企业自身的合规计划建构

如上所述，《优化营商环境条例》第9条重申了市场主体合法经营的宪法性义务。对于营商环境而言，企业合法经营至关重要。在促进企业合法经营尤其是遵守国际规则的问题上，合规计划具有更为显著的制度优势。第一，相对于外部监督机构，企业更了解自身业务特征，因而更能及时发现并预防风险；第二，企业通过合规计划的自我风险预防，不仅可以从功能上协助国家实现违法预防的目的（《优化营商环境条例》第21条），还可以显著节约国家司法资源，在跨国案件中，内部调查还具有规避司法主权的作用[③]；第三，作为企业合规计划的重要内容，对产业链上下端企业的合规调查可以促进其他企业合规经营，从而在更大范围内形成合规文化；第四，作为全球化结果的合规计划，亦包含了合理关照业务所及的外国法或国际组织规则的内容，因而有利于达成国际化的营商环境建设目标（《优化营商环境条例》第4条）；第五，合规亦可以创造价值，即正向提升品牌价值，反向降低合规风险，从而更有利于商

---

① 曾焕阳：《南山检察院依法不起诉，助力企业合规经营》，https://news.dayoo.com/gzrbyc/202004/20/158752_53297870.htm。

② 参见周绪平：《检察职能延伸与营商环境建设》，《检察日报》2020年6月28日。据笔者了解，最高人民检察院已经在全国多个基层检察院设立试点，探索通过检察工作推动企业合规的机制，以期通过这种方式营造法治化的商业环境。

③ 参见石磊：《刑事合规：最优企业犯罪预防方法》，《检察日报》2019年1月26日。

业繁荣。鉴于此，以合规计划理念武装企业，推行企业合规运动对于营商环境建设具有重要意义。

（一）企业合规的关键：树立合规理念并通过高层践行

1.全球化与合规经营理念

企业合规是全球化的结果，①深处全球化浪潮中的中国企业必须强化合规经营理念。②原因在于，全球化带来了市场、利益的全球化，但风险也在全球化过程中显著加剧。在本土经营时，风险仅仅是单一的国内法的制裁风险，但当业务走向全球时，其他国家的制裁风险也随之而来。例如，2020 年 1 月 20 日法国反腐败局官网发布了新年的第一个企业犯罪暂缓起诉协议：中国银行（浙江分行）因涉嫌协助隐瞒、转移在法国犯下的税收欺诈罪的直接或间接收益而与法国检察官达成缓起诉协议。缓起诉协议除了要求中国银行完善反洗钱合规措施，加强对客户和第三方评估程序的检查，优化对高额交易和可疑交易的监管预警机制，强化员工培训之外，还包括 390 万欧元的罚款及经济补偿。③需要提示的是，在美国正在挥舞大棒进行全球执法时，法国、英国等国家也开始效仿，中国企业正面临全球性合规风险。除此之外，企业违反超国家机构规范的行为，也可能招致高额罚款，或者失去获得公共订单以及信贷的机会。世界银行每年发布的制裁报告就显示了这一点。④

---

① 参见［德］托马斯·罗什:《合规与刑法：问题、内涵与展望——对所谓的“刑事合规”理论的介绍》，李本灿译，赵秉志主编:《刑法论丛》第 4 辑，法律出版社 2016 年版，第 366 页。

② 尤其是“在当前保护主义上升，世界经济低迷、全球市场萎缩的外部环境下，中国企业特别是涉外企业要想在对外开放中实现更好发展，就需要顺应国际潮流，加快建立健全刑事合规制度”。参见童建明:《充分履行检察职责努力为企业发展营造良好法治环境》,《检察日报》2020 年 9 月 22 日。

③ 中国银行与法国巴黎地区检察官达成的缓起诉协议（CJIP Bank of China），https://www.agence-francaise-anticorruption.gouv.fr/fr/document/convention-judiciaire-dinteret-public-cjip-conclue-entre-procureur-republique-pres-tribuna。

④ 据笔者粗略统计，仅 2019 年就有 17 家中国企业受到世界银行的制裁，其中不乏像中国核工业集团这样享誉国内的明星企业。See Word Band Group Sanctions System Annual Report FY 2019, pp.64–67.

中国企业之所以出现这么多违规事件，与我们的商业环境有关，更与企业陈旧的理念有关。短期来看，违规经营确实可能带来利益，但随着世界主要经济体的全行业执法强化以及新的执法策略的运用，[①] 违规行为不仅不能带来长期利益，还可能给企业带来灾难。例如，2020 年初，空中客车公司因违规行为与法国、英国、美国分别签署了缓起诉协议，仅协议金一项就达到 39 亿美元。[②] 中兴通讯公司前后也为自己的违法行为支付了 24 亿美元。这些鲜活的案例都说明，只有合规经营才能带来长久利益。[③]

2.高层对合规的践行

学界普遍认为："企业防范违法行为也罢，实施守法计划也罢，能否真正贯彻落实，完全取决于企业首脑是不是真正下了决心。"[④] 也就是说，企业高层的承诺是合规制度运行的关键。原因有二：第一，领导行为对于组织文化的塑造具有决定性作用。通过文化操纵，个体的道德信仰和伦理决策行为会逐步向高层领导靠拢，因为高层领导倾向于奖赏与自己一致的人。[⑤] 第二，普通合规人员仅拥有信息进入权，缺乏命令指示权，因此合规体系的建构、职责的分配、对违规行为的处理等都取决于领导层。正因如此，才出现了上文提到的基于对领导人员德性的怀疑而对合规计划有效性产生质疑的观点。

（二）合理建构合规计划

经过对若干国家的合规立法文本以及企业合规计划样本的考察，可以

---

① 参见［美］约瑟夫 · 约克奇：《美国〈反海外腐败法〉的和解方案、内部结构及合规文化》，万方、黄石译，《河南警察学院学报》2019 年第 1 期。

② Department of Justice (Office of Public Affairs), Airbus Agrees to Pay Over $3.9 Billon in Global Penalties to Resolve Foreign Bribery and ITAR Case, 2020 年 1 月 31 日，https://www.justice.gov/opa/pr/airbus-agrees-pay-over–39–billion-global-penalties-resolve-foreign-bribery-and-itar-case.

③ 美中贸易全国委员会 2013 年的报告也证实，坚持原则带来的利益要大于违规带来的短期利益。"The US-China Business Council"，*Best Practices for Managing Compliance in China*, 2013, pp. 7–8.

④ ［日］芝原邦尔：《经济刑法》，金光旭译，法律出版社 2002 年版，第 130 页。

⑤ ［美］特里 · L. 库珀：《行政伦理学：实现行政责任的途径》，张秀琴译，中国人民大学出版社 2010 年版，第 181~183 页。

总结出完整合规计划的制度模型。

1.风险识别、行为准则制定与合规组织的建构

归结起来说，这一步的工作是识别风险，在此基础上，确立适用于企业的行为准则，并建立适合于风险预防的合规组织。这里有两点需要特别注意，第一，合理处理风险识别与传统法解释学的关系。风险识别是结合业务所在地的法律规范发现风险的过程。这就决定了是否能够识别风险很大程度上取决于是否能够正确解读法律规范。以企业办理信贷业务过程中的刑事风险为例，曾有学者在不同的合规讲座中提出这样的主张：骗取贷款罪以不能还款为必要要件，因此，只要企业能够还款，就能规避刑事风险。如果企业接受了这样的合规建议，那么可能遭受毁灭性的打击。事实上，刑法中的骗取贷款罪并不以给银行造成损失为必要要件，即便有充足的担保，但只要骗取贷款数额达到一定标准，也可以构成骗取贷款罪。[①]在通过解释法律识别风险的过程中，企业应当结合相关判例，取各种理论的最大公约数，这也是最为谨慎、稳妥的方法。第二，合规组织建构的个别化。合规体系的建设遵从个别化的原则，原因很简单，行业性质、企业规模不同，风险类型以及应对能力悬殊，因而没有统一的建构标准。对于小型企业来讲，合规可以由个别人来实现，如经理或董事；对于大型企业来说，可以建构完整的合规机制，并赋予合规组织独立性、权威性。

2.标准传达与促进

归结起来说，这一步的工作是将合规标准传达给每一个职员，并通过组织性措施促进员工遵守合规标准。传达合规标准的方法多种多样，例如集中的合规培训，设置合规专线或咨询处，随时解答职员工作中的合规疑问。必要时，也可以将合规的遵守情况引入人事、薪酬管理，通过职位或者待遇促使职员合规。这里尤其要强调的是促使合规的组织性措施，其目的是在流动的业务过程中保障合规机制的有效运行。组织性措施的关键是建构自上而下的信息流和自下而上的信息流。自上而下的信息流依赖于领

---

① 参见张明楷:《骗取贷款罪的保护法益及其运用》,《当代法学》2020年第1期；江西省横峰县人民法院（2018）赣1125刑初71号刑事判决书。

导的合规促进行为，例如，通过定期或不定期的合规检查，促使职员遵守合规计划。自下而上的信息流依赖于有效的内部举报制度以及合规官职责的履行。内部举报制度的关键是消除举报者的担忧，并最大限度地防止错误举报。匿名举报的措施并不应全然被排除，但是由于缺乏再次询问的可能，所以不应作为标准措施加以提倡。在匿名举报的情形下，应当通过特殊方式保证举报的可信度，以实现对可疑内容的审查，只有这样才可以避免错误举报。

合规官职责的履行是保证信息流通畅的另一个重要方式，而这种职责具有理论上的根据。上文提到，德国的系列判决肯定了公司领导对职员业务关联性行为的监督者保证人义务。理论上，从“有风险的组织结构的创设”[①]，或者“不履行对组织体的减小风险的塑造义务”[②]（作为先行行为）之中，也可以推导出公司领导的监督者保证人义务。由于分工需要，公司领导将上述职责转移给了合规官，自己仅保留剩余义务（即监督合规官）。对于合规官而言，尽管其承担了继受性义务，但由于缺乏命令指示权，其履行义务的方式只能是信息回流，即将其发现的违法信息传递给公司领导，此时义务又重新回到领导那里。由此可以看出，公司领导与合规官的监督者保证人义务的履行，客观上建构起自下而上的信息流。这一点至关重要。需要注意的是，这是在不真正不作为犯语境下的讨论，在我国的单位犯罪语境中，单位领导的监督责任不言自明。[③]也就是说，不真正不作为犯语境下的讨论与单位犯罪制度一起，绘制了领导人与合规官责任的完整图谱。这也为国内企业建构自下而上的合规信息流提供了外部制度保障。

3.内部调查、制裁与合规制度的改进

归结起来说，这一步的工作是，发现违法行为线索后启动内部调查程序，对相关违法人员进行内部制裁，并改进暴露出来的合规缺陷。内部调

① Vgl. Matin Konu, *Die Garantenstellung des Compliance-Officers*, Duncker & Humblot, 2014, S. 143.

② Vgl. Nikolaus Bosch, *Organisationsverschulden in Unternehmen*, Nomos, 2002, S. 219.

③ 参见黎宏:《单位刑事责任论》，清华大学出版社 2001 年版，第 303~304 页；王良顺：《单位犯罪论》，中国人民公安大学出版社 2008 年版，第 101、222~223 页。

查是这一步的关键。由于国内法没有任何涉及企业内部调查的程序规定，这一问题的重要性尚未凸显。然而，一旦涉及国际层面的内部调查，或者国内的企业违法行为可能成为外国的制裁对象时，这一问题就值得高度重视。归结起来，内部调查涉及三个层面的问题。第一，主体的选择。由于美国、欧洲国家普遍存在律师 – 客户特免权、工作成果特免权的规定，为了防止内部调查资料成为对公司不利的证据，选择独立的律师介入调查更为合适。第二，手段的合规性。一方面，内部调查不得以侵害职员权利的方式展开；另一方面，内部调查不得违反所在地的相关法律。涉及国际层面的内部调查，查明所在地的相关法律至关重要。例如，很多国家的数据保护法禁止公司在未经职员同意的情况下收集私人信息，包括公司邮件；很多国家禁止在未经当局许可的情况下与员工展开面谈。[①] 第三，内部调查信息的跨境转移。无论是境内展开的内部调查转移到境外，还是境外的内部调查资料转移到境内，都需要充分了解转入地和转出地对信息跨境转移的规定，否则可能产生严重问题。美籍地质学家薛峰间谍案[②] 充分说明了这一点。

四　行业自治组织的合规参与

学理上普遍认为，行业自治是市民社会的基础性力量或构成要素。[③] 市民社会是对古希腊和古罗马城邦生活的描述，更是对当代主流价值的追求，即它反对国家对个人、社会生活的干预，主张意思自治、社会自治、契约自由，使国家权力受到民间组织权利的分割和制衡。[④] 由于长期

① 参见［美］卢西恩·E. 德尔文:《国际白领犯罪与国际化的内部调查》，朱霁康译，《交大法学》2016 年第 2 期。

② 薛峰在中国境内购买了未经保护的（大部分可公开获得）有关油气的数据信息并将其带回美国，被中国法院认定构成间谍罪，被判处 8 年有期徒刑。

③ 参见鲁篱:《行业协会经济自治权研究》，法律出版社 2003 年版，第 12 页；屠世超:《契约视角下的行业自治研究——基于政府与市场关系的展开》，华东政法大学博士学位论文，2008 年，第 8 页。

④ 马长山:《当代中国的“市民社会”话语转换及其对法治进程的影响》，《求是学刊》2007 年第 2 期。

的封建专制和中央高度集权，社会自治因素在我国的发展较为缓慢。新中国建立后，长期的计划经济与集权的政治体制使得社会生活高度政治化，即便是企业，其本身也是一个政治单位，产、供、销与人、财、物均由政府统管，几乎没有自治空间。[①] 改革开放之后，市场经济的建立和法治化进程的推进，社会自治组织大量出现。[②] 尽管是自治形式，但社会自治组织也表现出一定程度的公共性：对于政府而言，行业自治组织通过贯彻政府意志、支持公共政策、配合政府监管而体现出公众的意愿和要求（普遍的公共性）；对于行业会员来说，行业自治组织谋求单位成员利益最大化（特殊的公共性）；对于消费者而言，行业自治组织通过规范成员单位的行为维护了消费者利益（直接的公共性）。[③] 客观上说，社会自治组织对于解决政府失灵与市场失灵、[④] 促进法治社会建设[⑤] 具有意义，对于营商环境建设也大有裨益。对于行业自治组织在营商环境建设中的意义，《优化营商环境条例》《北京市优化营商环境条例》《上海市优化营商环境条例》都给予了重视，因此加强行业自治组织的合规参与具有重要实践意义。

（一）行业自治对法治化营商环境建设的意义

行业自治具有深刻的理论和现实基础，并且已经在我国广泛展开。在学理上，行业自治的积极意义被概括为更强的制度弹性、成本更低、更能培育成员的诚信意识。[⑥] 在与法治化营商环境建设相关联的意义上，其积极意义主要包括以下几个方面。

第一，对国家规范体系的有益补充。行业自治的前提是行业自治规范

---

① 参见周安平：《社会自治与国家公权》，《法学》2002 年第 10 期。

② 参见马长山：《中国市民社会与私法制度的双向建构》，《学习与探索》2012 年第 10 期。

③ 参见郭薇：《政府监管与行业自律——论行业协会在市场治理中的功能与实现条件》，中国社会科学出版社 2011 年版。

④ 参见马长山：《全球社团革命与当代法治秩序变革》，《法学研究》2003 年第 4 期。

⑤ 参见马长山：《中国法治进路的根本面向与社会根基——对市民社会理论法治观质疑的简要回应》，《法律科学》2003 年第 6 期。

⑥ 参见张继红：《大数据时代个人信息保护行业自律的困境与出路》，《财经法学》2018 年第 6 期。

或行规行约的确定。行业自治规范是成员单位协商一致的结果，仅对加入行业自治组织的成员单位具有约束力，因此不具有法律属性。然而，行业自治规范是在法律框架内对法律的细化，相比于国家，行业自治组织具有专门知识、信息优势以及更多的经验，细化后的行业自治规范具有更强的可操作性。[①] 加上行业自治组织成员单位的承诺，自治规范可以更好地得到贯彻执行。对于行业自治规范，我国还存在国家批准或备案的制度实践。例如，《中华人民共和国律师法》第 44 条规定：全国律师协会章程由全国会员代表大会制定，报国务院司法行政部门备案。地方律师协会章程由地方会员代表大会制定，报同级司法行政部门备案。经过备案或批准，行业自治规范获得了合法性，其效力也会空前增强。[②]

第二，对国家监督体系的有益补充。除了规则制定与制裁，完整的规制体系还必须包含监督要素。[③] 国家轻工业局发布的《关于行业协会管理的暂行办法》第 7 条也赋予了行业自治组织监督权。行业自治组织的监督权可以具体化为许可批准权、认证权、日常管理权、标准制定和实施权。[④]《中华人民共和国行政许可法》第 13 条第 3 项规定：行业组织能够自律管理的，可以不设行政许可。实践中，室内装饰设计单位、施工单位资质等级和项目经理审查以及证书颁发工作，也确实让渡给了专业协会承担。赋予行业自治组织许可批准权的实践在日本、德国等国家已经在更大范围内展开。《关于行业协会管理的暂行办法》第 7 条也赋予了行业自治组织认证权、日常管理权以及参与标准制定的权利。实践中，部分行业也获得了认证权。例如，服装行业协会、家用电器行业协会、中药行业协会、医药行业协会、仪器仪表行业协会对于名牌评审具有参与权。[⑤] 此外，《关于行业协会管理的暂行办法》第 7 条第 13 项下规定行业组织有权

---

① 参见鲁篱:《行业协会经济自治权研究》，法律出版社 2003 年版，第 184 页。

② 黎军:《基于法治的自治——行业自治规范的实证研究》,《法商研究》2006 年第 4 期。

③ See Margot Priest, " The Privatization of Regulation: Five Models of Self-Regulation" , *Ottawa Law Review*, Vol. 29, 1998, p.238.

④ 参见鲁篱:《行业协会经济自治权研究》，法律出版社 2003 年版，第 190~193 页。

⑤ 参见国家经贸委产业政策司编:《中国行业协会改革与探索》，中国商业出版社 1999 年版，第 113~114 页。

“指导、帮助企业改善经营管理，深化改革，建立现代企业制度”。在行业标准的制定问题上，以美国为代表，行业自治组织具有广泛的标准制定权。[①] 在我国，尽管《关于行业协会管理的暂行办法》第7条第4项规定行业协会在受委托的情况下有权参与制定国家、行业标准，组织贯彻实施并进行监督，但实际上，行业标准全部由国家行业主管部门制定。[②] 客观上说，尽管还存在很多问题，但行业自治组织的监督是对法律监督体系的有益补充。

第三，对国家纠纷解决与制裁体系的有益补充。在新时代改革的过程中，建构多元化社会纠纷解决机制具有重要意义。多元化社会纠纷解决机制的重点任务，是积极推进群团组织、行业协会设立专业性调解组织，加强商事仲裁、劳动人事仲裁等仲裁机制建设。[③] 实际上，部分行业已经建立了行业协会协调制度。例如，《中华人民共和国证券法》第176条第5项规定，证券业协会应对会员之间、会员与客户之间发生的证券业务纠纷进行调解。与此相呼应，《中国证券业协会章程》第6条第5项规定了行业协会的纠纷调解职能。在国外，行业仲裁也普遍适用。据学者介绍，伦敦糖业协会、谷物和饲料贸易协会都下设仲裁机构，用以解决协会成员之间的纠纷。[④] 在制裁体系问题上，经过对若干行业自治组织章程的归纳，可以总结出以下方式：批评教育、赔礼道歉、赔偿损失、内部通报、行业曝光、道德谴责、开除会籍、集体抵制、终身禁入、罢免社团职务、停止使用社团设备、禁止享用社团优惠、罚款等。这些制裁方式，如罚款、赔偿损失等，很多都具有法律惩罚的替代性。在正式制裁体系中不存在的方式，如集体抵制、行业曝光等，也具有正式制裁可能没有的效果。应当说，这些制裁方式是对现有法律制裁体系的有益补充，对于推动行业守法具有重要意义。

---

① 参见朱景文：《比较法社会学的框架和方法——法制化、本土化与全球化》，中国人民大学出版社2001年版，第340页。

② 参见刘刚：《行业法治研究》，吉林大学博士学位论文，2019，第53页。

③ 参见黄文艺：《新时代政法改革论纲》，《中国法学》2019年第4期。

④ 参见沈四宝、薛源：《论我国商事仲裁制度的定位及其改革》，《法学》2006年第4期。

（二）行业自治组织的合规参与：以阳光诚信联盟为样本的考察[①]

阳关诚信联盟由京东、腾讯、百度、沃尔玛中国、宝洁、美团、唯品会等 13 家企业发起，于 2017 年 2 月 24 日成立，目前会员单位已经达到 400 余家（上市公司超 50%，互联网公司超 60%，员工规模数百万人）。联盟以诚信经营为使命，以廉洁合规为主线，协力打击腐败行为和倡导公司合规。联盟以治理行业腐败为主旨，同时集中力量打击刷单、炒信、欺诈、假冒伪劣产品以及其他黑色产业链，建立品牌保护合作机制，维护商业秩序；建立信息安全共享机制，交流和共享信息安全调查经验，共同打击信息安全犯罪。[②]

为了有效治理腐败等违法行为，营造诚信的商业环境，联盟采取了以下措施。

第一，建立失信信息共享系统。[③]为了解决行业痛点问题，提高失信人员的违规成本，联盟集合成员的力量，建立了监督、评估机制，并协力搭建共享信息平台，实现失信人员、企业信息共享。联盟成员单位承诺，秉承“共创阳光诚信商业环境”的愿景，坚持合规理念，拒不录用违背职业道德的失信人员。目前，失信信息共享系统的信息已经近 4000 条。

第二，打通企业联合调查通道。企业内部调查是正式的国家调查的有益补充。然而，随着企业员工流动的加速，内部调查难免遇到障碍。为打通企业间的联合调查通道，提高企业案件的调查效率，节省沟通成本，联盟建立了企业联合调查沟通对接机制。实践中，多起企业案件都是联合调

① 以下论述都是基于阳光诚信联盟官网（https://www.ctiea.com/index）以及联盟秘书长段秋斌先生所提供的资料而展开，不再一一说明来源，在此也特别感谢段秋斌先生的帮助。

② 参见《阳光诚信联盟章程》第 2 章第 1~3 条。

③ 《优化营商环境条例》第 30 条、第 53 条都特别强调了信用体系建设的问题，《北京市优化营商环境条例》《上海市优化营商环境条例》中也都有类似条款。以阳光诚信联盟、中国反舞弊联盟为代表的行业自治组织都建构了商业失信系统，这些举措对于诚信、法治化营商环境建设都有益处。

查的结果。例如，2018 年 10 月，德邦快递审计部发现，德邦快递前运营经理黄某有受贿嫌疑，但当时黄某已从德邦离职，入职京东。德邦快递随即通过联合调查沟通机制与京东接洽。经京东与德邦快递联合调查确认，黄某存在受贿事实。目前，黄某已被京东解除劳动合同。又如，2018 年 8 月，同程旅游审计部发现，某区域原销售经理关某存在刷单嫌疑，但该人已经离职并入职驴妈妈。同程旅游随即通过联合调查沟通机制与驴妈妈进行接洽。经同程旅游与驴妈妈联合调查确认，关某在同程旅游工作期间存在刷单的行为，在驴妈妈工作期间也存在违规作业和不当侵占款项的行为。目前，关某已经被驴妈妈解除劳动合同。

第三，打造从业人员与企业学习交流的平台。为了提升成员企业内部控制的能力，联盟在官网上线了“阳光学堂”，定期邀请专家传授内部治理的相关理论和经验。此外，联盟还通过训练营、峰会、论坛等形式，定期进行经验交流，提高行业的合规治理能力，打造诚信、合规经营的行业环境。

总之，以阳光诚信联盟为典型①，行业自治组织在行业合规、诚信经营问题上做出了重要贡献，也是未来营商环境建设可以团结的有益力量。

五　合规机制构建的未来方向

综观目前法学界对营商环境建设问题的研究，不难发现，其基本思路是对标世界银行的营商环境评估指标体系，从立法论上提出相关的立法建议。例如，罗培新教授对照世界银行的每个评估指标，对于我国的相关法律提出了系统的修改建议。②纪海龙教授结合世界银行指标，提

---

① 2018 年 12 月 8 日，中纪委网站微信订阅号发文《互联网企业的反腐战》，点赞阳光诚信联盟。

② 参见罗培新:《世界银行营商环境评估：方法 · 规划 · 案例》，译林出版社 2020 年版，第 19 页以下;《世行营商环境评估之“保护少数投资者”指标解析——兼论我国公司法的修订》，《清华法学》2019 年第 1 期;《世界银行“获得信贷”指标的法理分析及我国修法建议》，《环球法律评论》2019 年第 2 期;《论世行营商环境评估“获得信贷”指标得分的修法路径——以我国民法典颁布为契机》，《东方法学》2020 年第 1 期。

出了修改我国动产担保交易相关法律的建议。[①] 学者提出的很多建议都具有合理性，例如罗培新教授提出“具体化董事勤勉义务”的建议。有一些建议也仅仅是技术操作问题，例如究竟设定多少天的法律文书送达时间。在本文看来，我们可以在合理范围内结合世行指标修订相关立法。然而，“营商环境的改善，不可能是政府自导自演的独角戏”[②]，它需要包括政府在内的公共机构、企业以及社会自治组织广泛参与。只有这些组织自身合规，同时为他人合规做些力所能及之事，才能建成法治化的营商环境。

如上文所述，公共机构、企业、行业自治组织在合规参与问题上发挥了重要作用，但出于体系考虑，上文没有论述的是各种推动组织体合规的机制还存在诸多问题，这也恰恰是未来法治化营商环境建设努力的方向。在本文看来，未来至少要从以下几个方向努力。

（一）建构自上而下的责任链条与自下而上的信息流

组织体合规机制的建构不在于形式，而在于如何保障其有效运行。通过对美国、英国、德国等国制度运行状况的考察不难发现，合规机制的有效性很大程度上依赖于自上而下的责任链条与自下而上的信息流。通俗地讲，也就是如何将合规责任落实到具体的个人，使个人尽职履行合规职责。国资委《中央企业合规管理指引》第 4 条、商务部等六部委发布的《企业境外经营合规管理指引》第 21 条都旨在解决该问题。公共机构的合规问题道理类同。

公共机构的主体责任人、公司的领导对职员的业务关联性行为具有监督者保证人义务（义务来源不同），这种义务可以通过分工向下传递给合规官或者其他风险控制人员，因这些人员没有命令指示权，只需要通过传递信息的方式履行职责，由此合规责任又重新回到领导人员。通过这样的

---

① 参见纪海龙:《世行营商环境调查背景下的中国动产担保交易法》,《法学杂志》2020 年第 2 期。

② 罗培新:《关于世界银行全球营商环境评估的几个问题》,《中国工商报》2018 年 5 月 10 日。

方式，合规责任被分配到了每个具体的职位，从而形成了不断裂的责任链条。美国的经验表明，如果板子打不到个人身上，仅通过公司责任的方式刺激公司合规，效果不会理想，而我们的方案恰恰可以解决这个问题。实践中，主体责任制以及单位犯罪司法中以是否履行合规责任为联结点积极证立个人责任的做法，都践行了这个方案。然而，这个方案还没有常态化地融入司法实践中，相关案例少之又少，组织体内的责任链条并不畅通。略举两例即可说明。在吴曙红失职案中，作为分管领导的吴曙红发现下级职员挪用数额巨大的税款后不予处理，导致事后行为人继续实施类似行为，造成重大损失，最终吴曙红因履行主体责任失职受到行政警告处分；① 在永明公司走私普通货物物品案中，在多个证据证明在公司领导知情的情况下，法院以无直接参与为由否定了公司主要领导的刑事责任。② 可见无论是公共机构的领导还是公司领导，都有义务治理单位内的违法行为，相应地，其违背义务造成严重后果的行为，构成相关犯罪。然而，两个案件中的主要领导最终都没有被处理。这充分说明，单位内部的责任链条存在断裂。这带来的结果是，单位领导只需“把头埋在沙土里”就可以避免责任，距离犯罪越远，责任越轻；越是底层职员，承担的风险越大。在这种情况下，单位领导就没有动力认真履行内控机制的建构职责。更值得注意的是，2015 年前后普遍深入推行的对公共机构内部治理体系建设具有重要意义的“主体责任制”近几年已难觅踪迹，自 2017 年以来，中纪委官网也很少发布相关案例。由此可见，如何建构自上而下的责任链条并通过责任方式打通自下而上的信息流，还有很多工作要做，这也恰恰是组织体合规运行的关键所在。

---

① 《安徽通报 8 起落实“两个责任”不力被问责典型案例》，2015 年 12 月 28 日，http://www.ccdi.gov.cn/special/jdbg3/ah_bgt/sffbwt_jdbg3/201512/t20151228_71647.html。

② 青岛市中级人民法院（2017）鲁 02 刑初 8 号判决书；山东省高级人民法院（2019）鲁刑终 173 号判决书。在北京匡达制药厂偷税案中，法院同样以“无直接参与”为由否定了公司一把手的责任，参见《刑事审判参考》指导案例第 251 号“北京匡达制药厂偷税案”。

（二）强化合规的外部激励机制

1.行政法上的合规激励

通过对若干行政处罚及和解案例的考察，可以发现以下问题。第一，适用领域过窄。目前通过行政法上的激励机制促进企业合规的实践，主要发生在金融业领域。相对于刑事激励手段，行政法上的证据标准较低，处罚措施对企业的影响更小，因而非常适宜作为外部激励机制促进企业合规。由于金融业领域之外的合规要求较低，企业合规水平普遍不高，通过行政法手段推动企业合规的实践并没有真正展开。部分案件中，行政处罚措施可能包括改善风险控制机制，但并没有真正监督执行。每次重大爆炸事故发生前，涉事企业多被行政处罚过数次，但事故仍然发生，这就足以说明这一点。第二，处罚过于轻缓。通过对证券监督管理委员会、中国银行保险监督管理委员会会官网发布的涉及企业合规的案件进行梳理，可以发现，其多通过警示的方式要求企业合规，少见严厉处罚。本文并不主张美国“敲诈勒索”式的处罚方式，但过于轻缓的处罚难以起到威慑作用，效果并不理想。第三，行政和解适用率偏低。类似于刑事诉讼中的协商，行政和解的方式进一步降低了证据标准，可以更好地推动企业合规。但从 2015 年《行政和解试点实施办法》发布以来，仅有两个和解案例。由此可见，制度已经形同虚设。未来涉企案件的行政执法过程中，可以扩展合规激励的适用范围，加大作为激励手段的处罚力度，重视行政和解在合规激励中的作用。

2.刑事法上的合规激励

刑法上的合规激励机制被形象地称为“胡萝卜 + 大棒”模式。[①] 体现在刑事政策上，必须从正反两个方面激励企业合规。

（1）正向激励

正向激励是指以合规计划作为排除、减轻企业罪责或者缓 / 不起诉的事由。实体法上，合规可以阻却违法 / 责任或者减轻责任；程序法上，合

① 参见孙国祥:《刑事合规的理念、机能和中国的构建》,《中国刑事法杂志》2019 年第 2 期。

规可能成为达成缓起诉或不起诉协议的决定性因素。从我国的立法、司法现状看，两种激励机制都有待完善。

首先，实体法上的合规激励机制具有理论根据，[①]因而合规应当成为排除或减轻企业责任的常态化机制。尽管这种机制已经在部分案例中有所体现，但合规并未成为规律性地影响企业责任的根据。上文提到的“雀巢（中国）侵犯公民个人信息案”被我国学者经常提及。然而，既然合规排除责任具有实体法上的根据，这样的实践做法就不足为奇。文献对该案大加赞誉本身就说明类似的做法罕见，合规并没有成为排除企业责任的常态化机制。在公司合规是否影响量刑的问题上，法院的态度也不尽相同：六盘水济生药业有限公司单位行贿案中，法院积极审查了公司履行社会责任等合规情况，只是因为证据缺失没有认定，由此展示的态度是合规可以成为影响量刑的酌定因素；[②]甘肃方圆工程监理有限责任公司单位行贿案中，对于被告单位提出的履行社会责任等体现公司合规情况的辩护意见，法院根本未予回应。[③]

其次，适度引入企业缓起诉制度，建构企业犯罪案件多元化程序处理机制。尽管全国范围内多地检察机关都在积极探索“以合规换取不起诉”制度，但深受起诉法定主义的影响，企业不起诉案件范围相对有限，即仅限于情节显著轻微的案件。为了进一步丰富企业犯罪案件多元化程序处理机制，我们可以在认罪认罚从宽处理制度下，将企业缓起诉制度引入我国刑诉法。[④]需要注意的是，由于中国和美国刑事实体法中的单位归责模式不同，企业暂缓起诉承担的功能也有差异。在我国，实体法上合规的出罪功能决定了我们对程序上的激励机制不必过分依赖，因而引入应有限度。[⑤]与此同时，我们可以充分挖掘现有的程序资源，将合规激励与现有的程序

① 参见李本灿：《刑事合规制度的法理根基》，《东方法学》2020 年第 5 期。

② 贵州省水城县人民法院刑事判决书（2016）黔 0221 刑初 35 号。

③ 甘肃省成县人民法院刑事判决书（2018）甘 1221 刑初 40 号。

④ 参见陈瑞华：《企业合规视野下的暂缓起诉协议制度》，《比较法研究》2020 年第 2 期；李本灿：《认罪认罚从宽处理机制的完善：企业犯罪视角的展开》，《法学评论》2018 年第 3 期。

⑤ 参见李本灿：《域外企业缓起诉制度比较研究》，《中国刑事法杂志》2020 年第 3 期。

机制进行制度嫁接。例如，运用法定、酌定、存疑或者特殊不起诉制度，附加完善合规计划的检察建议，以此替代暂缓起诉制度的合规激励功能。以美国为代表的国外法也在进行这种尝试。①

（2）反向激励

反向激励是指不实施合规计划可以成为从重的根据，更重要的是，构成犯罪的企业应当被依法处理。这里涉及的问题是合规计划的作用机理，即"胡萝卜"只有与"大棒"相互配合，合规计划制度才能真正起作用。换句话说，合规计划的真正推行以严格的犯罪处遇政策为基础。"处罚愈严厉，愈可能促进企业合作。"② 此处的"严厉"不仅指刑罚量的足额供给，还包括刑罚的及时性。前者涉及的是立法上法定刑设置的问题，即通过升高法定刑为合规创造足够的激励空间。例如，我国刑法中的虚开增值税专用发票罪的罚金最高为 50 万元，由于基数过低，合规所起到的调节作用（如美国法中为 5% ~ 400%）就极为有限。在这一点上，我国的立法存在问题，需要有针对性地加以改进。后者所涉及的问题是企业犯罪的司法政策问题，即应当通过严格司法在犯罪与刑事处罚之间建立较高概率的联系，使合规计划成为企业可以眼见的预期利益，从而激励企业自觉开展合规计划。美国反腐败合规推行过程中，全行业执法、卧底、窃听技术、加大举办奖励等策略被普遍适用，其目的也是在于，通过提高犯罪查处率增强威慑力，进而体现合规正向激励机制的意义，推动企业合规。在国外的公司犯罪司法实践中，空客、福特、汇丰、渣打银行等享誉世界的企业都曾多次被刑事处理。反观我国，明星企业（尤其是国企或大型民企）永远都是"良好企业公民"的形象。产生这种现象的原因不在于我国企业确实良善，只是它们的违规行为没有被处理而已。例如，中国银行、中国建设银行、中国工商银行、中国农业银行等金融机构都曾在国外因不合规被处理过，但我国的司法机关从来没有处理过这些企业。上文提到的空客公司全

① See Cindy R. Alexander, Mark A. Cohen, "The Evolution of Corporate Criminal Settlements: An Empirical Perspective on Non-Prosecution, Deferred Prosecution, and Plea Agreements", *American Criminal Law Review*, Vol. 52, 2015, p.568.

② Ian Ayres, John Braithwaite, *Responsive Regulation: Transcending the Deregulation Debate*, Oxford University Press, 1992, p.40.

球行贿案中，很多违法行为都发生在中国，对象是中国的官员或企业，然而中国的司法机关没有采取任何实际行动。诸多的外国企业在华犯罪案件，多由其母国处理的事实[①]也足以说明这一点。过于宽缓的企业犯罪治理政策使企业根本没有动力实施合规计划，试想，无论是否合规都不会被处理，还有谁愿意合规？

在本文看来，中国企业合规发展的主要障碍不在于立法中缺失合规制度，而在于过于宽缓的企业犯罪处遇政策。对于司法机关而言，依法打击犯罪，维护公平竞争的市场秩序，就是对法治化营商环境的贡献。[②]为了优化营商环境，司法机关应当着力解决的是“以罚代刑”的问题。出于发展地方经济的考虑，或者地方经济被大型企业捆绑，政府（指示司法机关）往往对于企业犯罪轻拿轻放，对企业犯罪行为做行政化处理或者视而不见，以致企业犯罪司法出现“两多两少”现象，即企业犯罪实际发生多，行政化处理多；案件查处少，移送司法机关的更少。[③]例如，在 2019 年轰动全国的江苏响水“3·12 特大爆炸事故”中，涉事企业仅 2018 年就有 13 项安全隐患被通报；在此之前，涉事企业也曾连续被查处、通报、罚款，企业负责人仍旧严重违法违规，最终酿成惨烈事故。[④]长生生物毒疫苗案、昆山“8·2 爆炸事故”等重大案件也都反映了这一问题。鉴于此，唯有严厉企业犯罪司法，才能切实推动企业合规，才能建成法治化的营商环境。

---

① 参见于志刚:《在华外国公司犯罪的规律分析与应对策略》,《中国法学》2012 年第 5 期。

② 参见石佑启、陈可翔:《法治化营商环境建设的司法进路》,《中外法学》2020 年第 3 期；黄检宣:《黄浦范式：推进法治化营商环境建设》,《检察风云》2020 年第 1 期。2020 年 9 月 10 日，最高人民检察院副检察长童建明在“企业刑事合规与司法环境优化”理论研讨会上强调，一方面要保护企业，尽量适用对企业影响较小的举措处理企业犯罪行为；另一方面“对那些无视法律法规，严重破坏市场公平竞争秩序、肆意围猎国家工作人员的企业人员犯罪行为，也要依法从严追究，既防止因惩罚不到位而引发‘破窗效应’，本身也是依法为民营企业发展营造平等、良好环境”。参见童建明:《充分履行检察职责努力为企业发展营造良好法治环境》,《检察日报》2020 年 9 月 22 日。

③ 参见李本灿:《企业犯罪预防中合规计划制度的借鉴》,《中国法学》2015 年第 5 期。

④《形式主义害莫大焉　安全生产不能只上墙不走心》,《法制日报》2019 年 3 月 25 日。

（三）淡化行业自治组织的行政色彩

在中国历史上，国家权力过于强大使社会自治权受到严重侵蚀。[①]改革开放之后，政治体制改革的主线是简政放权，行政权逐渐退出部分领域，将权力归还给了自治组织。然而，社会自治组织的发展一直是在政府主导下进行，以致带有显著的行政色彩：官办的行业协会已经在人事、产权、管理等方面全方位行政化；民办行业协会的组建需要经过双重审批，即在获得业务主管机关审查同意的同时要在民政部门登记。这就造成了行业自治组织的权力来源政府化、功能单一化、协会人员组成官僚化、自治文化缺失以及自治功能缺陷等问题。[②]国务院以及各地方营商环境条例都强调，要发挥行业自治组织在法治化营商环境建设中的作用，而现实的行业自治制度显然难以发挥其应有的更大的作用。未来的改革中，应当淡化行业自治组织的行政色彩，赋予自治组织更大的自治权能，充分调动各种社会组织、资源投入商业环境建设。

① 参见陶鹤山：《市民群体与制度创新——对中国现代化主体的研究》，南京大学出版社2001年版，第194页。

② 参见汪莉：《行业自治与国家干预》，经济科学出版社2015年版，第212~217页。

The Current Conditions and Legal Assignments of Online Medical Examination

Hajime Nishiguchi*

It is very honorable for me to have an opportunity to report in the workshop of Shandong University which has been giving splendid performances in the world.

My Personal History

I graduated from the graduate school of Waseda University in 1978. I became a judge in 1980 and worked in Tokyo District Court, Osaka District Court and Tokyo High Court, etc., while I was an attorney for Japanese Government and an overseas researcher in Georgetown University. I became a professor of the graduate school of Waseda University in 2013.

Current Conditions of Japanese Medical Care

1. Health Insurance for All Citizens

Before explaining current conditions of "Online Medical Examination", I would like to introduce current conditions of Japanese medical care.

---

* Hajime Nishiguchi, Professor, Emeritus of Waseda University.

In Japan, all the citizens have joined the health insurance. Therefore, the poor and rich can receive the same medical care. Japan is called the country where the difference in social classes is very small. Especially, all people can get same medical services.

2. Few Doctors and Many Sickbeds

The number of medical practitioners in Japan is 2.4 persons per 1000 persons. The number of medical practitioners in Japan is about 1/2 of that in Germany.

On the other hand, the number of sickbeds in Japan is 13.1 sickbeds per 1000 persons. The number of these sickbeds is about 1.6 times Germany [(1)].

In Japan, few medical doctors must treat many patients. However, the average income of medical doctors who work in hospitals is only about 2.6 times average citizens. To be sure, Japan is a country with little difference between rich people and poor people. However, considering the cost of education for becoming a medical doctor, a medical doctor's income is rather small. Japan depends on a strong sense of vocation of doctor.

3. Abundant Medical Equipment and Overmedication in Hospitals

In Japan, hospitals have abundant medical equipment. For example, the number of CT and MRI per population is the largest in the world [(2)]. However, cheap medical payments and abundant medical equipment make the frequency of consultation per population about twice the mean of OECD[(3)]. As a result, Japan has paid a large amount of medical payments.

The Online Medical Examination

1. Process of Medical Examination

The process of medical examination is shown below.

First, medical doctors obtain "Patient Information" including symptoms, etc. from patients. Second, medical doctors obtain "Check Information" including blood tests, X-ray inspections, etc. Third, medical doctors make diagnoses by applying medical knowledge to "Patients Information" and "Check information". After that, medical doctors provide medical care, such as operations, based on the diagnoses.

"Patient Information" and "Check Information"

↓ ← Medical Knowledge

"Diagnoses"

↓

Medicine and Operation

2. Meeting Examination (Principle)

Medical doctors meet patients and obtain "Patient Information". Because medical doctors can get much medical information like symptoms, etc. in "Meeting Examination".

When it is difficult for a patient to go to a hospital, the medical doctor must go to the patient's house and treat. We call this care "medical treatment in patient's house". There are "visit examination" and "home medical treatment" in "medical treatment in patient's house".

3.Online Medical Examination (Exception)

Sometimes a patient cannot go to a hospital, though he is in bad condition. The medical doctors who can make "Visit Examination" are few. In that case, the medical doctors have to obtain "Patient Information" by phone, etc. This is "Online Medical Examination".

"Online Medical Examination" is one of the remote medical treatment. Remote medical treatment includes "online consultation-encouragement" and "remote healthy medical consultation" besides "Online Medical Examination".

In "Online Medical-Examination", the medical doctors must get "Patient Information" through "Information-and-Telecommunication Equipment". After that, the medical doctors make diagnoses and prescribe. However, "Check Information" is restricted in "Online Medical Examination", because blood tests, diagnostic imaging, etc. are very difficult in patient's houses. Therefore, medical doctors must meet some conditions in order to make "Online Medical Examination" proper.

So, in Japan, we have imposed some conditions on "Online Medical Examination". First, patients must get the medical examination by "primary doctor" (namely "Home Doctor"). Because "primary doctor" is examining patients usually and gets much medical information about the patients. Second, patients must have "chronic disease" like hypertension, diabetes, etc. Third, patients must get "Meeting Examination" in the first medical examination.

However, the Japanese government is going to change the conditions for starting "Online Medical Examination" because of the new coronavirus. That is to say, the Japanese government is planning that medical doctors can start "Online Medical Examination" in the first medical examination when patients present the result of physical checks and agree with medical doctors who are not "primary doctors" (4).

But we must solve problems to establish "Online Medical Examination". The problems are a small amount of medical payments in "Online Medical Examination" and great costs of equipment for "Online Medical Examination".

Medical payments of "Online Medical Examination" are smaller than medical payments of "Meeting Examination". It is necessary for the doctor to install the facilities. The doctor needs the facilities which can hold a net meeting to start "Online Medical Examination". The doctor must bear an expense to install the facilities. The good points of "Online Medical Examination" are cheap payments for medical treatments and convenience in taking examination. The high payments of medical treatment extinguish this good point of "Online Medical Examination".

4. The Legal Assignments to "Online Medical Examination"

(a) Medical doctors must pay compensation for injury when they make errors in medical treatments(5). The standard for judging on the errors is "the medical practice standard". Supreme court has ruled "the medical practice standard" is the medical practice standard for "the average doctor in the practice of medicine. "The medical practice standard" changes according to characters of medical institutions, etc. In concrete terms, "the medical practice standard" of the university hospitals which perform advanced medical practice is higher than practicing doctors.

(b) "Online Medical Examination" is limited to the cases in which medical doctors can get medical information on underlying diseases by phone, etc. in advance. Therefore, medical doctors must pay compensation for injury when they make errors in starting "Online Medical Examination".

(c) Medical doctors must pay compensation for injury when they make errors in "Online Medical Examination" even if they make no errors in starting "Online Medical Examination". That is to say, medical doctors must take a negligence liability when they do not change from "Online Medical Examination" to "Meeting Examination" in spite of understanding of patients' bad condition by a phone, etc. For example, medical doctors have to change from "Online Medical Examination" to "Meeting Examination" when inflammation of the lung is suspected from body temperature, oxygen saturation, etc.

5. The Future of "Online Medical Examination"

(a) In Japan, "low birthrate and aging" has advanced rapidly. In addition, the concentration of the population in the city is remarkable, too. As a result, the areas where inhabitants cannot consult the doctor have increased in the country rapidly. Old people have many chronic diseases. The old people who live in the country cannot receive enough treatment.

In "Online Medical Examination", doctors who live in the city can examine the old people who live in the country.

(b) The "low birthrate and aging" decreases the population of doctors and nurses too. As a result, the hospital becomes short of workers like doctors. In Japan, the digitization of documents such as medical records has advanced rapidly. Therefore, the duties of doctors and the nurses decrease. “Online Medical Examination” is one of the digitization of the medical work and can solve the lack of workers in hospital.

(c) Many Japanese doctors have won the Nobel Prizes. The Japanese medical level is very high in the world. However, we cannot say that all doctors are excellent. When the networking of hospitals advances, excellent doctors can examine a large number of patients in stead of poor doctors.

References:

1. OECD Health Statistics, 2019.
2. OECD Health Data, 2013.
3. OECD Health Statistics, 2019.
4. The Guide about Appropriate Enforcement of the Online Medical Examination, Ministry of Health, Labour and Welfare, 2018.
5. Koyama, M., Hajime N., *Medical Lawsuit*, Tokyo: Seirinshoin, 2007, pp. 17-34.